KB090328

부의 품격

부의 품격

착하게 살아도 성공할 수 있다

양원근 지음

BM (주)도서출판 성안당

노력해도 안되는 일투성인가요?

'정말, 정말, 정말로 잘 팔렸으면 좋겠다!'

나는 늘 이런 생각을 하고 산다. 우리 회사의 손을 거쳐 나온 책들이 독자들의 큰 사랑을 받아서, 우리 회사와 함께 일하는 출판사, 작가들이 돈을 많이 벌었으면 좋겠다. 간절한 바람이지만 매번 그렇게 되지는 않는 것 같다.

나는 20년 넘게 출판 에이전시를 운영하고 있다. 우리나라에서 좋은 반응을 얻을 법한 해외 출판물을 국내 출판사들보다 앞서 발견해서 출판사 대표, 편집자들에게 소개하고, 국내에서 출판된 출판물을 해외 출판사에 소개한다. 번역 출판 계약이 성사된 원서에 번역가를 매칭 하는 일도 한다. 또한 출판 기획을 해서 국내 작가와 출판사의 계약을 성사시키고, 원고를 완성할 때까지의 과정을 담당한다.

그동안 우리 회사를 통해 수많은 책들이 탄생했다. 수십만 부

혹은 백만 부 이상 팔렸던 베스트셀러가 꽤 된다. 독자들의 사랑을 많이 받았던 책들도 있지만, 내용은 너무 괜찮은데 잘 팔리지 않은 책들도 있다. 출간이 임박하면 마음속으로 간절히 '정말, 정말, 정말로 잘 팔리길!'이라고 기도한다.

'잘 팔아서 잘 살아남는 방법'이 알고 싶어졌다

사회생활을 하는 사람들이라면 나처럼 '무엇인가를 팔아야 하는 순간'을 만난다. 마케터라면 상품일 것이고, 직장인이라면 기획안일 수도 있다. 식당 주인이라면 자신이 만든 음식, 헬스클럽 트레이너라면 건강하게 운동하는 방법을 팔아야 한다. 사람들이 하는 일의 성질을 곰곰이 따져 보면, 누군가를 설득하고 자신이 가진 무엇인가를 제공하는 것이다. 이때 정말 잘 팔고 싶은데 그게 참 쉽지만은 않다.

나도 그렇다. 작가들이 아무리 책을 열심히 써도 잘 팔리지 않는 현실을 보면 참 속상하다. 최선을 다해도 성과가 따라 주지 않으니 출판사 사장님과 작가의 얼굴에 그늘이 질 때가 허다하다. 그 모습을 보면서 출판사와 작가를 돕고 싶은 마음이 불쑥불쑥 솟아났고, 현실에 절망하기보다는 '잘 팔아서 잘 살아남는 방법'이 알고 싶어졌다.

그래서 책을 홍보하고 마케팅하는 일에 뛰어들었다. 그동안 나는 계속 누군가를 설득하고 각종 콘텐츠를 파는 일을 해 왔지만, 책을 마케팅하는 것은 불특정 다수의 대중을 상대해야 하는 일이라 차원이 달랐다.

대중을 상대로 마케팅하는 마케터에게 노하우를 문의했더니 "잘 팔고 싶다고요? 그럼 마케팅을 잘하면 돼요. 요즘 마케팅 플랫폼이 참 잘돼 있거든요."라는 답변이 돌아왔다. 내게는 아무 의미 없는 답변이었다. 대기업이라면 마케팅에 마음껏 투자할 정도로 자금력이 된다. 그들에게 마케팅은 소위 '돈 놓고 돈 먹는 판'일지도 모른다.

하지만 우리 회사 고객들 중에는 홍보 마케팅에 별도의 인력이나 비용을 투자할 여유가 없는 경우가 많았고, 나 역시 자금이나 인력이 넉넉한 처지가 아니었다. 그래서 모두에게 맞는 방법, 즉 많은 인력이나 고비용이 들지 않는 방법을 찾아야 했다. 내가 믿을 것은, 고객들을 위해 반드시 좋은 결과를 거두겠다는 '의지'와 개미와 같은 '실행력'뿐이었다. 나는 이것을 '선의지(善意志)'라는 말로 부르고 싶다.

선의지란 선을 행하고자 하는 순수한 동기에서 나온 의지를 뜻하는 말로, 독일의 철학자 임마누엘 칸트(Immanuel Kant)가 처음으로 사용한 개념이다. 6년 전 난생처음 철학을 공부하면서 알게 된 말이다. 칸트는 선과 도덕이 선험적이기 때문에 자기 내면에서 우러나올 수밖에 없고 외부의 영향을 받지 않는다고 했다. 즉 인간은 칭찬을 받으려고 선한 일을 하는 게 아니라, 선과 도덕을 갖고 있으므로 선한 일을 한다는 것이다.

내 생각을 표현하고자 칸트까지 들먹이니 조금 거창해 보일지 모르겠다. 나는 철학을 깊이 연구한 학자는 아니므로 내 방식대로 선의지를 설명하고자 한다. 내가 생각하는 선의지는 사람이 어떠한 행동을 할 때 자신에게 무엇인가 돌아올 거라는 기대로 하는 것이 아니라, 도덕적으로 옳으니 한다는 자발적 마음가짐이다. 나는 사람은 누구나 선한 마음을 갖고 있다고 믿는데, 그런 마음만 가진다고 무엇인가가 달라지는 건 아니다. 반드시 실천하고자 하는 의지가 수반되어야 한다. 선의지라는 단어를 처음 알게 되었을 때, 단지 착한 마음, 도덕성만이 아니라 실천적이고 능동적인 의지까지 포함한다는 점이 참 좋았고, 이 단어가 의미하는 대로 실천해 나가리라 결심했다.

선의지, 평범한 사람들이 크게 성장하는 비밀

나는 책 홍보에 가장 도움이 될 만한 사람들을 만나 책과 작가를 알렸다. 콘텐츠에 담긴 진정성, 작가의 진심에 매료된 사람들은 작가와 책을 홍보하는 일에 발 벗고 나서 주었다.

내가 선의지를 가지니 좋은 사람들을 만나기가 쉬웠고, 그 사람들은 나에게 기꺼이 선의지를 베풀어 주었다. 그야말로 선의지가 선의지를 낳았고, 선의지가 모여 변화가 이루어졌다. 나 홀로 고민할 때보다 사람들과 함께 해결 방안을 찾아갈 때 더 좋은 결과를 기대할 수 있었다. 흔히들 착하게 살면 손해 본다고 하지만, 착한 마음을 가진 사람들이 모여 행복한 성공을 거둘 수 있었다. 선의지의 수혜자는 우리 모두였다. 선의지가 있을 때 나와 상대가 살아남을 뿐 아니라, 함께 성장할 수 있었다.

이렇게 일하다 보니 어느 순간부터 우리 회사가 홍보한 책들이 인터넷상에 무수히 뜨고, TV와 라디오 프로그램에도 소개되고 있다. 어떤 출판사 사장님은 나에게 "10년 동안 책을 만들어 왔는데, 양 사장님이 홍보해 준 책이 가장 많이 소개되었어요."라고 소감을 전하기도 했다. 이제는 우리 회사에 출판 홍보 마케팅을 의뢰하는 출판사, 작가들이 제법 많아졌다. 7년이 지난 지금 우리 회사는 출판 홍보 마케팅 전문 업체로서 자리를 잡아 가고 있다. 그야말로 종합 출판 에이전시로서 면모를 갖추게 된 것인데, 선의지로 시작한 일에 나 역시 덕을 보게 된 것이다.

이 책에서 나는 선의지를 가지고 일하는 법, 좋은 사람들과 연대하면서 서로가 원하는 성과를 만들어 내는 방법을 이야기해 보려고 한다. 거대한 자본이 아니라, 선의지를 가지고 마케팅을 펼쳐서 훌륭한 성과를 거두는 방법을 내 경험을 기반으로 정리해 보았다.

첫 번째 챕터에는 내가 생각하는 선의지의 개념을 담았고, 두세 번째 챕터에는 선의지를 바탕으로 기획 및 마케팅을 하여 '잘 팔고 잘 살아남는' 목표를 이루는 방법을 정리하였다. 네 번째 챕터에는 선의지를 가진 이들을 찾아서 인연을 맺고 연대하는 과정을, 마지막 챕터에는 선의지를 지켜 내기 위한 긍정 마인드에 대해 설명하였다.

오늘도 조용히 자신의 자리에서 원고를 쓰면서 선의지를 다지는 작가들, 어려운 환경 속에서도 좋은 책을 만드느라 애쓰는 출판사들, 그리고 소비자들에게 꼭 필요한 상품을 만들고자 노력하는 기획자들, 마케터들에게 이 책이 조금이라도 도움이 되었으면 하는 바람이다.

갑작스러운 코로나19 팬데믹으로 모두가 힘든 시대다. 하지만 밤이 아무리 깊어도 아침이 오는 것처럼 우리의 삶에도 좋은 날이 반드시 찾아올 것이다. 오늘 하루에 충실하게, 최선을 다하고 이 노력을 꾸준히 지속할 때 뜻하지 않는 행운이 올 수 있다. 그날까지 모두 건투를 빈다.

the Class of Wealth

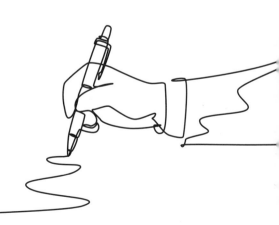

임마누엘 칸트의 《윤리형이상학 정초》에 따르면,
선의지(善意志)는 사람을 사람답게 만들어 주는 가장 보석 같은 마음이다.
선의지가 있다면 그렇지 않은 경우보다 훨씬 더 위대한 성공을 이룰 수 있다.
선의지를 통해 더 많은 이들에게 선한 영향력을 끼치기 때문이다.
인간이 아무리 뛰어난 재주와 권력, 부(富)가 있어도 선의지가 없다면
안 좋은 방향으로 향하기 쉽다.
살기가 고단해서 선의지를 포기한다면 어떤 성공도 무가치해질 것이다.

Chapter 1

선의지 제1법칙_

머릿속 계산기를 치워 버리다

얼마면 될까?
얼마면 되겠냐?

2000년 가을 KBS에서 방영한 〈가을동화〉라는 드라마가 있다. 애절한 러브 스토리로 공전의 히트를 기록하였고, 송혜교, 송승헌, 원빈, 문근영 등 어마어마한 스타들을 배출한 드라마로도 유명하다. 은서(송혜교 분)와 준서(송승헌 분)가 남매인 줄 알고 사이좋게 자랐는데 나중에 남매가 아니라는 사실이 밝혀지고 오랫동안 떨어져 있다가 다시 만나 사랑하게 되었다는 내용인데, 은서가 병으로 죽은 후 준서 마저 교통사고로 죽으면서 드라마가 끝난다. 너무나 애절하고 비극적인 스토리에, 주인공들의 열연이 더해져 오랫동안 기억에 남는 드라마이다.

이 드라마의 명장면이 많지만, 특히 준서의 친구 태석 역을 맡은 원빈의 "얼마면 될까? 얼마면 되겠냐?"라는 대사가 가장 기억에 남는다. 극 중 은서의 사랑을 간절히 얻고 싶었던 태석이 사랑을 돈으로 사겠다며 내뱉은 대사였다.

혹시 원빈이 아닌데도 이 말이 자꾸만 생각나는가? 우리는 어떤 일을 시도할 때, 특히 비즈니스를 할 때 비용 계산을 먼저 하게 된다. 비즈니스를 하는 사람들은 하루에도 숱하게 '이 일을 하는 데 얼마의 비용이 들까? 얼마를 투자하면 목표를 달성할 수 있을까?'라는 생각을 한다. 그래서 수지 타산이 제대로 맞지 않으면, 마음먹은 일을 시작하지 못하고 포기하기도 한다.

손익 계산, 지나치면
모자람만 못하다

비즈니스 활동에서 비용 계산은 중요하다. 내가 투자한 비용과 거둬들일 예상 수익을 계산하는 건 비즈니스의 기본이고, 망하지 않기 위해 반드시 해야 하는 것은 분명하다.

그런데 손익 계산을 1순위로 두면 어떻게 될까? 내가 거둬들일 이익만 최우선으로 고려하고, 내가 이 정도 투자했으니 벌 수 있는 한 최대한 벌어야 한다는 가치에만 중점을 둔다면 어떻게 될까? '설마 누가 이렇게 이기적이겠어?'라고 생각하겠지만, 이는 우리의 일상에서 제법 자주 일어나는 일이다.

2020년에 유명 유튜버들의 뒷광고 논란이 터졌다. '내돈내산'이란 이름으로 자기가 직접 사서 사용해 보니 너무 좋아서 소개한다는 취지로 각종 영상들을 올려 인기를 끌었는데, 알고 보니 유튜버들이 해당 업체에서 광고비를 받고 영상을 제작했다는 것이다. 유튜버들이 제공하는 정보가 순수할 거라고 믿었던 많은 이들이 실망했고, 여러 명의 유튜버들이 인기를 잃고 무대 뒤로 사라졌다. 최근다시 복귀하는 이들도 있지만, 예전 인기를 회복하는 게 쉽지 않아 보인다. 인기 유튜버가 되기까지 엄청나게 노력했을 텐데 한순간에 무너지는 모습을 보면서 안타깝고 허망했다.

유튜버들이 유튜브 영상을 만들기 위해서는 시간적·물적 비용이 필요하며 많은 노력을 해야 한다.

촬영 장비를 갖추어 기본적인 환경을 세팅하고, 먹방 채널이라면 음식, 패션 채널이라면 옷이나 장신구 등을 마련해야 한다. 구독자 50만 명이 넘는 유튜브 채널 '직업의 모든 것' 유튜버이자 《나는 알바로 세상을 배웠다》(미래타임즈)를 쓴 황해수 작가는 "하루에 잠을 서너 시간도 자기 어렵다."라고 토로한 적이 있을 정도로, 인기 유튜버들의 노력은 우리의 상상을 초월한다.

악착같이 노력하는 만큼 그에 상응하는 대가를 바라는 건 어찌보면 자연스러운 욕망일지도 모른다. 구설수에 오른 유튜버들은 자신이 투자한 것이 적잖으니 업체의 광고 제안을 받았을 때 뿌리치기 어려웠을 것이다. "물 들어올 때 노 저어야 한다."라는 말처럼 많이 거둘 수 있을 때 최대한 거둬들여야 한다고 생각했을 것이다. 결국 자신을 믿고 콘텐츠를 애용해 주는 수많은 이들의 믿음을 저버리고 말았다. 안타깝게도 눈앞에 제시된 돈에 눈이 어두워져 그동안 쌓아 올린 모든 것을 잃어버리고 만 것이다.

기업도 수익을 거두는 게 가장 중요하지만, 무조건 수익만을 최우선으로 했을 때 발생하는 부작용은 생각보다 크다. 한 가지 사례를 살펴보자.

A라는 회사는 사옥을 짓기 위한 입찰 공고를 냈고 여러 회사가 입찰에 참여했다. A사가 중요시한 부분은 비용 절감이었기 때문에 최저가를 적어 낸 B사가 건설사로 최종 결정되었다. 하지만 A사는 비용은 최저가로 하면서 건축물 규모나 전체 공정 등에서는 자신들에게 유리하게 요구했다. B사는 A사의 사옥을 짓는 공사를 C사에게 하청을 주었고, 그 과정에서 공사비를 더욱 낮췄다. C사는 건축 자재를 저렴한 것으로 택하고 인력이나 기간을 단축하는 방법으로 공사를 진행할 수밖에 없었다. 그렇게 부실 공사를 하던 중 사고가 발생했고 현장 근로자 여러 명이 크게 다치고 말았다. A, B, C사모두 사고의 책임을 지게 되었다.

산업 현장에서 수익이나 비용을 최우선시하는 바람에 문제가 생기는 일은 생각보다 잦다. 기업이 이익을 늘리고자 제작 비용과 운영 비용을 최소한으로 잡으면 상품의 질이 떨어질 수 있고, 근로자들의 근무 환경이 열악해지거나 안전을 위협받는 상황이 발생할 것이며, 환경 파괴와 같은 일들도 일어날 수 있다. 불특정 다수의 대중과 근로자들이 피해자가 되고, 기업에 최종적인 책임이 돌아간다. 결국 어느 누구도 웃을 수 없는 결과를 초래한다. 손익 계산을 중요시해야 하지만 이것만을 바라보았다가는 오히려 더 큰 손해를 볼 수도 있다. 모든 일이 그렇지만, 지나치면 모자람만 못하기 마련이다.

계산기를 두드리는 사람과
거래하고 싶은가?

앞서 소개했듯이, 나는 20년 넘게 출판 에이전시를 운영하고 있는데, 출판사에 국내외에서 출판된 도서를 소개하고 저작권 계약을 할 때 내가 정한 원칙이 있다. 출판사들 간에 경쟁을 붙이지 않는다는 것이다. 해외에서 좋은 반응을 얻은 베스트셀러의 경우 국내 여러 출판사들이 번역 출판을 원하기 때문에, 에이전시는 높은 저작권료를 제시하는 출판사에 계약을 성사시키려고 한다. 경쟁이 치열할수록 해외 출판사에 지급하는 저작권료가 올라가고 한국 에이전시가 지급받을 수수료도 높아지게 된다. 에이전시 입장에서는 출판사들 간에 경쟁이 붙는 걸 선호할 수밖에 없다.

그런데 나는 이런 경쟁을 유도하지 않고, 계약 의사를 가장 먼저 밝히고 열정적으로 아이템에 관심을 보이는 출판사를 우선으로 계약을 진행한다. 먼저 협의하던 출판사가 있더라도 더 높은 저작권료를 제시하는 회사가 있으면 갈아타는 타 에이전시들과 다른 방법이다. 이렇게 하는 이유는 한 가지다. 수수료를 최우선시해서 계약하면 당장은 우리 회사의 수익이 올라가지만, 출판사는 많은 비용을 지불해 부담이 커지게 되고 장기적으로 봤을 때 이 부담은 시장 전체로까지 확산되기 때문이다.

이 문제는 다른 업종도 마찬가지일 것이다. 해외 브랜드에 대한 로열티 경쟁이 치열해지면 결국 소비자에게 공급되는 상품 가격이 오르게 된다. 기업 간 경쟁으로 발생한 비용 상승이 고스란히 소비자에게 전가된다. 이는 비즈니스 생태계 전체를 놓고 봤을 때 결코 바람직하지 못한 현상이다.

물론 나도 처음에는 수수료를 우선시하였다. 하지만 점점 경험이 쌓이고 출판사들의 상황을 지켜보면서 수익만을 최우선시한 계약은 좋지 않다는 것을 깨달았고, 수익이 아닌 책에 대한 적극성을 우선시하는 쪽으로 차츰 변화하게 된 것이다. 내 원칙에 대해 출판사들도 처음엔 어리둥절해했지만, 이제는 우리 회사를 믿고 저작권 협의를 의뢰하는 곳들이 많아졌다.

국내 기획물을 출판사에 소개해 계약할 때도 인세와 같은 조건이 아니라 작품에 대한 적극성을 우선시한다. 작가들은 내가 출판사들 간에 경쟁을 붙이지 않는 것을 아쉬워하기도 한다. 하지만 경쟁 때문에 비용이 상승하고, 이 부담은 최종적으로 출판사, 작가 모두에게 돌아간다. 예를 들어, 작가의 요구로 제작 비용이나 마케팅 비용이 평소보다 더 지출되었다면 출판사는 그만큼 책이 잘 팔릴 수 있도록 노력해 달라면서 작가를 압박할 수 있고, 작가의 노력이 기대에 차지 않는다며 볼멘소리를 할 수도 있다. 출판사의 태도를 보면서 작가는 점점 불편해지고, 이러한 실랑이가 지속되다 보면 출판사, 작가 모두 감정이 상해서 다시는 함께 일하고 싶지 않다는 마음이 든다. 일은 일대로 풀리지 않고 인연마저 잃을 수 있는 상황인 것이다. 서로 합심해서 일해도 성공하기가 쉽지 않은데, 함께 일하는 사람들끼리 팀워크가 맞지 않으면 결과는 불 보듯 뻔하지 않을까?

이처럼 당장의 수익을 최우선시하면 좋은 결과를 기대하기 어려울 뿐 아니라, 나중에는 사람마저 잃게 될 수도 있다.

작품이 성공해야
신스틸러도 빛난다

나는 드라마나 영화 보는 것을 무척 좋아한다. 머리를 식힐 겸 집에서 넷플릭스에 나오는 드라마를 보거나, 영화관에 가서 대형 스크린의 웅장함을 맛보며 영화를 즐기기도 한다. 회사 야유회 스케줄도 산행을 하고 점심을 먹은 후 영화를 보는 식으로 잡는다. 365일 내내 사람들과 북적이며 살아가는 나에게, 가

만히 앉아 작품 속 인물들에 집중하는 시간은 무척 행복하다.

나는 영화를 보면서 이 영화가 나에게 주는 메시지가 무엇인지 생각하는데, 이와 함께 '신스틸러(Scene Stealer)'를 꼭 찾는다. 신스틸러는 장면을 훔치는 사람이라는 뜻으로, 영화나 드라마에서 주인공 못지않게 활약하는 조연을 가리키는 말이다. 대흥행을 한 작품들 중에는 주인공보다 더 화제가 되는 신스틸러들이 많다. 신스틸러는 주인공은 아니지만, 주인공처럼 작품의 메시지와 밀접한 연관성을 가지면서 극을 더 풍부하게 해 준다. 영화 〈기생충〉에서도 주인공 외에 가정부 역할을 맡은 이정은 배우가 많은 박수갈채를 받았다. 나는 부잣집에서 열심히 일하면서 남의 눈을 피해 지하실에 숨겨 둔 남편을 살뜰하게 보살폈던 그녀의 모습에 깊은 인상을 받았다.

넷플릭스에서 흥행을 한 〈킹덤〉에서는 세도가 조씨 가문에 남은 유일한 혈통인 범팔 역을 맡은 전석호 배우가 인상적이었다. 천성이 착하고 겁이 많은 캐릭터로, 좀비들이 날뛰는 세상에서 혼자만 핑크빛 눈으로 자신이 연모하는 의녀 서비(배두나 분)를 종종걸음으로 따라다니고, 피범벅이 된 채 칼을 들고 결연한 눈빛을 빛내는 인물들 사이에서 혼자만 공포감에 질린 토끼 같은 눈빛을 보여 주는 걸 보면서 너무 우습고 한편으로는 공감도 되었다. 백성을 위해 죽어도 좋다는 세자(주지훈 분)보다 훨씬 더 인간적이고 현실적이어서, 나뿐 아니라 많은 이들이 응원하는 캐릭터이다.

주인공은 아니지만 작품을 빛나게 해 주는 신스틸러를 보면, 작가나 출판사를 돕는 입장인 나와 비슷하다는 생각이 들어서 그들의 성공이 마치 나의 성공인 것처럼 반갑다. 그런데 신스틸러가 아무리 멋지게 연기해도 작품이 성공하지 않으면 눈부신 연기력도 빛이 바랜다. 진정한 성공의 원리도 이와 같다는 생각이 든다.

작품이 성공해야 신스틸러를 비롯해 작품 속 인물들의 연기가 빛나는 것처럼, 비즈니스에서도 '우리'가 성공했을 때 나와 상대가 각각 빛날 수 있다. 나의 손익 계산만 앞세울 때 가장 치명적인 문제점은 우리를 볼 수 없다는 것이다. 나만 보이고 상대방은 실종된다. 제대로 된 거래는 나와 상대방, 즉 우리가 함께 윈윈하는 것이다. 그래야 진정한 성공을 거둘 수 있고, 이러한 거래와 인간관계가 진짜 오래가는 것이다.

칸트는 "나 자신이든 다른 사람이든 인간을 단순한 수단으로 다루지 마라. 인간은 언제나 목적으로 다루도록 하라."라고 했다. 선의지는 사람 그 자체의 가치를 바라보고 존중하는 마음이다. 어떤 경우에도 사람이 목적이 되지 않고, 돈이나 성공이 사람을 앞서지 않는다. 그래서 나한테 무엇인가 돌아올 거라고 기대하지 않고 상대를 위해 행동한다. 내 마음이 어떠하고 어떤 상황이든지 간에 어려운 사람을 돕는 게 도덕적으로 옳으니 돕는 것이다. 손익을 따지는 계산기를 치워 버리고 상대방을 머릿속에 가득 채우는 것이다. 내가 선의지로 상대를 도우면 상대가 잘되고, 더 나아가서는 우리가 속한 세상이 더욱 좋아진다. 돌려받기를 기대하지 않았는데 결과적으로

나 역시 보답을 받게 되는 것이다.

　살기가 팍팍하다 보니, 더더욱 손익의 계산기를 두드리게 되는 세상이다. 하지만 계산기를 두드릴수록 우리 모두 손해를 입고, 모두가 불행해진다. 진짜 살아남고 싶고, 성공하고 싶고, 부자가 되고 싶다면 나만을 위한 손익 계산, 아집을 과감하게 치워 버리고 우리를 바라보자.

'착할수록 망한다'는 대단한 착각에 대하여

포털 사이트의 검색창에 '착한 사람'이라고 입력하고, 어떤 내용이 검색되는지 살펴보았다. '착한 사람 증후군', '착한 사람 콤플렉스', '착한 사람 그만두기' 등등 '착하게 사니까 힘들다, 손해 본다'라는 내용이 많았다. 좋은 마음으로 상대방을 대했는데 이용당하거나 무시당해서 마음의 상처를 입은 경우가 적지 않았다.

삶이 팍팍해지면서 선하게, 착하게 살면 손해 본다는 생각이 더욱 만연하고 있다. "너 참 착하구나."는 분명히 칭찬의 말임에도 때에 따라서 그렇게 인식되지 못한다. 못된 심보를 가진 사람들에게 이용당하거나, 자기 의사 표시를 제대로 하지 못한 채 남의 요구를 받아주는 사람으로 인식되는 것이다. 어쩌다 이렇게 되었을까? 정말 착하게 살면 손해만 입는 것일까?

누구나 '조건 없는 선의'를 기대한다

이에 대한 답을 찾기 위해 우선 나는 '착하다'라는 말의 본연의 의미를 찾고 싶어졌다. 이 말은 본래 말과 행동, 마음씨가 곱고 바르며 상냥하다는 의미이다(출처:《표준국어대사전》). 나무랄 데 없이 좋은 뜻이다.

나는 이토록 좋은 의미의 단어가 나쁘게 인식되는 이유가 오해 때문이라고 생각한다. 착한 사람은 어떤 상황에서도 자신의 것을 내주고 희생해야 한다고 오해하는 것이다. 상대방이 무슨 짓을 하더라도, 심지어 내 삶을 잠식하거나 파괴해도 도와줘야 하고 그게 착한 것이라 믿는다. 그렇게 에너지 뱀파이어에게 처참하게 당하고 나면 급기야 자신의 착한 마음가짐을 포기하고 만다. 에너지 뱀파이어는 타인의 에너지를 탕진하게 만드는 사람이다. 자신이 필요할 때는 타인의 선의지에 의지해 에너지를 요청하고, 원하는 것을 얻은 다음에는 연락하지 않는다. 그가 다시 연락할 때는 나에게 다시 원하는 게 있을 때다.

'착함'의 바람직한 정의는 묻지도, 따지지도 않는 희생이 아니어야 한다. 타인의 입장을 이해해 주고 선의를 베풀어 주는 것이지, 자신을 전혀 돌아보지 않고 목숨이나 재산, 명예 등을 바치거나 버리는 희생과는 거리가 멀어야 한다. 성자(聖子)가 아닌 다음에야 타인을 위해 철저히 희생하는 것을 목표로 할 수 없다. 그래서 착함의 바람직한 정의를 되살리면 너와 나, 즉 우리 모두에게 유익하지, 특정한 누군가만 이익을 취하는 게 아니다.

안타깝게도 많은 사람들이 희생과 착함을 동일한 것처럼 이해하면서, 더 이상 손해 보지 않고 자신만을 생각하는 '이기적인 삶'을 꿈꾼다. 하지만 착하게 사는 사람들이 손해는커녕 크게 성공하는 사례는 생각보다 쉽게 찾을 수 있다.

와튼 스쿨 심리학 교수인 애덤 그랜트(Adam Grant)가 쓴 《기브 앤 테이크: 주는 사람이 성공한다》(생각연구소)는 양보, 배려, 조건 없는 베풀기, 희생을 하는 이들의 놀라운 성공을 분석한 책이다. 압도적인 성공을 거둔 이들을 조사해 보니, 조건 없는 배려와 양보를 잘하는 이들이 많다는 것이다. 그 예로 '샘슨'이란 한 시골 청년의 이야기를 소개하였다.

젊은 시절 농장에서 일했던 청년 샘슨은 독학으로 공부해 변호사가 된 후 정치에 도전한다. 주의회 의원을 거쳐 상원 의원에 도전장을 내밀었다. 라이벌은 트럼블, 실즈, 매트슨 세 사람이었는데, 트럼블과 실즈는 샘슨과는 비교할 수 없을 정도로 좋은 집안 출신이었고, 매트슨은 현직 주지사였다. 치열한 경쟁 끝에 실즈가 후보를 사퇴하자 매트슨의 지지율이 올라갔다. 샘슨은 매트슨이 안 좋은 일에 연루되어 있다고 생각했기 때문에 그의 당선을 저지하기 위해 후보를 자진 사퇴하고, 자신의 지지자들을 설득해 트럼블의 당선을 도왔다. 샘슨의 지지자들은 애석해했지만, 트럼블은 그 덕분에 선거에서 승리를 거둘 수 있었다. 그리고 샘슨이 의혹이 있는 인물이라고 생각했던 매트슨은 나중에 수십만 달러를 횡령한 혐의로 기소되었다.

샘슨은 이 일뿐 아니라 언제나 자신의 이익보다 타인의 이익을 우선시하였다. 변호사로 일할 때도 의뢰인의 무죄를 믿을 수 없다면 고액의 수임료를 미련 없이 포기하고 사건을 맡지 않았다. 공공의 이익을 위해 자신의 희생을 마다하지 않았던 이 청년은 후일 미국의 16대 대통령에 당선된다. 그의 이름은 에이브러햄 링컨(Abraham Lincoln)이다.

자, 이제 어느 정도 감이 오지 않는가? 우리는 착하다는 말을 그동안 오해하고 있었다. 착한 사람도 최후의 승리를 거둘 수 있다. 물론 남을 등치면서 못되게 살면서도 승승장구하는 사람들이 아직도 눈앞에서 왔다 갔다 하면서 우리를 심란하게 한다. 못된 사람들이 성공하지 않는다는 건 아니지만, 그들만 성공하는 건 절대 아니다. 착하게 살면서 자신의 목표를 이루고 다른 이들까지 끌어 주며 다 함께 잘 사는 세상을 만들어 가는 사람들도 있다. 그러니 이 책을 읽는 독자들은 손해 보고 살았다는 울분을 풀어 버리고 가슴 깊숙이 들어 있는 '착함의 날개'를 기분 좋게 펼치길 바란다.

치열한 마케팅 전쟁에서
살아남는 '도덕성'

앞서 나는 칸트의 말을 빌려 선의지란 말을 설명했다. '선하다'와 '착하다'는 일반적으로 동일하게 사용되지만, 선(善)은 도덕적으로 올바르다는 의미의 단어라고 볼 수 있다.

도덕성은 인간이 마땅히 지켜야 할 도리로, 어떤 상황에서 옳고 그름을 따져서 올바르게 행동하는 능력을 말한다(출처:《상담학 사전》, 김춘경 외 4인, 학지사). '먹고살기도 바빠 죽겠는데 도덕성이라니, 그런 거 다 따져 가면서 일할 수 있을까?' 고리타분하다며 한탄하는 사람들도 있을지 모르겠다.

하지만 개인, 그리고 기업의 성공에서 도덕성은 가장 중요한 요건 중 하나다. 아무리 뛰어난 능력자라도 갑질, 음주 운전, 마약, 횡령, 불륜 등의 문제가 있으면 여지없이 추락하는 것을 우리는 수없이 지켜보았다. 기업도 마찬가지다. 도덕성에 문제가 있다는 사실이 드러나면 주가가 떨어지고 불매 운동이 벌어지면서 사회적인 지탄의 대상이 된다.

반면에 윤리 경영, 정도 경영을 한 기업들은 소비자들의 신뢰를 받으면서 탄탄대로를 걸을 수 있다. 우리나라에서는 윤리 경영의 대명사로 유일한 박사의 유한양행을 대표로 꼽을 수 있다. 오늘날 많은 기업들이 윤리적·도덕적으로 경영하겠다는 목표를 내걸고 이를 언론에 홍보하는 이유는 대중(大衆)이 도덕성을 대단히 중요한 가치로 인식하고 있음을 알기 때문이다. 그래서 마케팅을 할 때도 공익적인 이슈와 연결한 코즈 마케팅(Cause Marketing)을 펼친다.

코즈 마케팅이란 하버드 대학교의 마이클 포터(Michael E. Porter) 교수가 제시한 공유 가치 창출(CSV: Creating Shared Value) 전략의 구체적인 실천 방안이다. 소비자들이 상품이나 서비스를 구매하면 기업이 수익금 일부를 환경 보호, 빈곤 국가의 위생과 보건, 소년 소녀 가장, 난민 문제 등 공익적인 이슈를 위해 기부하는 것이다.

2011년 코카콜라 회사는 북극곰을 살리기 위해 세계야생동물 보호기금과 손잡고 북극곰을 상징하는 흰색 케이스의 콜라(Arctic Home)를 출시했다. 캔에 새겨진 코드를 문자 메시지로 전송하면 1달러가 기부되는데, 이 캠페인으로 총 300만 달러(소비자 참여 180만 달러, 코카콜라 회사의 후원금 120만 달러)를 북극곰과 서식지를 보호하는 데 사용할 수 있었다.

미국의 기업가 블레이크 마이코스키(Blake Mycoskie)는 아르헨티나를 여행하면서 아이들이 맨발로 걸어 다니는 광경을 목격하고 충격을 받아 아이들을 도울 방법을 고민하다가 신발 브랜드 탐스(TOMS)를 창업했다. 탐스는 신발이 한 켤레 팔릴 때마다 한 켤레를 신발이 없는 여러 나라의 어린이들에게 기부하는 'One for One' 철학을 실천하였고, 안경과 선글라스, 가방 등으로도 사업을 확장했다. 아쉽게도 사업 성과 부진으로 2019년 11월 'One for One'을 철회하고 순이익의 일부를 기부하는 것으로 기부 방식을 바꾸었다. 그러나 빈곤과 사회적 불평등 등 사회의 여러 문제점을 해결하는 노력을 멈추지 않겠다는 의지는 여전히 유효하다.

　코즈 마케팅 사례는 우리 출판계에서도 찾아볼 수 있다. 호스피스 병동에서 근무하는 의사 김여환 씨는 자신이 만난 환자들의 이야기, 삶과 죽음에 대한 통찰을 담아서《죽기 전에 더 늦기 전에》(청림출판)라는 책을 썼다. 그녀는 이 책의 인세 전액을 호스피스 환자를 돕기 위한 활동에 쓰겠다고 밝혔다. 또한 평소 봉사 활동에 열정적인 배우 정애리 씨는《채우지 않아도 삶에 스며드는 축복》(놀 출판사)을 썼다. 일상의 사소한 것들에 소중함과 감사함을 느꼈던 경험을 담백하게 기록한 책으로, 작가와 출판사는 인세 수익 전액과 판매 수익금 일부를 주변 이웃들을 위해 사용할 계획이다. 우리 회사에서 기획한《계단을 닦는 CEO》(영인미디어) 역시 임희성 작가가 인세의 일부를 미혼모를 돕는 데 사용해 달라며 기부하였다.

　코즈 마케팅의 성공 사례를 통해 사람들이 여전히 도덕성을 간절히 원하고 있다는 사실을 알 수 있다. 그래서 코즈 마케팅을 단지 상품을 잘 팔기 위해서나 억지로 기업의 이미지를 좋게 만들고자 하는 일환으로 활용하면 좋은 결과를 기대하기 어렵다. 좀 더 나은 세상을 만들겠다는 회사의 선한 의도, 그 진정성을 소비자들이 느꼈을 때 제대로 효과가 발휘될 수 있다.

비슷한 조건이라면 사람들은
어떤 상품을 소비할까?

대중이 도덕적인 사람과 기업을 좋아하는 이유는, 사람이라면 당연히 착하고 선하게 살아야 한다고 믿기 때문이다. 이를 의식하지 않는 사람은 아마 없을 것이다. 심지어 흉악한 범죄를 저지른 범죄자들조차 착한 사람처럼 보이고 싶어 하는 욕구가 있다고 한다.

그래서 대중의 마음을 움직여야 하는 입장이라면, 이를테면 나처럼 홍보 마케팅을 한다든가, 상품을 만든다든가, 장사를 한다면, 자신과 상품(혹은 서비스)이 도덕적이라는 인상을 줄 수 있어야 한다. 사람들은 상품을 구매할 때 머리보다 가슴을 사용할 때가 많다. 마케팅 전문가들에 따르면, 똑같은 상품이 서로 다른 플랫폼에서 다른 가격으로 판매될 때 소비자는 1,000~2,000원 차이로 더 싼 곳을 선택하기보다 좀 더 호감 가는 플랫폼을 이용한다고 한다. 사진이 더 예쁘거나 모델이 마음에 드는 곳의 상품을 구매한다는 것이다. 똑같은 상품이라 사진이나 모델은 아무 상관이 없는데도 말이다. 소비자들이 감수성 어린 선택을 하기에, 기업이 소비자들에게 좋은 인상을 주는 것은 무척 중요하다.

나 역시 사업가로서 우리 회사에 드나드는 이들에게 신뢰감 있는 인상을 주려고 노력한다. 우리 회사에 드나드는 거래처는 다양한 루트로 회사 이미지를 느끼는데, 그중의 하나가 벽에 걸려 있는 사훈(社訓)이다. 나는 회사를 경영하는 제1원칙을 '정도 경영(正道經營)'으로 삼아 액자로 만들어 벽에 걸어 놓았다. 처음에는 방문하는 사람들마다 "저게 진짜 되겠어? 장식이나 다를 바 없는 말이네."라며 웃었다. 그러나 나는 남들이 뭐라 해도 정도 경영을 지키기 위해 많은 노력을 해 왔다. 대표적인 것 중 하나가 출판사를 만들지 않은 것이다.

나를 아는 많은 사람들은 출판에 대한 모든 인프라를 다 갖춘 내가 왜 직접 책을 만들지 않는지를 궁금해한다. 이유는 단순하다. 우리 회사의 정체성은 좋은 출판 아이템을 발굴해 출판사에 중개하는 것인데, 내가 출판을 직접 하면 출판사들이 내 말을 믿겠는가 하는 것이다.

사실 나는 오랫동안 출판계에 몸담고 있어서 이제는 출판 아이템을 보면 판매 가능성을 어느 정도 예측할 수 있다. 정확도가 100%는 못 돼도 70~80% 정도는 된다고 자부한다. 성공할 만한 아이템을 출판사에 소개하지 않고 내가 직접 만든다면, 분명히 지금보다 돈을 더 벌 수 있을 것이다. 하지만 그렇게 하면 출판사들이 우리 회사를 더 이상 믿지 않을 것이다. 나에게는 오랫동안 파트너십으로 함께하는 고객들이 더 중요하기 때문에 눈앞에 보이는 돈을 포기하는 것이다.

이런 내 모습에 출판사 사장님들은 "양 사장은 적어도 나를 속이진 않아."라는 말을 하면서 신뢰감을 표하고 있다. 우리 회사를 통해 저작권 계약을 한다고 로열티가 저렴해지는 것이 아닌데도, 우리 회사에 먼저 오퍼를 넣는 회사들이 많은 것은 회사 운영 방식에 신뢰감을 얻은 덕분이다.

독일의 경제학자 한스-게오르크 호이젤(Hans-Georg Hausel)은 《뇌, 욕망의 비밀을 풀다》(비즈니스북스)에서 "감정이 개입하지 않는 구매 결정은 없다."라고 했다. 대중을 상대하는 직업을 가진 사람들은 소비자의 감성을 건드려야 하고 선의를 자극해야 한다. 소비자가 상품(혹은 서비스)을 구입함으로써 선한 일에 동참한다는 믿음을 가질 수 있도록 해야 한다. 기업은 단지 상품을 팔기 위해서, 즉 이익을 기대해서가 아니라 조건 없이, 진심으로 사람과 세상을 위해 노력하는 모습을 보여 주어야 한다. 자신의 이익이 조금 줄어들더라도 옳은 일을 하고, 우리가 속한 세상을 더 아름답게 만드는 데 기여할 때 소비자들은 열광할 것이다.

옳지 않으면 현금 다발이라도 쓰레기통에 버려야지

"너에게 10억을 줄게. 대신 1년간 감옥살이를 해야 한다면 할 수 있겠니?"

몇 년 전에 웃지 못할 얘기를 접한 적이 있다. 2015년 흥사단 투명사회운동본부 윤리연구센터가 전국의 초·중·고생 1만 1천 명에게 이 질문을 했더니 무려 56%의 고등학생들이 '그렇다'고 답했다는 것이다(중학생은 39%, 초등학생은 17%). 똑같은 질문을 2013년에 초·중·고생 2만 1천여 명에게 했을 때에는 고등학생 47%, 중학생 33%, 초등학생 16%가 '그렇다'고 답했고, 2012년에는 고등학생 44%, 중학생 28%, 초등학생 12%가 '괜찮다'고 답했다. 갈수록 윤리의식이 떨어지는 추세이다(출처: 한겨레 2015.12.29. 기사).

어떻게 이런 답변이 나올 수 있을까 싶다. 1년을 열심히 일해도 얼마 벌지 못하는데 10억이라니, 투자 대비 효율성(?) 면에서 나쁘지 않다는 생각인 것일까? 몇 년 전뿐 아니라 지금도 마찬가지다. 요즘에도 거액의 회삿돈을 횡령한 사람들의 재판 기사를 보면 '○○억 원에 감옥 5년이면 살 만하군.'과 같은 댓글이 심심찮게 눈에 띈다.

아이들에게 꿈을 물어보면 돈 잘 버는 건물주, 연예인이 꿈이란다. 참 서글프다. 이 직업이 나쁘다는 게 아니라, 자신이 무엇을 좋아하는지, 무엇을 잘하는지 재능을 발견하기도 전에 황금만능주의의 맛을 알아 버린 것 같아 서글픈 것이다. 아이들이 '내가 잘 먹고 잘살 수만 있다면 도덕성이나 윤리 의식 따위는 중요치 않다, 수단 방법을 가리지 말고 부자가 되어야 한다.'라고 생각한다면, 모두 우리 어른들의 잘못이다.

도덕성을 지키면 내가
최대의 수혜자가 된다

가끔 젊은 시절의 내가 꿈에 나올 때가 있다. 20대 중반, 돈을 벌겠다고 작은 가방 하나 들고 무작정 서울로 상경했던 내 모습 말이다. 비둘기호 야간열차를 타고 올라왔는데, 기차 안이 너무 춥고 기차가 덜컹거려 눈을 붙이기가 힘들었다. 비몽사몽 하다가 영등포역에 내렸을 때, 새벽의 푸른빛에 휩싸인 서울 풍경을 지금도 잊을 수 없다.

아무것도 없는 맨주먹뿐이었는데 '어떻게 해서든, 나는 반드시 성공할 거야!'라고 결심했다. 어렸을 때의 혹독했던 가난, 부모님과 살 형편이 안 돼 친척 집을 떠돌면서 눈칫밥을 먹었던 그 시절을 떠올리며 반드시 성공할 거라고 다짐했다. 그 결심이 나를 살게 해 줬고 외롭고 거칠었던 서울살이를 버티게 해 준 기둥이었다.

서울에 온 나는 전봇대에 붙어 있는 전단지마다 연락해서 일거리를 찾았다. 새벽 인력 시장에도 나가고 신문 배달도 했다. 악착같이 기를 쓰고 일해서 배달 왕, 수금 왕도 여러 번 했다. 신문 요금을 받기 위해 비를 쫄딱 맞으며 밤늦게까지 남의 집 대문 앞에 서 있었던 적도 많았다.

"어머, 세상에…. 아직 학생 같은데 너무 고생하네요."

1년치 신문 요금을 납부하지 않던 사람들이 내 모습을 보고는 화들짝 놀라서 밀린 요금을 지불한 적도 있었다. 어렵게 서울살이를 하던 나에게 그 돈은 참으로 커 보였다. 하지만 단 한 번도 수금한 돈에 손을 댄 적이 없다. 남의 돈, 남의 이익에 손대서 잘살고 싶지 않았다. 시궁창 같았던 삶이지만, 열심히 일하면 언젠가는 잘살게 될 것이라 믿었다. 내 힘으로, 당당하게, 올바르게 잘살고 싶었다. 그것만이 내 희망이었다.

온갖 허드렛일을 전전하던 나는 우연한 기회에 일본어 학원 강사로 일하게 됐다. 내 어머니가 일본인이라 어릴 때 일본어를 배웠던 덕분이었다. 실력을 인정받아 다른 학원의 부원장으로 일했을 때도 남의 이익, 남의 돈이 아닌 내 힘으로 잘살고 싶어서 죽을힘을 다해 노력했다. 그 결과 6개월 만에 월 매출의 여섯 배, 10개월 만에 열 배의 매출을 올렸고, 학원생들 사이에서 실력 있는 강사, 학원 경영진에게는 영업 잘하는 사람으로 자리매김할 수 있었다.

이제 고생 끝, 행복 시작이었을까? 내 인생의 반전은 쉽게 이루어지지 않았다. 어느 날 갑자기 학원으로 사채업자들이 몰려와 학원 통장을 빼앗아 갔다. 원장이 남몰래 사채업자에게 돈을 빌려 쓰고 잠적했던 것이다.

'얼마나 열심히 일했는데, 어떻게 일군 내 성과인데….'

학원 직원들과 강사들은 그야말로 멘붕에 빠졌고, 원장 부인의 멱살을 잡은 직원까지 있었다. 나 역시 처참했고 망연자실했지만 애써 마음을 다잡았다. 내 인생이 이렇게 무너질 수 없다는 생각 그리고 학원 부원장으로서 내 책임을 다하겠다는 사명감 때문이었다.

일단 직원들을 진정시키고 내 카드로 500만 원을 긁어서 직원들의 월급 일부를 지급했다. 내 월급도 챙기지 못한 형편이었지만, 직원들이 월급을 못 받으면 생계가 힘들어질 걸 알았기 때문이다. 다행히 직원들이 내 마음을 알아주었고 우리는 힘을 합쳐서 학원을 기사회생시킬 수 있었다. 그때 내가 나 몰라라 하고 혼자 빠져나왔다면 학원을 정상 회복시키는 것이 불가능했을 뿐 아니라, 직원들 모두 일자리를 잃고 뿔뿔이 흩어졌을 것이다.

어떤 상황에서도 도덕성을 지키며 살려고 몸부림쳐 왔던 내 입장에서는 앞서 언급한 아이들의 설문 조사 결과가 정말이지 서글프다. 어쩌다 이렇게 되었을까 하는 자괴감이 들고, 어른들이 사회적 책임을 다하지 못해서 도덕성을 무시한 이들이 잘 먹고 잘사는 세상을 보여 준 것 같아 미안하다.

도덕성은 철학자들이나 논하고, 책 속에만 존재하는 개념이 아니다. 이영애 아동 심리 상담 전문가는 EBS 〈60분 부모〉에서 도덕성을 '선과 악을 구별하고 옳고 그른 것을 판단해서 인간관계에서 당연히 지켜야 할 규범을 준수하는 능력'이라고 정의하였다. 도덕성은 사람으로서 지켜야 하고, 사람이니까 지킬 수 있는 도리이다. 너무나 고단했던 젊은 날, 내가 수금한 돈에 손대지 않았던 것, 학원 부원장으로서 책임을 다한 것 역시 내가 당연히 지켜야 하는 도리였다. 도덕성을 지켰기에 내가 인간으로서 존귀함, 자존감을 유지할 수 있었다. 그리고 내 동료들과 다 함께 살아남을 수 있었다. 만약 돈이든, 다른 무엇이든, 그것 때문에 도덕성을 포기했다면 내 가치는 땅바닥으로 떨어졌을 뿐 아니라, 함께 살아남지 못했을 것이다.

그래서 도덕성을 지키며 옳은 방향으로 나아가는 것은 그 누구보다 나에게 좋은 결과를 남긴다. 도덕성의 최대 수혜자는 바로 내가 되는 것이다.

진짜 잘되는 사람들은
타인을 소중히 여긴다

우여곡절을 거쳐 1996년에 회사를 창업하였고, 20년 넘게 회사를 운영하면서 일을 다 하고 돈을 못 받은 적이 꽤 된다. 번역, 출판 편집 디자인, 저작권 중개 수수료 등 일을 하고 돈을 못 받거나, 돈을 빌려 달라는 부탁을 받고 빌려 주었다가 못 받은 돈을 다 합하면 약 7~8억 원은 되는 것 같다.

우리 회사와 같은 중소기업에 7~8억 원은 결코 적은 돈이 아니다. 자칫 회사를 위태롭게 하거나 운영상 심각한 타격을 줄 정도로 큰 액수다. 하지만 특별한 경우(돈이 있는데도 안 주는 것 같은 경우)가 아니라면 못 받은 돈 때문에 소송을 제기하거나 압류를 걸어 본 적이 없다. 어려운 상황에 빠진 사람을 다그치는 게 옳지 않다고 생각했고, 준다고 약속했으니 줄 거라고 믿었다.

어떤 지인은 세 차례나 돈을 갚지 않았다. 한 번은 그럴 수 있지만 재차 반복되니 마음이 상했고, 내 돈을 갚지 않으면서 여유로운 생활을 누린다는 얘기를 다른 지인에게 들은 후로 더는 거래하지 않았다. 나에게 물질적·정신적 피해를 준 사람들을 수소문하다 보면, 다른 이들에게도 피해를 준 적이 있었다. 그들은 남들에게 부당하게 취한 이득으로 잘 지내는 것 같았지만 좀 더 시간이 지나자 상황이 점점 안 좋아졌고, 나중에는 소식조차 들을 수 없게 되었다. 정말 형편이 어려워 피치 못할 사정이라면 몰라도, 남에게 피해를 입히면 결국 자신도 잘 살 수 없게 된다.

진짜 잘되는 사람들은 남에게 함부로 하지 않으며, 남을 이용하지도 않는다. 윤리를 중요하게 생각하고 비즈니스를 할 때도 정정당당하다. 나는 이렇게 회사를 운영하는 분들을 보면서 도덕성이 얼마나 중요한지를 깨닫고 있다.

기업인이자 《어떻게 부자가 될 것인가》(스노우폭스북스)를 쓴 우성민 대표는 2020년 초 우리나라에 코로나가 확산되고 마스크 대란이 일어났을 때, 한 유통업자에게 25억 원을 줄 테니 마스크 100만 장을 팔라는 제안을 받았지만 일언지하에 거절한 것으로 유명하다. 연매출 100억 원을 넘나드는 중소기업이 단번에 20억 원 이상의 이익을 얻을 기회였는데도 말이다. 당시 마스크 대란은 전 세계적인 현상이었고, 우리나라는 중국에서 방역 물품을 다량으로 구매해 오면서도 막상 우리 국민들은 마스크를 구하기 위해 약국에 몇 시간씩 줄을 서야 했다. 누군가는 돈을 벌 기회로 여기고 물불 안 가리고 달려들 때 우 대표는 그 기회를 걷어찼을 뿐 아니라, 마스크 값이 열 배 이상 치솟았던 상황에서 '반값 마스크' 캠페인을 벌였다. 이유는 하나였다.

"남의 목숨을 담보로 장사해서는 안 된다."

온 국민이 위기를 겪고 있는 상황에서 양심을 팔고 싶지 않다는 것이었다. 우 대표의 사연이 언론을 통해 알려지며 사업체는 더더욱 유명세를 타게 됐다. 도덕성을 지킨 그에게 대중이 호감을 보이는 것은 당연했다.

우 대표는 회사 매출이 오르면 먼저 직원들부터 바라본다. 매출이 오르면 자신이 탈 비싼 차부터 구입하는 여타의 대표들과 달리 그는 직원들이 업무용으로 타는 차, 임원들에게 지급하는 차부터 바꾼다. 안전성을 고려한 옵션들을 최대한 갖춰서 말이다. 회사 공간 역시 직원들의 업무 효율성을 최우선시하여 자리 배치가 이뤄진다. 직원들 자리를 잘 갖춘 후 남은 공간에 대표 이사의 자리를 잡는다. 그는 겉보기에 좋은 회사, 표면적인 복지를 추구하는 회사가 아니라, 직원들이 최대한 효율적으로 일하고 제시간에 퇴근하는 회사가 좋은 회사라고 말한다. 침대와 휴식 공간 등을 갖춰 놓고 직원들을 오래 붙잡아 두는 게 아니라, 제때 퇴근하게 해 주는 것을 직원들이 진짜 원한다는 것이다. 현재 그의 회사가 포털 사이트에서 운영 중인 커뮤니티와 쇼핑몰은 상위 0.1%에 속하는 인기를 끌고 있다.

윤리 경영을 하는 기업인으로 《희망을 끓이는 남다른 감자탕 이야기》(성안당)를 쓴 이정열 의장도 빼놓을 수 없다. 요식업 종사자로 가장 중요한 기업 윤리를 식품의 안전성이라고 생각해 신선한 재료로 음식을 만드는 건 물론, 본사가 비용을 100% 부담해 전국의 자사 매장에 방역 업체를 보내 방역 서비스를 실시하고 있다.

그리고 회사 운영에 있어서 경영진보다 직원들의 입장을 먼저 고려한다. 장사를 해서 성공하고 싶어 하는 직원에게 3억 원의 창업 자금을 무이자로 대출해 주고, 프랜차이즈 시스템을 배워 경영자를 꿈꾸는 직원에게는 대학원 등록금 전액을 회사가 납부해 준다. 또한 직원들의 자기 계발을 위해 꾸준히 독서 모임도 진행하고 있다. 그가 최고로 생각하는 가치는 매출이 아니라 일을 통해 이 세상에 공헌하는 것이고, 사람을 살리고 세우는 것이다. "기독교인으로서 하나님의 사랑을 바탕으로 건강하고 맛있는 한식으로 세상 사람들을 살리고, 어려운 이웃들을 도와주는 것이 비전이다."라고 말한다. 이런 마인드이기에 정직하게 음식을 만들고, 식자재를 납품받는 거래처와도 갑을 관계의 권위로 비용을 후려치는 일 없이 정직하게 거래한다. 본사만 잘 먹고 잘사는 게 아니라 가맹점 모두의 성공, 직원들 개개인의 꿈 실현을 추구하는 곳이 '남다른 감자탕'이다.

두 사람에게 "어떻게 그런 방식으로 회사를 운영할 수 있어요?"라고 물으면 "그게 옳은 거니까요."라고 답한다. 서로 모르는 사이인데도 마치 짠 것처럼 같은 답변이다. 코로나19 팬데믹의 짙은 어둠 속에서도 우성민 대표와 이정열 의장의 회사는 그야말로 선전(善戰)중이다. 거래처와 소비자에게 신뢰감을 얻고, 직원들은 자기 회사처럼 열정적으로 일하니 회사가 안될 리가 없다. 이처럼 선의지는 우리 모두에게 유익한 결과를 안겨 준다.

실수했다면 철저하게
이익을 포기한다

우리 회사가 출판 번역으로 발을 넓힌 지 얼마 되지 않았을 때 있었던 일이다. 한 출판사로부터 번역 의뢰를 받고, 기한에 맞게 번역을 마쳐서 원고를 보냈는데, 출판사가 번역료를 지불하기로 예정된 날짜에 입금되지 않았다. 대신 출판사에서 전화가 왔다. 번역 상태가 너무 좋지 않아 번역료를 다 지불할 수 없을 정도라는 것이다. 출판사는 약속된 번역료의 50%만 지급하겠다고 말했다.

담당 직원에게 소식을 들은 후, 나는 직원에게 출판사에서 제기하는 문제점을 파악해서 모두 정리하라고 하였다. 그리고 그 내용을 놓고 직원들과 함께 머리를 맞대고 번역 원고를 점검해 보았다. 그 결과 출판사의 지적이 모두 맞았다는 걸 확인할 수 있었다. 당시 우리 회사를 비롯한 번역 회사들이 속도전으로 일하고 있어서 작업 속도는 빨랐으나 질이 안 좋은 경우가 종종 발생했다. 원고 전체가 엉망이었던 건 아니고 잘된 부분도 있어서 출판사가 50%의 번역료를 주겠다고 한 것이었다.

하지만 나는 그렇게 마무리하고 싶지 않았다. 잘 번역된 부분도 있으므로 50%를 받아도 되지만, 그렇게 하면 그 회사와 관계가 끊어질 거라는 생각이 들었다. 누가 50%만 만족스러운 회사와 거래하겠는가? 나는 출판사에 연락해서 비용을 아예 받지 않겠다고 알렸다. 신생 회사로서 한 푼의 매출이 아쉬울 때였지만 그렇게 결정한 것이다.

원고료를 받지 않겠다는 내 말에 출판사가 오히려 당황했다. 그 회사는 아예 비용을 안 줄 생각이 전혀 아니었고, 번역의 질이 좋지 않아 항의하고 그에 맞게 번역료를 지불하려고 한 것이었다. 그러나 나는 만족스럽지 못한 결과물을 내놓은 것에 대한 최소한의 책임 있는 태도라고 생각했기에 정중하게 출판사의 제안을 거절했다.

이후에 어떻게 되었을까? 그 출판사와 우리 회사는 거래가 더 늘어났다. 내가 결과에 책임을 지겠다는 태도를 보여 주자 더 신뢰하게 되었다고 했다. 뿐만 아니라 그 회사 편집장이 퇴사하고 회사를 새로 차렸는데, 우리 회사로 일감을 많이 주었다. 그야말로 위기가 기회로 뒤바뀐 것이다. 이 일은 나에게도 '어떻게 하면 번역의 질을 끌어올릴 수 있을까?', '우리 회사의 시스템을 어떻게 개선할 것인가?'를 생각하게 하는 시발점이 되었다.

내 입장보다 상대방의 입장을 고려한다면, 내 실수를 부정하거나 외면하지 않고 솔직하게 인정하고 철저하게 책임질 수 있다. 이러한 태도는 상대방의 닫힌 마음의 문을 열고, 꼬인 관계를 풀 수 있는 실마리가 되어 준다. 특히 나에게 금전적인 손해가 있는데도 기꺼이 실수를 인정하고 책임을 다했을 때 상대는 나의 선의지와 진정성을 믿을 수 있고, 비로소 나를 존중하게 된다. 그렇기에 당장 손해를 보더라도 두려워할 필요가 없다.

선의지를 지키기 위해 반드시 극복해야 하는 문제

　누구나 선의지를 가진 이들을 좋아한다. 심지어 치열한 비즈니스 현장에서 기업은 자신의 선의지를 보여 주는 마케팅 기법을 구사한다. 하지만 "착한 사람들도 얼마든지 성공한다."라는 말을 아무리 해 봐도 사람들은 고개를 가로젓는다. "요즘 같은 세상에 누가 먼저 베풀면서 살아? 그렇게 살면 호구 취급이나 당하지."라고 말할 뿐이다.

　이미 사람들의 머릿속에는 피해를 보았던 기억이 있다. 가슴속에서 자연스레 샘솟는 선의지를 따랐다가 처절하게 호구 취급을 당하고 나면 점점 손을 내밀기보다 움켜쥐게 되고, 남보다는 나를 먼저 생각하는 이기주의자로 변한다. 그러면서 우리가 사는 세상은 점점 팍팍해지고 있다. 그렇게 살아서 살림살이가 나아지면 좋으련만, 팍팍한 무한 경쟁 속에서 나만 잘살기는커녕 다 같이 고생하며 살고 있다. 선의지를 잃어버린 대가는 모두에게 가혹하다. 선의지를 잃어버리지 않고 잘 살 수 있는 방법은 없는 것일까?

"당연히 도와줘야 하는 거 아니야?"라는 요구를 받았을 때

나는 사람을 소중히 여겨서 한번 인연을 맺으면 쭉 이어 가는 편이다. 일 때문에 정말 다양한 직군의 사람들을 만나게 되는데, 내게 좋은 인상을 받은 사람들이 자신의 지인들에게 나를 소개하면서, 만나는 사람들이 더욱 늘어났다. "전에 내가 어려운 일이 있었는데 양 사장이 도와줘서 잘 해결했거든. 너도 한번 만나 봐."

이런 소개를 받고 찾아오는 사람들이 많다. 상대가 어떤 목적을 가지고 찾아오든 나는 사양하지 않고 만난다. 누군가에게 인정을 받았다는 것이니 참 감사하고, 내가 다른 이를 도와줄 수 있다는 사실 자체가 참 고맙다. 그런 관계 속에서 서로 발전해 가는 것을 눈으로 볼 수 있어서 '만남'은 나에게 언제나 즐거운 일이다. 종일 사람들을 만나면서 피로가 쌓여도, 그 피로 또한 사람들을 만나면서 풀게 된다. 그런데 가끔은 이어 갈 수 없어서 결국 끝나고야 마는 인연이 있다.

왜 끝장나는 인연이 생기는 것일까? 인간관계는 상호 작용이 중요한데 그 작용이 이뤄지지 않아서다. 나는 사람에게는 누구나 타고난 이타적이고 선한 마음이 있다고 믿지만, 그렇다고 해서 100% 일방적인 관계는 오래 유지되기 어렵다고 생각한다. 내가 베푼 만큼 돌려받지 못하더라도, 최소한 마음과 마음이 오가야 한다. 상대가 계속해서 나에게 요구만 한다면 그 관계는 나를 피폐하게 만들 수 있다.

나는 인간의 모든 행위가 행복과 분리될 수 없다고 생각한다. 어떤 행위를 하든 그것이 결국 나를 불행하게 만든다면 계속할 수 없다. 아리스토텔레스(Aristoteles)는 "인간이 행복해지기 위해서는 덕(德)(도덕적인 덕과 지적인 덕)이 필요하다. 그런데 (도덕적인) 덕은 선천적으로 내재돼 있는 게 아니라 실천을 통해 만들어지므로 습관화가 중요하다. 이때 핵심이 되는 게 중용(中庸)이다. 여기서 중용은 기계적이거나 산술적인 중립이 아니라, 참된 인간의 행위를 말한다. 정도에 어긋나거나 사람에게 해악을 미치는 행동은 악덕일 뿐, 중용을 따질 수 없다."라고 했다. 즉, 일방적인 요구를 강요하면서 나를 힘들게 만드는 관계는 과감하게 정리해야 하는 것이다.

앞서 말한 것처럼 나는 어려움에 빠진 사람을 보면 돕고 싶다는 마음이 들고, 내가 할 수 있는 한 최선을 다해 돕는다. 도움을 받은 이들은 어떻게든 신세를 갚고 싶다며 인사한다. 진심 어린 인사를 받으면 그것만으로도 가슴이 뿌듯해진다.

하지만 정반대의 경우도 있었다. 책을 한 번 냈다가 문제가 생겨서 마음고생을 크게 한 작가가 있었다. 소개로 나와 만나게 되었는데, 사정을 듣고 너무 딱해서 문제를 해결할 수 있도록 조언을 아끼지 않았다. 덕분에 문제를 해결한 그는 새로운 책을 쓰고 있다는 사실을 알리며, 나에게 다시 조언을 구했다. 앞서와 마찬가지로 나는 내가 알고 있는 업계 경험과 지식을 동원해 꼼꼼하게 안내해 주었다.

그런데 어느 날부터인가 연락이 잘되지 않았고, 간신히 연결된 전화 통화에서 다른 출판사와 계약하게 되었다는 소식을 들었다. 선의로 도와주었고 대가를 기대한 것은 아니지만, 단 한마디 말도 없이 다른 회사와 계약한 그에게 서운한 마음이 들었다. 그래도 혹여나 그가 잘못된 계약을 반복할까 염려되어 나는 출판사와 계약할 때 확인해야 할 점들을 다시 한번 알려 주었다. 이후로 전화를 해도 그가 받지 않아서, 연락이 아예 끊어졌다.

나는 진심으로 도와주었는데 도움만 받고 안부 연락조차 끊는 이들을 보면, 아무래도 마음에 상처를 입게 된다. 돈 문제일 때는 마음의 상처로 끝나지 않고 좀 더 다른 차원의 문제를 일으킨다. 지인이 돈이 필요하다고 해서 도와주었는데 이후로 돈을 갚지 않고 재차 빌려 달라고 하였다. 또 빌려 주었는데 여전히 갚지 않았고, 다른 사람들에게도 똑같이 돈을 빌리고 갚지 않았다는 소식을 들었다. 참 허탈했다. 혹시 사정이 나아졌는지 물어보니 그는 태연하게 "아직

여유가 안 된다. 그렇게 안 봤는데 배포가 작은 것 같다."라는 말을 했다.

"도와줘서 고마워. 꼭 갚을게."라는 상대방의 약속을 믿고 기다렸다가, 회사 재정에까지 영향이 미치면 실망감이 더욱 깊어진다. 잘 모르는 사람들보다 가까이 있는 사람, 친한 사람들 사이에서 이런 일이 더 잘 일어났다. 돈뿐 아니라 사람까지 잃는다는 생각이 들었고, 다른 사람들을 만날 때도 '혹시나' 하는 마음에 두려워졌다. 그래서 결심했다. 내 마음을 지키기 위해서라도, 에너지 뱀파이어들은 피해야겠다고….

타인을 짓밟는 이들에게서
나를 지키기

사람이 살면서 겪는 문제들 중 가장 치사한 것 중 하나가 돈 문제다. 엄청난 부자라 해도 돈 문제로 속으면 마음이 상하는데, 나 같은 보통 사람들이야 오죽하겠는가? 그래서 "돈거래는 하는 게 아니다."라는 말이 있나 보다. 돈이 인생 최고의 가치는 아니지만 우리 삶을 움직이는 매우 중요한 수단이라, 이 문제로 말썽이 생기면 견디기가 힘들어진다. 내 삶, 가족에까지 영향이 미치고, 사업을 하는 이들이라면 회사가 타격을 받는다. 그래서 돈 문제는 경계해야 하고 무조건적 선의지를 발휘해서도 안 된다. 나는 이 사실을 모른 채 돈과 사람을 잃는 경험을 수차례 반복하면서 내 선의지가 무시당했다는 사실을 깨달은 후에야, 에너지 뱀파이어들을 경계하겠다고 결심했다.

나는 어려움에 빠진 사람을 도와주고 싶지만, 내 마음을 노골적으로 이용하려는 이들의 요청은 정중하게 사양하기로 했다. 나의 신체적·정신적·물적 에너지가 제한적이라서 그렇기도 하지만, "내가 좀 힘들거든." 하며 인위적으로 연출하는 데 호응하는 것 자체가 그 사람을 진짜 돕는 게 아니기 때문이다. 무엇보다 내 선의지가 무가치하게 버려져서 또 다른 이들을 도울 기회를 망치고 싶지 않다.

이제 나는 돈을 빌려주는 행위는 일절 하지 않는다. 부탁을 받아도 최대한 예의를 지켜 거절한다. 그러나 여전히 어려운 사람들이 눈에 띄어서 마음이 괴로웠다. 에너지 뱀파이어들을 피하려다 정말 목말라 죽을 것 같은 사람을 도와주지 못한다면 이것도 옳지 못하다. 이럴 땐 어떻게 하면 좋을까?

친한 후배가 있다. 특별한 일이 없어도 시간이 되면 만나서 편하게 식사하는 사이인데, 웬일인지 연락이 뜸해졌다. 나도 바빠서 미처 연락하지 못했다가 어떻게 지내는지 안부를 물을 겸 오랜만에 전화를 했다. 그런데 후배의 목소리에 힘이 하나도 없었다. 무슨 일인지 물어도 계속 피하던 후배는 내가 자꾸 채근하자 마지못해 답했다.

몸을 다쳐 3개월간 일을 못 해 카드 빚이 쌓였다는 것이다. 그는 늘 성실하게 일했고, 다치지 않았다면 빚을 지지 않았을 성격이었다.

나는 다시 후배를 채근해서 액수와 계좌 번호를 받아 낸 다음, 통화가 끝나자마자 돈을 입금했다. 비록 100%는 아니고 일부였지만 카드 빚을 갚는 데 도움이 될 것이라 생각했다. 통장을 확인한 후배는 처음엔 화를 내다가 나중에는 너무나 고마워했다. 뒤늦게 알게 된 사실이지만, 그때 사기까지 당해서 생을 포기하려는 마음까지 먹었던 상황이었다고 한다. 이후 후배는 건강을 회복해 열심히 일하고 있다. 후배는 그때 도움 받았던 돈을 갚으려 했지만, 내가 받지 않자 만날 때마다 밥을 사 준다.

어디선가 들은 말인데, 누가 100을 빌려 달라고 하면 20, 30 정도를 그냥 주는 게 좋다고 한다. 돈을 빌려주고 받는 일은 너무나 사람을 힘들게 하고 때로는 인간관계를 파괴할 수도 있어서 안 하는 게 좋다. 돈거래가 얼마나 사람을 괴롭히면 성경에서조차 금하겠는가(성경의 〈잠언〉에 보면 보증을 서지 말라는 구절이 있다)? 그러나 어려움에 빠진 사람을 도와주는 게 옳은 일이므로 돌려받을 걸 기대하지 말고, 내가 줄 수 있는 한도 내에서 그냥 주라는 것이다. 상대방이 만족하진 못하더라도 보탬이 될 수 있고, 서로 의를 상하지 않는 방법인 것이다.

사람들은 '초심(初心)을 잃지 말자!'라는 말을 많이 한다. 처음 먹었던 마음을 유지하기가 생각보다 쉽지 않아서다. 선의지를 갖고 남을 돕는 것도 마찬가지다. 내가 아무리 좋은 마음으로 상대에게 다가갔더라도 속거나 이용당하는 경험을 하게 되면, 또다시 선의지로 사람을 대하기가 어려워진다. 그래서 선의지를 지켜 내기 위해서는 이용당하는 일이 없어야 한다. 선의지를 악용하는 사람들에게 당해서는 안 된다. 선의지가 상처 입지 않고 유지될수록 우리가 사는 세상은 좋아질 것이고, 우리 또한 행복할 것이다.

······

지금까지 내가 생각하는 선의지의 의미에 대해 이야기하였다. 우리는 선의에 대해서는 잘 알지만, 도덕성과 강인한 의지, 실행력이 포함된 선의지라는 개념에는 익숙하지 않은 것 같다. 우리는 도덕성이 고리타분한 개념이라고 오해해 왔다. 도덕적으로 살면 손해 보고, 성공할 수 없다는 편견 때문에 움츠러들곤 했다.

하지만 앞서 설명한 것처럼, 전 세계적으로 도덕성을 지키면서도 성공한 예를 무수히 찾을 수 있다. 착한 기업에 소비자들은 열광하고, 심지어 마케팅에서도 도덕성을 강조한 방법이 좋은 반응을 얻고 있다. 아무짝에도 쓸모없다고 생각했던 내 가슴속 선의는 우리를 행복하게 만들 수 있는 보석이었다.

그런데 타인을 돕겠다는 선의가 있어도 실행하지 않으면 아무것도 변화하지 못한다. 선의를 실행에 옮겼을 때 비로소 타인의 삶,

그와 연결된 내 삶에도 눈부신 볕이 든다. 실천이 없다면 아무리 원대한 꿈을 꿔도 몽상가에 지나지 않는다. 선의보다 선의지가 훨씬 더 중요하다.

그래서 이제는 실천해야 한다. 선의지를 어떻게 실천할지, 우리의 꿈을 어떻게 현실화시킬 수 있는지를 다음 장에서 하나하나 살펴보자.

the Class of Wealth

선의지는 나보다 상대를 바라보는 마음이다. 상대에게 무엇이 필요한지를 정확하게 읽고 그것을 내 일처럼 받아들여 주는 것이다. 사람은 누구나 자신의 욕구에 정신이 팔려 있지만, 그것만 들여다보다가 상대를 놓치고 세상도 놓치기 쉽다. 성공하고 싶다면 상대에게 눈을 두어야 한다. 상대의 욕구를 읽고, 끊임없이 관찰하며, 그를 사로잡기 위해 최선을 다해야 한다. 그래야 상대의 욕구가 달성되고, 나도 함께 행복해질 수 있다.

Chapter 2

선의지 제2법칙_

상대가 원하는 것을 읽다

상대의 목표가
곧 나의 목표

처음에 홍보 마케팅을 시작해서 부지런히 뛰어다녔을 때, 주변 사람들에게 "자기 일도 아닌데 뭘 그렇게 열심히 하나요? 그렇게 일하면 남는 게 있나요?"라는 말을 많이 들었다. "그냥 돕고 싶어서요."

앞서 말한 것처럼 출판사와 작가를 돕고 싶다는 마음이 커서 나에게 무엇인가 남는 게 있어야 한다는 생각을 하지 않았다. 나의 답변을 들은 사람들은 "고생을 많이 안 해 봐서 그런가, 사람이 계산이 없네."라는 칭찬 아닌 칭찬을 해 주었다.

고생을 안 해 본 것 같다는 평가가 감사하지만, 앞서 밝힌 것처럼 나는 전형적인 무(無)수저였다. 금, 은, 동, 흙 중 어떤 수저인지를 따지는 게 아니라 아예 수저가 없었다. 그래서 내가 어려움을 겪는 사람들을 '돕고 싶다'는 생각을 자동 반사처럼 하는 것을, 칸트의 말처럼 내 안의 선(善), 도덕성이 뛰어나서라고 말하기는 부끄럽다. 내가 너무 힘들게 살았기에 다른 사람들은 그렇게까지 고생하지 않았으면 하는 바람에서 돕는 것이다. 이게 내가 말하는 선의지이다.

목표를 정확하게
이해하고 있는가?

나는 출판사와 작가를 도와 다 함께 성공하기를 바랐으므로, 어떻게 해야 할지를 고민했다. 먼저 나는 상대방의 목표가 무엇인지부터 파악하려 노력했다. 목표가 무엇인지 알아야 이를 달성하기 위한 전략을 세울 수 있기 때문이다.

A라는 작가는 난생처음 책을 쓰면서, 이 책으로 유명해져 강의를 하고 싶다는 바람이 있었다. 자신이 속한 분야에서는 전문가로 인정받고 있었으나, 대중적으로 활동해 본 경험은 없었다. 책이 잘 팔리면 좋겠지만, 경제적 여건이 먹고사는 데 큰 지장이 없어서인지 책 판매에는 크게 연연하지 않아도 된다고 했다.

이런 경우에는 작가를 알리는 홍보 활동에 주력하는 게 좋다. 그래서 나는 웹상에 작가의 활동, 책 출간 소식 등에 대한 글을 많이 올리고 TV나 라디오, 인터넷 방송 등에 책 출간 소식을 앞세워 작가의 전문성을 홍보하였다. 아울러 강연 전문가들과 A의 만남을 주선해 어떻게 하면 강연 시장으로 진출할 수 있는지 알아볼 수 있게 했으며, 교육 전문 업체들과 만나 A와 그의 콘텐츠를 소개하고 강의를 할 수 있도록 주선해 달라고 부탁했다.

작가가 널리 알려지면 대중이 호기심을 갖고 책을 구입할 수 있으므로 결과적으로 판매에도 도움이 된다. 홍보와 마케팅은 서로 연계가 된다는 말이다. 《언어의 온도》(말글터)를 쓴 이기주 작가의 사례를 봐도 홍보와 마케팅이 연계된다는 사실을 알 수 있다. 이기주 작가는 원고를 써서 여러 출판사에 투고했지만 출판을 거절당하자, 자신이 직접 출판 등록을 해서 책을 만들었다. 출판 후 몇 개월간 책이 잘 나가지 않았다. 그러자 그는 작가이자 출판사 대표로서 여행 가방에 책을 가득 담고 전국 곳곳을 다니면서 이 책을 알렸다. 지역의 작은 서점, 도서관까지 다니면서 자신의 책을 홍보했다. 이런 노력으로 책이 점차 유명세를 타게 되었고 결국 200만 부가 넘는 판매고를 올린 베스트셀러가 되었다. 모르는 사람들이 봤을 때는 어느 날 갑자기 혜성처럼 나타난 책이지만, 그냥 뜬 게 아니었다. 작가이자 대표가 엄청나게 발품을 판 결과였다.

하지만 직접적으로 책 판매를 유도하는 활동과 작가를 알리는 활동은 조금 다르다. 책 판매가 우선이라면 온오프라인 서점에서 좋은 매대(혹은 위치)를 확보하고 판매를 촉진하는 이벤트 등에 집중해야 한다. 작가 홍보가 우선이라면 온오프라인을 가리지 말고 다양한 매체에 글이나 소식이 올라가도록 해야 한다. 강연을 잘하는 작가라면 강연 프로그램과 책을 연계해서 판매하면 좋은 결과를 기대할 수 있다. 또한 처음으로 강연을 해 보려는 사람들에게는 강연 시장의 현황을 파악하고 교육 업체들에 콘텐츠를 홍보할 수 있도록 자리를 만들어 줘야 한다. 강연 기술을 배워야 할 때에는 그 분야의 전문가들과 연계해 주는 것도 필요하다.

기업의 일도 마찬가지다. 직원이 신규 프로젝트의 기획안을 쓰는 일을 맡았다고 가정해 보자. 기획안을 잘 만들기 위해 무엇부터 해야 할까? 신규 프로젝트를 통해 회사가 달성하려는 목표를 이해하는 것이 우선이다. 목표를 이해해야 이를 달성할 수 있는 구체적인 실행 방안으로 기획안을 채울 수 있다. 목표도 모르고 중언부언 좋은 말만 늘어놓는다면, 그 기획안은 아무 가치가 없다.

이처럼 목표에 따라 내가 주력해야 할 일이 달라지므로 목표를 정확하게 파악하는 것부터 시작해야 한다. 하지만 너무나 당연한 이 진리를 이상하게도 자꾸 놓친다. 벼락부자의 행운을 기대하는 사람이 복권을 사지 않는 것처럼 말이다.

머나먼 목표를 위해
'매일' 무엇을 할 것인지 정하기

공부를 잘하고 싶은 아이가 있다. 아이는

어느 날 "이제부터 성적을 올려서 전교 1등을 하고 말겠어!"라고 결심한다. 아이는 하얀 종이에 '목표는 전교 1등!'이라고 적어서 책상 앞에 붙인 다음, 그동안 마구 어질러 놓았던 책상을 깨끗하게 정리했다. 그러고 나니 스스로가 대견하고 자랑스러워 가슴이 뻐근해지면서 이미 꿈을 이룬 것처럼 피로감도 느껴졌다.

"그래, 오늘은 목표를 세웠으니까 내일부터 열심히 공부하자."

아이는 책 한 번 펴 보지 않고 쿨쿨 잠이 들었다. 이 아이가 과연 내일부터 열심히 공부할 수 있을까? 경험상 우리는 이 아이가 그렇지 못할 거라는 사실을 안다. 목표만 있고 실천 의지가 없기 때문이다. 실천 의지가 강하면 아무것도 하지 않고 잠들지 않는다.

실천 의지가 있는 사람은 구체적인 실행 계획을 세운다. 대개 사람들은 크고 먼 거리의 목표를 설정하기 때문에 진짜 달성할 수 있을까 하는 걱정과 기대감, 거리감을 느끼게 된다. 그렇기에 '어느 천년에 꿈을 이루겠어?' 하고 우물쭈물하다가 목표는 흐지부지되고 만다.

목표가 원대할수록 구체적인 실행 계획을 세워야 한다. 다이어트를 하겠다는 사람이 한 달에 10킬로그램 감량 목표를 세우면 목표에 압도당해 뒷걸음치기 쉽다. 그보다는 오늘 밤 9시에 20분간 스트레칭과 같은 식으로 매일의 실행 계획을 만들어서 실천하는 게 좋다. 회사도 마찬가지다. 올해 목표는 매출 두 배, 업계 1위라고 외쳐도 구체적인 실천 방안이 없는 경우가 얼마나 많은가? 그보다는 각

부서마다 올해 목표를 정하고 이를 어떻게 실행할지 분기별, 월별로 나누어서 구체적으로 실행 계획을 세우는 게 좋다.

나 역시 책을 홍보 마케팅하기 위해 구체적으로 계획을 세웠다. 막연하게 '베스트셀러 등극!'이라고 목표를 세우면 무엇부터 해야 할지 몰라 우왕좌왕하게 된다. 나는 매일 시간을 나눠서 해야 할 일을 구체적으로 정했다. 이를테면 A작가의 인터넷 방송 출연을 위해 ○월 ○일 ○시에 △△TV 홍보 담당자 면담, 이런 식으로 말이다.

매일의 실행 계획을 세울 때 3P 바인더가 많은 도움이 되었다. 빈틈없는 시간 관리, 체계적인 목표 달성을 원하는 이들에게 좋은 스케줄러이다. 목표와 구체적인 실행 계획을 세우고 실천해 나가는 데에는 적절한 도구를 선택하는 것도 중요하다.

내 인생의 책 중 하나인 《성과를 지배하는 바인더의 힘》,
이 책은 성공의 노하우와 함께 3P 바인더 사용법을 알려 준다.

목표가 있으나
장애물을 만난다면?

　　　　　도매 시장에서 의류를 제작, 판매하는 일을 시작한 지인이 있다. 그는 젊었을 때, 다양한 일을 했는데 우연한 기회에 빈 가게 자리를 시세보다 싸게 얻으면서 장사를 하겠다고 결심한 것이다. 천성이 부지런해서 새벽에 퇴근해도 아침 일찍 출근하면서 열심히 일했는데, 장사가 잘되지 않았다. 의류업에 대해 잘 몰랐던 데다 경기 불황까지 겹치자, 그는 어찌할 바를 몰라 했다. 감각이 뛰어나서 옷을 잘 만들었고 가격이 비싼 것도 아니었는데 손님들이 찾아오지 않았다. 그가 힘들어하는 모습을 지켜보면서 너무 안타까웠고 꼭 도와주고 싶었다.

　"아무래도 홍보가 문제인 것 같다. 요즘에는 가게 문을 열어 둔다고 해서 손님들이 알아서 찾아오는 게 아니잖아."

　나는 그에게 SNS 마케팅을 권했고 내가 잘 아는 전문가를 소개해 주었다. 내 말을 듣고 그는 전문가를 만나 상담을 받았다. 나는 그 만남이 그에게 좋은 해답이 되기를 진심으로 바랐다. 얼마간의 시간이 지난 후 가게를 찾아갔는데 그의 얼굴은 여전히 어두웠고, 나는 그동안의 상황을 물어보았다.

　"페이스북이나 인스타그램 마케팅을 하려면 매월 고정적으로 돈이 들어가는데 그게 부담이 돼."

　페이스북·인스타그램 마케팅 비용은 대상이나 기간 등 규모에 따라서 비용이 달라지는데, 최소한으로 홍보를 한다고 해도 하루에 10만 원 가까이 고정 비용을 써야 한다. 며칠만 해도 된다면 큰 부담이 없지만, 한 달만 잡아도 100만 원이 훌쩍 넘는 고정비가 발생하니까 부담스럽다는 것이다.

전문가는 옷을 많이 팔려면 홍보 마케팅이 가장 중요하고, 코로나19 팬데믹으로 도매 시장이 타격을 받고 있으므로 소비자들을 직접 만날 수 있는 온라인 소매 시장을 뚫어야 한다고 조언했다고 한다. 온라인 소매 시장으로 접근하려면 당연히 SNS 마케팅이 필수다. 하지만 지인은 가뜩이나 어려운데 매월 별도의 마케팅 비용을 지출하는 게 힘들다며 엄두도 내지 못했다. 나는 그에게 운영상 불필요한 경비를 최대한 줄여서 최소한의 마케팅 비용을 확보하라고 권유했다. SNS 마케팅을 하지 않는다면 손님을 찾아오게 할 방법이 없는 시대가 되었기 때문이다.

목표를 세우고 그에 대한 실행 계획까지 짠다고 해도 장애물이 나타날 수 있다. 지인의 사례처럼 비용 부담이 장애물일 수도 있고, 기타 여러 가지 장애물을 만날 수 있다. 나도 회사에서 어떤 계획을 실행하려고 했는데, 직원들의 반대라는 장애물을 만나기도 한다. 장애물을 만난다면 포기할 수밖에 없는 것일까?

물론 그렇지 않다. 목표를 달성하기 위해서는 눈앞의 장애물을 돌파해야 한다. 단, 장애물을 무시하고 자신이 하고 싶은 대로 하라는 의미는 아니다. 장애물을 왜 만났는지, 극복 방법은 무엇인지 차근차근 짚어 가야 한다. 지인처럼 '비용'이 장애물이라면 운영을 좀 더 알뜰하게 해서 경비를 마련할 수 있는지를 따져 봐야 한다. 나처럼 '직원들의 반대'라는 장애물을 만난다면 직원들이 무엇을 염려하는지, 이를 어떻게 해결할 수 있을지를 살펴봐야 한다. 이 과정에서 장애물은 전화위복의 계기가 될 수 있고, 목표와 실행 계획을 재점검해 볼 기회도 된다는 점에서 매우 유익한 존재로 변화한다.

지금까지 보았듯이 선의(善意)가 있다고 우리의 삶이 달라지지 않는다. 목표를 정확히 이해하고, 구체적인 실행 계획을 세워야 하며, 장애물을 만나더라도 좌절하지 말고 극복 방안을 마련해야 한다. 그래서 선의보다 실행 의지가 담긴 선의지(善意志)가 더 중요하다.

나는 출판사와 작가의 목표를 정확하게 이해하고 구체적인 실행 계획을 세워서 실천해 왔다. 자신을 알리고 싶어 하는 작가, 책을 많이 팔고 싶은 출판사를 돕다 보니 우리 회사는 기획 업무에 마케팅 업무까지 더해서 활동하게 되었고, 그야말로 종합 출판 에이전시로서 위상을 갖게 되었다. 상대의 목표를 나의 목표로 삼고 적극적으로 실행할수록 결과적으로 내 영역이 넓어질 수 있으며, 함께 더 나은 길로 나아갈 수 있다.

Yang's Tip

선의지를 가진 나! 성공하기 위해 무엇부터 해야 할까?

- 상대의 목표를 정확하게 이해하기
- 최종 목표를 달성하기 위해 '매일의 목표'를 구체적으로 정하기
- 눈앞의 장애물을 꼼꼼하게 분석해서 해결 방안을 찾기

사람들의 욕구를
끊임없이 들여다보다

"좋은 아이템 있으면 소개해 주세요."

국내외 출판물을 출판사에 중개하는 저작권 에이전시를 20년 넘게 운영해 오면서, 출판사들로부터 가장 많이 듣는 말 중 하나다. 출판사가 말하는 '좋은 아이템'이란 당연히 팔릴 만한 아이템을 말한다. 대박이면 더 좋고, 대박이 아니더라도 적어도 기본은 나갈 만한 책을 원하는 것이다. 대개 출판사들이 초판 1쇄를 2,000부 정도 찍으니까 기본이라면 손익 분기를 넘어선 부수, 즉 5,000부 이상은 나갈 수 있는 아이템이어야 한다.

출판사들의 목표는 언제나 책을 잘 파는 것이므로 나는 그들의 목표를 이루기 위해 팔릴 만한 아이템을 찾아다닌다. 잘 팔고 싶다면, (국내 도서의 경우) 팔릴 만한 아이템을 기획 혹은 (해외 도서의 경우)

우리나라 사람들이 좋아할 만한 내용을 찾는 것이 먼저다. 제대로 된 상품을 만들어야 좋은 판매 결과를 기대할 수 있다.

　나는 출판사들의 상황과 욕구에 맞게 아이템을 추천하고 있다. 출판사마다 사정이 다양하지만, 통상적으로 출판 등록을 한 지 얼마 안 된 신생 출판사들에는 국내서보다 번역서 출간이 안전하다고 할 수 있다. 신생이라 작가를 섭외하기가 어렵고, 위험 부담(?)이 큰 국내 작가보다 판매 실적이 어느 정도 검증된 해외 도서를 수입, 번역하는 게 더 안전하다고 여겨서다. 초창기에는 이런 선택이 괜찮다고 생각한다. 자금력이 있어 승부수를 걸 수 있는 기초 체력이 있는 출판사라면, 해외에서 잘 나가는 책을 저작권 계약해서 번역 출판하는 것도 좋겠다. 로열티 경쟁을 감당해야겠지만, 해 볼 만한 책을 고르는 것은 불가능하지 않다. 사실 자금력이 있다면 무엇이든지 다 해 볼 수 있을 것이다. 국내 유명 작가의 출판도 가능하고, 대중적으로 알려지지 않은 작가인데 콘텐츠가 매력적이라 한번 뜨게 해 보고 싶을 때에도 시도해 볼 수 있다.

　그러나 일반적인 상황의 출판사들이라면 안정적인 회사 운영이 중요하므로 도박과 같은 도전이나 자금력이 필요한 아이템을 선택해서는 안 된다. 절대다수의 대중이 좋아하는 아이템, 웬만해서는 실패가 없는 아이템으로 승부하는 게 좋다. 사람들의 욕구에 잘 맞는다면 대박이 터지지 않아도, 최소한 실패하지 않을 수 있다. 나는 팔릴 만한 아이템을 부지런히 찾아다닌 덕에 우리나라 사람들이 선호하는 콘텐츠의 성질을 알 수 있었기에, 여기에서 소개하고자 한다.

'어떻게 살 것인가'에 대한 답을 찾아가는 길
_인문

인문을 거론하면, 어렵거나 무거운 주제가 아니냐는 반응을 보이는 사람들이 있다. 역사, 철학, 예술, 심리 등의 단어에 압도당하며, 책깨나 읽는 사람들이 좋아하는 분야가 아니냐는 반응도 들어 본 적이 있다.

하지만 인문은 대단히 특별한 것이 아니다. 인문(人文)은 말 그대로 인간을 탐구하는 것이다. 나 자신 그리고 내 주위의 사람들, 내가 속한 세상을 깊이 있게 들여다보는 것이다. 나를 돌아보고 어떻게 살 것인가를 생각한다. 사람이 사람에 관심을 두고, 사람으로서 삶에 대해 고민하는 것은 너무나 당연한 일이다(나중에 좀 더 이야기하겠지만 나 역시 인문학에 푹 빠져 살고 있다). 마이클 샌델(Michael Sandel)의《공정하다는 착각》(와이즈베리)과《정의란 무엇인가》(와이즈베리), 유발 하라리(Yuval Noah Harari)의《사피엔스》(김영사)와《21세기를 위한 21가지 제언》(김영사), 채사장의《지적 대화를 위한 넓고 얕은 지식》시리즈(웨일북) 등 베스트셀러 중에 인문학서가 심심찮게 눈에 띄는 것은 우연이 아니다. 인문의 강세는 계속하여 이어지고 있다.

출판사에서 잘 만든 인문학서 한 권은 '어정쩡한' 도서 수십 권보다 낫다. 콘텐츠가 탄탄하다면 대형 베스트셀러가 되지 않아도 독자들의 사랑을 오랫동안 받으면서 꾸준히 팔려서 출판사의 안정적 캐시 카우(Cash Cow)가 될 수 있다.

책 출간을 꿈꾸는 예비 작가들 중에 인문 작가가 목표인 이들이 있다. 이지성, 채사장 작가처럼 되고 싶다는 것이다. 이분들은 탄탄한 콘텐츠를 차곡차곡 쌓아 올려 스타 작가가 되었기 때문에 이분들처럼 깊이 있는 공부를 해 나간다면 충분히 가능성이 있다고 생각한다. 인문 작가를 꿈꾸는 분들이라면 역사, 철학, 예술, 심리 등의 이론에 충실하면서도 실생활에 적용 가능한 해석을 가미하고, 하나의 이론을 총정리해 한 권에 담는 식으로 집필한 책이 독자들에게 좋은 반응을 얻었다는 사실을 기억했으면 한다.

인문학적 관점은 출판계뿐 아니라 산업 전반에서도 유용하다. 광고인 박웅현 씨는 인문학적인 광고를 만들어 대중의 마음을 사로잡았다. 《책은 도끼다》(북하우스)와 《여덟 단어》(북하우스)는 그의 삶에 녹아든 인문학을 잘 느낄 수 있는 책이어서 나도 즐겁게 읽었던 기억이 있다. 광고는 결국 사람의 마음을 움직여야 하고 인문학은 인간에 대한 탐구이니 두 영역이 잘 어울리는 건 이상한 일이 아니다. 출판 외에도 광고계, 방송계 등 다른 산업 영역을 살펴보면서 인문학이 얼마나 우리 삶 속에 깊숙이 스며들어 있는가를 관찰하는 습관을 갖기를 권한다.

오랜 시간이 지나도 변치 않는 가치
_고전

인문과 고전은 세트처럼 붙어 다니는 단어이다. 소위 지식인이라면 인문서나 고전은 반드시 몇 권 읽어야 하지 않느냐고들 말한다. 하지만 그렇게 의무적으로 읽는 건 재미가 없을 것 같다. 고전을 왜 읽어야 하는지를 알아야 읽을 맛이 날 것이고, 콘텐츠를 생산하는 입장인 출판사나 작가들도 고전의 진정한 의미를 알아야 '팔리는 고전'을 만들 수 있을 것이다.

고전(古典)은 오랜 시간 동안 많은 이들이 읽고 모범으로 삼는 작품을 말한다. 어찌 생각해 보면, 요즘처럼 트렌드가 빠르게 변화하는 시대에 여전히 고전을 읽자고 부르짖는 게 이해하기 어려울 수도 있다. 올해 출간된 책을 읽기에도 바쁜데, 케케묵은 옛날 책을 꼭 읽어야 할까?

답은 누구나 알고 있듯이 "YES"이다. 왜일까? 고전은 문학성 · 예술성이 탁월하고 시대를 초월하는 가치가 있다. 오래오래 끓일수록 맛이 깊어지는 곰국처럼, 작품을 곱씹을수록 깊이 있는 생각거리를 얻을 수 있다. 작품을 어떻게 해석하느냐에 따라 얻을 수 있는 성찰이 무궁무진하다. 《그리스 로마 신화》를 읽으면서 다양한 인간 군상의 삶을 경험할 수 있고, 괴테의 《파우스트》를 읽으면서 인간의 욕망에 대해 깊이 있게 생각할 수 있다. 마키아벨리의 《군주론》을 읽으면서 나라를 지키고 번영시키기 위해 국가 지도자가 한 행위가 모두 인정받을 수 있는지를 고민하게 되고, 셰익스피어의 《리어왕》을 통해 인간 욕망의 어두운 이면과 어리석음에 대한 교훈을 얻을 수 있다. 수백 년, 수천 년 전에 쓰인 작품이라도 오늘날 우리가 충분히 시간과 노력을 들여 탐구할 가치가 충분하다. 그래서 나는 신생 출판사들, 특히 자금력이 넉넉하지 않아 초기에 안정적으로 출판해야 하는 회사들에 고전을 추천한다.

고전을 원문에 충실하게 번역해서 출간하는 것 외에 고전을 재해석 혹은 재가공하여 출간하는 경우도 주목해야 한다. 이런 재해석·재가공된 작품들은 인문이나 에세이, 자기 계발 분야 등에 폭넓게 포진되어 있다. 재해석·재가공이 맛깔스러울수록 독자들의 사랑을 받는다.

2017년에 다연출판사에서 출간된 《삼국지 조조전》은 내가 중국 출장을 가서 발견했던 원서를 번역한 시리즈물이다. 그동안 우리나라에서 발행된 삼국지는 대개 제갈량 위주로 기술된 책들이었는데, 이 책은 조조 중심으로 본 삼국지, 즉 조조를 재조명한 책이었다. 중국에서 공무원 강력 추천 도서로 선정되었고, 중국 내에서 300만 부가 팔린 베스트셀러였다. 이 시리즈는 우리나라에 번역 출판된 후 베스트셀러가 되진 않았지만, 기존의 삼국지와 달리 희대의 전략가 조조의 면면을 잘 보여 주고 있다는 점에서 독자들의 꾸준한 사랑을 받고 있다.

조윤제 작가는 《논어》, 《맹자》 등 고전을 깊이 있게 연구하는 분이다. 그는 다산 정약용의 삶과 철학, 저술서를 깊이 있게 탐구해 《다산의 마지막 습관》(청림출판), 《다산의 마지막 공부》(청림출판)로 정리해 냈다.

정리하자면, 고전을 원문에 충실하게 번역하면 시장에서 가치를 인정받을 수 있고, 고전을 재해석 · 재가공한 작품들도 독자들의 많은 사랑을 받을 수 있다는 것이다. 그래서 시중에 출간된 고전 번역서들, 고전을 재해석 · 재가공된 작품들에 어떤 것들이 있는지를 살펴볼 필요가 있다. 고전에도 많은 작품들이 있어서 한국인들이 친근하게 생각하는 고전, 좋아하는 작가와 사상가 등을 알아보고 나는 어떻게 쓸 것인지, 어떤 작품을 만들 것인지를 생각해 보아야 한다.

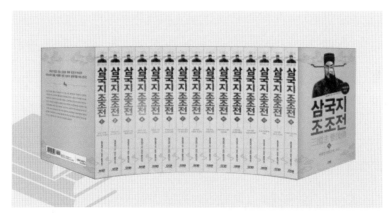

《삼국지 조조전》 시리즈는 지금까지 출판된 삼국지와 달리, 조조를 재조명한 책이다. 중국에서는 공무원 추천 도서로 선정되었고 300만 부가 팔리는 등 선풍적인 인기를 끌었다.

남녀노소를 막론하고
좋아하는 콘텐츠를 만들고 싶다면_부자

비트코인 전문가로 유명한 빈현우 작가는 나와 특별한 인연이 있다. 사실 그는 우리 회사에 두 번이나 원고를 투고하고 출판 중개를 요청했다가 퇴짜를 맞았던 경험이 있다. 첫 원고는 다른 출판사에서 출간되었고, 이후 그는 두 번째 원고를 다시 우리 회사로 가져왔다. 강사 스피치와 관련된 내용이었는데, 주제는 괜찮았지만 콘텐츠의 깊이가 아쉬워서 우리 회사가 진행하기 어렵겠다고 정중히 거절했다. 두 번이나 출판 중개를 거절한 것에 대한 미안함, 계속해서 나를 찾아와 출판에 대한 간절함을 드러낸 그에게 호감을 느껴서 종종 연락하고 만나는 사이가 되었다.

어느 날 운동을 함께 하다가 그가 가상 화폐에 투자해서 3억 원을 벌었다는 이야기를 들었고, 그 이야기를 책으로 쓰면 베스트셀러가 될 수 있을 것이라 직감해 집필을 권유했다. 당시 우리나라에서는 가상 화폐에 대한 관심이 증폭되고 있었지만, 이에 대한 대중서가 출간되지 않은 상태였다. 집필, 출간 계약, 출간 모두 속전속결로 이뤄졌다.

《나는 가상화폐로 3달 만에 3억 벌었다》(이코노믹북스)는 그렇게 출간되었고 그야말로 대박을 쳤다. 빈현우 작가는 이 책 한 권으로 인생 역전에 성공했다. 여러 방송과 신문사로부터 가상 화폐에 대한 인터뷰와 자문 요청을 받았고, 한국증권거래소에서 강의도 하는 그야말로 전문가가 되었다. 인세 수입에 각종 강연과 코칭 요청이 폭발하면서 이전과는 비교할 수 없을 정도의 부(富)를 축적하게 되었다. 그가 가상 화폐에 대한 책을 쓰지 않았다면 일어날 수 없었던 변화였다. 이 일은 '부자가 되는 법'을 다룬 책은 흥행불패라는 내 생각을 다시 한번 확인할 수 있는 경험이었다.

저자의 인생을 바꾸어 준 책
'부자가 되는 법'을 다룬 책은 불황일수록 더욱 잘 나간다.

2020년 교보문고가 발표한 종합 베스트 순위 1~10위에서 '부자', '돈'이라는 키워드를 가진 책은 무려 네 권이나 된다. 종합 베스트 2위의 《돈의 속성》(김승호 지음, 스노우폭스북스), 6위의 《존리의 부자 되기 습관》(존 리 지음, 지식노마드), 7위의 《주식투자 무작정 따라하기》(윤재수 지음, 길벗) 모두 돈을 잘 벌기 위한 방법, 다시 말해 부자가 되기 위한 방법을 담고 있다. 종합 베스트 1위의 《더 해빙》(이서윤, 홍주연 지음, 수오서재)은 돈을 버는 방법을 직접적으로 알려 주는 건 아니지만, 본문 초반부터 "수만 명의 데이터를 분석해 부와 행운을 거머쥘 수 있는 원리를 터득했다.", "대부분의 사람들이 300만 달러에서 700만 달러의 재산을 가질 수 있는 운이 있다."라고 말하며 부의 비밀을 엿볼 수 있다는 기대감을 독자들에게 안겨 주었다. 부제 역시 '부와 행운을 끌어당기는 힘'으로, 사람들의 열망을 건드리고 있다.

부자가 되고 싶다는 갈망은 동서고금을 막론하고 통용되는 것 같다. 광고계에서도 대히트를 쳤던 카피가 "여러분 부자 되세요. 꼭이요!"인 것을 보면 부자는 남녀노소 모두에게 어필할 수 있는 키워드라는 생각이 든다. 모든 이들이 원하는 꿈이므로 아무리 들어도 식상하지 않다.

트렌드를 연구하는 사람들에 따르면, 먹고살기가 힘들수록 부자에 관련된 콘텐츠가 주목을 받는다고 한다. 그런 차원에서 보면 씁쓸한 현상이라고도 볼 수 있다. 어쨌든 상품을 잘 만들어 잘 팔고자 하는 기획자와 홍보 마케터라면 반드시 기억해야 하는 키워드인 것은 분명하다.

성공하고 싶고 자녀를 잘 키우고 싶다면
_유대인&하버드

우리나라 사람들은 공부, 학력에 대한 갈망이 크다. 공부를 잘해 유명 대학교에 진학하면 성공할 수 있다고 믿는 것이다. 그래서 국내 명문대는 물론이고 세계 유명 대학교의 자기 계발적인 콘텐츠에 관심이 많다. 특히 '하버드'가 대표적이다.

2014년에 출간해 2019년 말에 100쇄를 찍은《하버드 새벽 4시 반》(웨이슈잉 지음, 라이스메이커)은 중국 번역서다. 내가 중국 출장을 갔을 때 이 책을 발견하고 돌아와 국내 30~40군데 출판사들에 소개했지만, '하버드는 이제 식상한 주제'라며 모두 거절했다. 그 후 라이스메이커 출판사에서 출간해 대박을 터뜨렸다. 이 책이 베스트셀러가 되자, 출판사 편집자들과 사장님들이 나에게 전화해서 "양 사장 말을 들을 걸 그랬어."라고 하며 후회했다.

오랫동안 알고 지냈던 모 출판사 편집 주간이 퇴사해서 출판사를 차렸는데, 몇 권을 출간했지만 흥행에 실패했다. 이후 나에게 좋은 책을 소개해 달라고 부탁을 해 와서 중국 출장을 갔을 때 하버드와 관련된 책을 찾아서 소개해 주었다.《하버드 첫 강의 시간관리 수업》(쉬셴장 지음, 리드리드출판)은 2018년에 출간돼 자기 계발 분야 1위를 차지했고, 2020년 말까지 10만 부를 찍었다.

출판사는 '하버드'라는 키워드가 식상하다고 하지만, 여전히 대중에게는 호소력 있는 키워드이다. 물론 하버드라고 해서 모두 대박을 터뜨리는 건 아니고, 콘텐츠가 알차야 한다. 또한 우등생들의 공부 비결과 같은 뻔한 내용보다는, 《하버드 새벽 4시 반》이나 《하버드 첫 강의 시간관리 수업》처럼 '우등생들은 어떻게 시간 관리를 할까?', '우등생들은 새벽 4시 반에 뭘 할까?'와 같이 다른 각도로 보여주면 소비자들에게 신선해 보일 수 있다.

'하버드'와 마찬가지로 공부에 관심이 많은 부모들이 좋아하는 키워드는 '유대인'이다. 유대인은 근면 성실한 기질과 스마트한 지능 등 한국인과 여러모로 비슷한 점이 많다. 그래서 우리나라 사람들이 자기 계발 모델로 삼기에 좋은 것 같다. 유대인의 생활 습관, 교육법 등의 주제로 책을 쓴다면 독자들에게 좋은 반응을 얻을 수 있다. 앞서 다른 주제들과 마찬가지로, 베스트셀러가 되진 않더라도 폭망하지 않는 키워드라고 할 수 있다.

25년간 유아 교육 전문가로 활동해 온 김현정 작가의 《엄마, 하브루타 할래요》(키출판사)는 우리 회사에서 기획한 책이다. 비슷한 시기에 하브루타와 관련된 책이 많이 출간되었는데도, 이 책은 좋은 반응을 얻고 있다. 코로나19 팬데믹으로 대면 강의가 거의 사라지다시피 한 상황에서 출간되었는데 김현정 작가에게는 비대면·대면 강의 문의가 빗발치고 있으며, 하브루타 관련 협회에서 영유아 연구회 회장직을 맡게 되었다.

이 책의 차별점은 집에서 아이들과 함께 해 볼 수 있는 놀이 교육법을 많이 담았다는 것이다. 차별점이 뚜렷하니, 같은 주제의 책들이 많이 출간되었는데도 독자들이 이 책에 주목하는 것이다. 내가 상품을 만들어 출시한 시기에 비슷한 콘셉트의 상품이 출시되는 것은 막을 수 없다. 하지만 분명한 차별점이 있다면 경쟁에서 뒤처지지 않고 두각을 나타낼 수 있다.

'하버드', '유대인'이라는 키워드는 성공하고 싶은 이들,
자녀를 잘 키우고 싶은 부모들에게 언제나 호소력이 있다.

사람들의 욕구를 관찰하는 데
게으르지 않기

매일 아침 출근하면 꼭 하는 일이 있다. 온라인 서점에 들어가 종합 베스트 순위를 살펴보는 것이다. 아무리 바빠도 1위부터 20위까지는 살펴본다. 매일 순위가 바뀌는 게 아니지만 매일 보는 이유는 내용에 익숙해지기 위해서다. 어떤 콘셉트, 어떤 작가들이 독자들의 사랑을 받고 있는지 파악하고, 책 표지 디자인이나 제목을 살펴보면서 유행하는 스타일도 익힌다. 위에서 소개한 다섯 가지 키워드(인문, 고전, 부자, 하버드, 유대인)도 베스트셀러 순위를 꾸준히 관찰하여 알게 된 것이다.

상품을 만들거나 파는 일을 하는 사람은 대중이 무엇을 좋아하느냐에 항상 눈과 귀를 열어 두고 있어야 한다. 베스트셀러를 파악하는 것은 기본이고, 인기 있는 TV 프로그램이나 영화 등도 챙겨 보아야 한다. 사람들이 좋아하는 데에는 다 그럴 만한 이유가 있다. 나는 본래 TV 보는 걸 좋아하지 않아서, 화제가 되는 프로그램이 있을 때는 관련 기사를 찾아 읽으면서 내용을 파악하려고 노력하고 있다. 빈현우 작가의 경험담을 듣고 가상 화폐에 대한 출간을 순식간에 결정하고 밀어붙였던 것도 가상 화폐에 대한 세간의 관심을 알고 있었기 때문이다.

일에 익숙해지면 매일 트렌드를 파악하는 노력을 게을리하기 쉽다. 이미 다 알고 있다고 과신하는 것이다. 게다가 CEO는 현업에서 멀어지는 경우가 일반적이다. 일은 실무자들이 하고 자신은 최종 결정만 하는데, 현장을 모른다면 훌륭한 결정을 내릴 수 없다는 사실을 알아야 한다. 현장 감각을 계속적으로 유지하고 싶다면, 끊임없이 시장을 관찰하고 현장에서 뛰는 사람들과 소통할 것을 권한다.

Yang's Tip
잘 팔리는 상품을 만들고 싶다면 필독!
우리나라 소비자의 선호 콘텐츠

- 역사, 철학, 예술, 심리 등의 이론에, 실생활에 적용 가능한 해석을 붙인 인문 콘텐츠
- 원문을 충실히 번역하거나, 재해석 혹은 재가공한 고전 콘텐츠
- 남녀노소를 가리지 않는 꿈이자, 불황일수록 더욱 잘 나가는 부자 콘텐츠
- 성공하고 싶은 직장인과 부모들이 좋아하는 유대인&하버드 콘텐츠

승부수를 낼 수만 있다면 지랄발광이 대수인가

　상품에서 소비자의 눈길을 가장 먼저 붙드는 것은 바로 겉 포장이다. 소비자는 내용물을 사용하려고 돈을 주고 상품을 구입하지만, 디자인에서 걸리면 사고 싶은 마음이 들지 않는다. 내용물과 겉 포장, 둘 중 중요도를 따진다면 당연히 내용물이겠지만, 소비자가 포장을 먼저 접한다는 점에서 포장 디자인의 중요성 또한 간과할 수 없다.

　출판도 마찬가지다. 작가가 원고를 써서 출판사에 보내면 출판사가 원고를 다듬고 디자인을 입힌 다음에 표지를 만든다. 원고를 쓰고 본문을 디자인하는 데 시간이 가장 많이 걸리지만, 독자들의 눈에 가장 먼저 포착되는 것은 표지이므로 많은 편집자들이 표지를 잘 만들기 위해 심혈을 기울인다.

표지는 어떻게 만들어질까? 먼저 제목, 부제, 카피 등을 정성스럽게 작성하고 그에 어울리는 표지 디자인을 한다. 제목과 표지는 상호 관련성이 있으므로 제목이 잘 나와야 표지도 예쁘게 나올 수 있다. 물론 제목이 심심하거나 평이해도 센스 넘치는 디자인으로 커버되는 경우도 있지만….

모든 상품이 그러하듯 디자인은 대단히 중요하다. 일단 디자인이 마음에 들어야 사고 싶은 마음이 든다. 책 역시 표지 디자인이 예뻐야 서점에서 독자들의 눈에 띌 수 있다. 독자들이 책을 집어 들지 않는다면, 내 책이 팔릴 가능성은 사라지는 것이다.

디자인이 보기 좋게 나와야 홍보 마케팅을 할 때도 유리하다. 그래서 나는 출판사가 제목을 짓고 표지 디자인을 하는 작업에 들어가면, 나 역시 시장 조사를 해서 적극적으로 의견을 제시한다. 디자인이 마음에 들지 않으면 "이렇게 출판하면 좋은 반응을 기대하기 힘들어요. 표지를 바꿉시다." 하고 고집을 부려서 출판사 담당자들에게 나 때문에 힘들다는 등의 피드백을 간혹 받는다. 그럴 때마다 미안한 마음이지만, 막상 그런 상황이 다시 닥치면 똑같이 고집을 부린다. 못난 디자인으로는 별별 수단 방법을 동원해도 소비자들이 상품에 호감을 갖게 하기 어렵다는 것을 잘 알고 있어서다.

출판사, 작가, 우리 회사 모두의 궁극적인 목표는 책을 잘 파는 것이다. 나는 공통의 목표를 위해서 기꺼이 악역을 자처한다. 책이 잘 팔려서 우리가 함께 잘 살아남겠다는 목표를 달성할 때까지 일관성 있게 밀고 나가는 것이, 작가와 출판사를 향한 내 선의지라고 믿는다.

제목을 보고 또 봐도 호감이 없는데
잘 팔릴까?

책 제목 짓기는 하루 종일 글만 쳐다보는 편집자들도 참 어려워하는 작업이다. 그 작업을 돕고 싶어 머리를 싸매는 나에게도 제목 짓기는 어렵다. 제목은 책이라는 상품의 이름이다. 비슷한 내용의 책들이 홍수처럼 쏟아지는 세상에서 제목이 독자들의 눈에 띄지 않으면 잘 팔릴 수 없으므로, 어떻게든 시선을 사로잡을 수 있는 스타일로 제목을 짓는 게 좋다.

그런데 내 경험상 편집자들은 책의 내용을 독자들에게 정확하게 알려 주는 제목을 선호하는 듯하다. 반대로 근사하고 있어 보이는 스타일로 지으려다가 독자 입장에서 이해하기 어려운 제목이 나오는 경우도 가끔 있다. 나는 이것이 전문가들이 빠질 수 있는 오류라고 생각하는데, 여러 출판사와 일하면서 이런 경우를 종종 목격한다.

《착점》(마수취안 지음, 에버리치홀딩스)은 중국 번역서이다. 중국 역사상 인생의 한 수로 성패가 갈린 사람들의 이야기를 들려주는 책으로 내용이 꽤 재미있다. 문제는 '착점'이라는 제목이었다. 착점은 바둑에서 '착수한 돌 한 점 또는 그 좌표상 지점'이라는 뜻으로, "착점이 결정되기 전에는 돌을 만지지 말라."라는 말이 있다고 한다(출처: 《바둑용어사전》, 서림문화사). 이 책을 만든 출판사 사장님이 화교 출신이라 한자에 익숙해서 그렇게 지은 것인데, 자신에게는 쉬운 표현이지만 독자들에게는 어려운 제목이다. 내용은 좋은데 독자들의 주목을 받지 못했다.

《취짧사길》(최승윤 지음, 움직이는서재)은 한방차 프랜차이즈 '오가다' 최승윤 대표의 성공 스토리를 담은 책이다. 최승윤 대표의 진취적인 도전 정신, 창업 노하우 등이 고스란히 담겨 있어, 특히 청년 창업자들에게 강력 추천하는 책이다. 출판사는 책의 제목을 '취업은 짧고 사업은 길다'라고 지으면서 줄임말로 '취짧사길'을 만들어 표지에 사용하였다. 너무나 매력적인 내용이 가득한데, 제목이 이해하기 어려워서인지 기대만큼 판매고를 올리지 못해 많이 아쉬웠다.

《그래서 그녀는 젊다》(서영순 지음, 책이있는풍경)는 메리케이 최고의 뷰티 컨설턴트 서영순 이사의 성공 스토리를 담은 책이다. 독자들이 이 책에 호감을 가질 만한 내용은 책날개에 많이 들어 있다. '2007년 8억 원, 2008년 12억 원의 연 매출', '2009년 MBC 〈화제집중〉에 화제의 인물로 소개', '코스메틱 판매왕', '메리케이 밀리어네어 클럽(백만장자 클럽) 달성' 등인데, 이렇게 끌리는 내용이 정작 표지에는 전혀 나와 있지 않다. 만약 표지에 이런 내용이 카피로 나와 있었다면, 작가가 누구인지 몰랐던 이들도 충분히 호감을 느끼고 책을 구입하지 않았을까? '그래서 그녀는 젊다'라는 제목만으로는 작가의 풍부한 이력과 성과가 잘 드러나지 않아서 아쉬움이 크다.

앞서 소개한 이정열 의장의 《희망을 끓이는 남다른 감자탕 이야기》는 위의 책들과 조금 다른 차원의 이슈가 있었다. 이 책의 제목을 결정할 무렵 출판사와 작가, 우리 회사의 기획 담당자까지 제목을 '남다른 감자탕'이라는 상호를 넣어서 짓고 싶어 했다. '남다른 감자탕'이 작가의 삶 그 자체기에 이를 제목으로 삼은 것이었는데, 내가 이 책을 홍보 마케팅하면서 가장 많이 들었던 말이 회사를 홍보하는 책이 아니냐는 평가였다.

이 책은 회사를 홍보하는 책이 아니었다. 삶의 온갖 역경을 이겨 낸 이 의장의 의지, 어떤 자세로 사업을 해야 하고 성공 노하우가 무엇인지 등을 알려 주는 경제 경영서와 자기 계발서의 일반적인 스타일과 다르지 않으며, 이정열 의장 특유의 승부수를 내는 방법 등 좋은 내용이 참 많은데, 책 제목이 회사 브랜드와 일치한다는 것만으로 오해를 받은 것이다.

사실 특정 회사의 브랜드가 제목에 포함된 책들이 꽤 많다. 《스타벅스, 공간을 팝니다》(주홍식 지음, 알에이치코리아), 《배민다움》(홍성태 지음, 북스톤), 《마켓컬리 인사이트》(김난도 지음, 다산북스), 《성심당》(김태훈 지음, 남해의봄날) 등만 봐도 그렇다. 스타벅스가 책 제목에 포함된 경우가 가장 많은 것 같고, 그 외 우리가 알고 있는 회사들의 브랜드가 들어간 책 제목을 심심찮게 찾을 수 있다. 이 책들은 출간 후 독자들의 주목을 받았는데, 왜 우리 회사의 《희망을 끓이는 남다른 감자탕 이야기》는 회사를 홍보하는 게 아니냐는 평가를 받았던 것일까?

나는 그것이 대중성의 차이 때문이라고 생각한다. 스타벅스, 배달의민족, 마켓컬리 등은 대단히 유명한 브랜드들이다. 대중은 '초특급 브랜드'에 친근감과 신뢰감이 있으며, 그 브랜드를 시대를 대표하는 문화로 인식한다. 반면에 그보다 덜 유명한 브랜드를 다룬 책은 낯설어 하면서 단순 홍보용으로 인식할 수 있다. 나는 《희망을 끓이는 남다른 감자탕 이야기》를 홍보하면서 이러한 세간의 '편견'을 알게 되었고, 경제 경영서와 자기 계발서 영역에서 기업 대표가 책을 낼 때 주의가 필요하다는 사실을 배웠다. 기업 대표가 책을 쓰는 것은 자신과 회사를 알리고 싶은 목적이 있어서다. 그러나 카피나 작가 소개 등을 통해 회사 브랜드와 기업 대표임을 드러내는 정도가 좋고, 책 제목은 저자의 철학을 드러내는 방식으로 짓는 게 바람직하다.

김상경 작가의 《절대영감》(지은books)은 출간 당시 책 제목이 어렵다는 평가를 받았다. 내가 봐도 책 제목, 부제, 카피가 서로 어울리지 않고 제각각이라는 느낌이었다. 나는 김 작가에게 1년 가까이 책 제목을 바꾸어 다시 출판하자고 설득했지만 작가의 반응은 시큰둥했다. 그러다가 내가 "책 제목을 '나는 내가 원하는 삶을 살고 싶다'로 바꾸고 '후천적 천재지능 절대영감 이야기'라는 부제를 달아서 다시 출간하면 어때요?"라고 제안하자, 작가가 반색을 했다. 내 제안대로 제목과 부제가 수정되었고, 그에 맞춰 표지 디자인을 다시 만들었으며, 본문 내용을 일부 수정해서 새롭게 출간하였다. 통상적으로 개정판은 초판보다 잘 팔리기가 어렵지만, 이 책은 초판보다 개정판이 더 잘 팔리고 있다.

어떤 제목이 좋을까? 답이 정해진 것은 아니지만, 독자의 눈으로 봤을 때 호기심이 가고 시선이 끌리는 제목이 좋다고 생각한다.

독자들의 시선을 받지 못했던 《절대영감》은
제목과 표지를 바꾼 후 자기 계발서 베스트셀러 순위에 올랐다.

자극적인 제목 vs.
정확한 제목

나는 출판사에 해외 출판물이나 국내 예비 작가의 기획 아이템을 소개하는 메일을 보낼 때 이메일 제목부터 튀

게 쓰려고 노력한다. 일정상 아침부터 저녁까지 미팅이 많아서 이메일을 쓸 엄두를 내지 못하다가, 일과가 끝나고 직원들이 퇴근한 저녁 시간이 되어서야 차분하게 앉아 기획안을 들여다보면서 이메일을 쓸 여력이 생긴다. 몸과 마음이 모두 지쳐 있을 때가 많지만, 이메일을 쓸 때만큼은 눈을 부릅뜨고 어떻게 하면 출판 전문가들인 편집자들의 시선을 사로잡을까를 궁리한다.

이메일 제목 예시를 나의 첫 책《책쓰기가 이렇게 쉬울 줄이야》(오렌지연필)에서 소개했는데, 여기서 몇 가지만 나열해 보겠다.

똑똑똑, 여기에 독자가 읽고 싶어 하는 책이 도착했습니다.
대박 원고에 메말라 있는 분만 읽어 주세요.
한 달 안에 3쇄 찍고 싶은 분만 보세요.
경고! 좋은 책을 만들고 싶지 않은 분은 읽지 마세요.

CEO랍시고 점잔을 부리며 "○○○ 작가님의 기획안〈○○○○〉을 보내 드립니다."라고 쓰지 않는다. 그렇게 평범하게 해서는 한 달에 수십 개의 투고 기획안을 검토하는 편집자들의 눈을 사로잡을 수 없다고 생각해서다. 이렇게 이메일 제목도 튀기 위해 노력하는데 책 제목은 오죽할까?

나는 책 제목을 지을 때 상당히 기교를 부린다. 솔직히 말하면 소비자들의 눈을 사로잡기 위해 글로 할 수 있는 온갖 지랄발광을 다한다. 그렇게 하면 책을 홍보 마케팅할 때도 독자들의 관심과 호기심을 받기가 한층 수월하다. 지금까지 출판사들로부터 적지 않은 부탁을 받고 책 제목을 지어 왔고, 꽤 좋은 반응을 얻은 적이 많았다. 그러나 가끔 정반대의 반응을 만나기도 한다.

해외 출판물을 국내 출판사에 소개할 때 책 제목을 따로 지어서 이메일로 보냈는데, 한 출판사가 마음에 든다며 번역 계약을 했다. 그런데 막상 번역된 원고를 보니, 내가 지은 제목과 내용이 다른 것을 확인하고 앞으로는 책 내용에 맞게 제목을 지어 달라고 피드백을 주었다. 자극적이고 눈에 띄는 제목 스타일을 선호하다 보니, 가끔 내가 지은 제목과 본문이 의미상 연결되지 않는 경우가 발생하는 것이다. 미안하면서 한편으로는 고민도 되었다.

독자의 눈에 띄려고 내용과 동떨어지게 지은 제목은 독자들에게 혼란을 줄 수 있다는 점을 나도 인정한다. 그러나 내용에 딱 맞게 혹은 지적인 스타일로 제목을 지으려다 보면, 교과서 같거나 어려워서 기대감이 들지 않는 제목이 나오기 쉽다. 앞에서도 언급했듯이, 우리 회사를 통해 출판된 책들 중에도 내용은 참 좋은데 제목 때문에 제대로 빛을 보지 못한 책들이 있다. 물론 제목 하나로 그 책이 흥행에 성공하지 못했다고 확신할 수는 없지만, 제목과 표지 디자인이 판매에 정말 중요한 영향을 미치는 요소인 것은 분명하다. 출판사 사장님들께 제목과 표지를 바꿔서 다시 한번 내 보자고 떼를 쓸 정도로 안타깝다.

그래서 책 제목을 지을 때에는 본문 내용을 잘 반영하되, 최대한 눈에 띄는 스타일로 짓는 게 좋다고 생각한다. 고정 관념에 사로잡히기보다 상상의 나래를 펼쳐서 기발한 아이디어로 제목을 지어야 한다. 브랜드명을 잘 지어서 사업 초기부터 대중의 시선을 한 몸에 받는 경우도 얼마나 많은가? 우리 민족을 상징하는 '배달(같은 어머니에서 태어난 형제자매를 이르는 말)민족'에 착안해 배달 앱 '배달의 민족'이란 상호를 만든 '우아한형제들', 구어체를 그대로 살린 맛집 음식 배달 앱 '요기요' 등 대표적인 사례만 봐도 잘 알 수 있다.

만약 교과서적인, 정석적인 스타일로 책 제목을 지었다면 카피로써 독자들의 눈을 사로잡아야 한다. '마크 저커버그가 추천한 책', '하버드 대학교 교수들이 필독하는 책'과 같은 식으로 눈길을 확 사로잡을 만한 카피로 보완하는 것이다. 책 제목이나 부제, 카피에서 독자의 시선을 잡지 못하면 홍보 마케팅으로도 책을 살리기는 역부족이다.

과연 내 떡은
먹음직해 보일까?

"보기 좋은 떡이 먹기도 좋다."라는 속담이 있다. 겉모양의 중요성을 강조한 말인데, 100퍼센트 아니 200퍼센트 공감한다. 아무리 내용이 좋아도 겉 포장이 예쁘지 않으면 독자들이 호감을 갖기 어렵다.

《여왕의 시대》(바이하이진 지음, 미래의 창)는 중국 번역서로, 세계 역사상 이름을 날린 여왕 12명의 삶을 다룬 책이다. 중국 원서는 삽화가 없고 단도(본문 색이 검은색 하나라는 의미)였는데, 우리나라에서 출판할 때는 삽화를 넣어서 예쁘게 편집했다. 책 표지도 잘 만들었다. 나는 일 때문에 전 세계 원서를 많이 보는데, 편집 디자인은 우리나라가 다른 어떤 나라보다도 월등하다고 느낀다. 《여왕의 시대》의 비주얼도 원서를 뛰어넘었다. 이 책은 출간된 지 2년 만에 20만 부가 나갔다. 내용도 좋지만 편집 디자인의 공이 크다고 생각한다.

앞서 소개했던 《하버드 새벽 4시 반》 역시 표지를 눈여겨볼 필요가 있다. 당시 라이스메이커 출판사는 17권 정도를 출간했는데 성공을 거둔 것이 없었다. 좋은 번역서 출간을 원해서 《하버드 새벽 4시 반》 원서를 소개해 주었는데, 출판사는 처음에 5천 부 정도만 나가도 행복할 것 같다고 했다. 나는 출판사에서 표지 시안으로 가져온 디자인을 보고 나서 "이 책은 만 부 정도는 무조건 나갈 겁니다."라고 장담했다(나는 만 부 이상은 신의 영역이라고 생각해 그 이상은 감히 예상하지 않는다). 검은색 바탕에 황금색으로 제목을 쓴 표지 디자인에 제목과 조화를 이룬 "최고의 대학이 청춘에게 들려주는 성공 습관"이라는 부제까지, 다른 책들에 비해 단연코 눈에 띄었기 때문이다.

우리나라 단행본 표지의 바탕색이 참 다양한데, 다른 색깔에 비해 상대적으로 잘 쓰지 않는 색이 검은색이다. 근데 이 책은 바탕색을 검은색으로 쓴 점이 시선을 끌었다. 이 표지를 본 다른 출판사 사장님들도 "잘 안 쓰는 검은색을 사용해서 표지를 참 잘 만들었다."라면서 칭찬을 아끼지 않았다. 고정 관념을 깼다는 것이다. 척 봐도 호감이 물씬 풍기는 표지를 보면서 나는 좋은 판매 성과를 장담했고, 지금까지 100쇄를 찍었으니 내 예상을 훨씬 뛰어넘은 결과를 거뒀다.

《긍정의 한 줄》(린다 피콘 지음, 책이있는풍경)의 원서는 당시 우리나라에서 선호하지 않는 포켓북 스타일이었다. 이 책을 우리 회사에서 소개해서 책이있는풍경 출판사가 번역 출판했는데, 출판사는 당시로서는 획기적인 디자인을 도입했다. 성인들이 보는 책인데 마치 유아동서처럼 폭신폭신한 재질에 선물 상자 같은 디자인의 표지로 만든 것이다. 출판사의 과감한 변화 시도는 대성공을 거뒀다. 이 책은 150만 부가 팔렸다. 12월에 출간돼 선물용으로도 잘 나갔다는 점에서 타이밍을 잘 맞췄다고 생각한다. 시각, 촉각을 자극한 디자인에, 타이밍까지 기막히게 맞추면서 소비자들의 뜨거운 사랑을 받을 수 있었다.

"보기 좋은 떡이 먹기도 좋다."라는 속담을 입증하는 표지들.
콘텐츠가 탄탄한데 표지 디자인까지 예쁘니, 사랑받지 않을 수 없다.

상품 디자인의 중요성을 강조할 때 많이 거론되는 것이 현대 카드다. 평범한 다른 카드들과 달리 '디자인' 개념을 도입해서 오랫동안 독보적인 카드 디자인을 만들어 왔다. 난 카드사별 서비스의 차이를 잘 모르지만, 디자인만 봐서는 현대카드를 꼭 만들어서 갖고 다녀야겠다는 생각이 든다. 현대카드는 고객 맞춤형 카드 디자인을 만들면서 이를 마케팅 포인트로 활용하고 있다.

많은 기업들이 신규 브랜드를 만들 때 브랜드 디자인을 호감 있게 만들기 위해 노력한다. 식품업계 로고라면 그 로고만 봐도 먹고 싶다는 생각이 들게 하고, 스포츠 브랜드 로고라면 그 로고가 박힌 옷을 멋지게 차려입고 달리는 내 모습을 꿈꾸게 해야 한다. 로고는 소비자가 상품을 쉽게 알아볼 수 있게 하고, 더 나아가 그 상품을 이용하고 싶은 욕구까지 불러일으키는 역할을 하므로, 기업들은 멋진 디자인을 만들기 위해 애를 쓴다.

출판에 있어서 제목과 표지 디자인의 중요성도 마찬가지다. 나는 책을 잘 팔기 위해서 제목, 표지 디자인에 목숨을 걸어야 한다고 생각한다. 표지나 디자인 때문에 의견을 다투다가 출판사 혹은 작가와 관계가 나빠질까 두려워서 타협하는 경우가 많은데, 그럴수록 내 상품은 소비자들에게서 멀어질 뿐이다.

소비자들의 시선을 붙잡기 위해서는 무엇이든지 해야 한다. 잘 팔려야 우리가 함께 꿈을 이룰 수 있으므로, 못 할 게 없어야 한다. 지랄발광인들 대수겠는가?

Yang's Tip
잘 팔리는 상품의 조건, '상품명'과 '디자인'

- 독자가 쉽게 이해할 수 있고, 임팩트가 있는 상품명(책 제목)
- 작가의 매력, 상품의 강점이 잘 드러날 수 있는 카피
- 독자들의 호감을 살 수 있는 매력적인 표지 디자인

따라 하는 게
뭐 어때서

　잘 팔고 싶다면 먼저 잘 만들어야 한다. 아무리 선의지가 있어도 잘 못 만든 상품을 잘 팔 수 없고, 불량한 상품을 잘 팔겠다고 덤벼드는 것도 소비자에게 피해를 줄 수 있는 행위이므로 선의지라고 하기도 어렵다. 그래서 잘 팔려면 우선 잘 만들기부터 해야 한다.

　앞서 상품을 잘 만들기 위해 무엇을 해야 하는지 짚어 보았다. 대중이 원하는 아이템을 선정하고, 상품의 장점을 분명히 드러내며, 대중의 눈을 사로잡기 위해 포장을 멋지게 만들어야 한다.

　팔릴 만한 상품을 만드는 방법을 하나 더 보탠다면 '따라 하기'이다. 업계 선두를 달리고 있는 일등 상품의 장점을 분석해 새로운 상품을 만드는 것인데, 흔히 모방이라는 말로 표현한다. 그대로 베끼면 모방이지만, 기술을 좀 더 발전시키면 제2의 창조가 된다. 도무지 잘하는 게 없는 내가 지금까지 잘 살아온 이유는 좋아 보이는 것들을 따라 하는 '따라쟁이'이기 때문이다. 또한 무엇을 하든지 꾸준히 끝까지 하고, 다른 사람들을 돕고 싶다는 밑도 끝도 없는 선의지가 있었던 덕분이다.

본래 내 성격은 고집이 강해서 누군가의 의견을 따라 하기보다 내 뜻대로 하는 성향이 훨씬 강하다. 그러나 나는 나보다 훨씬 뛰어난 사람들을 보면 그들을 본받기 위해 노력한다. 나보다 뛰어난 사람들, 존경할 만한 사람들의 장점, 생활 습관을 따라 하는 것이다. 책에서 본 것들도 내가 따라 하고자 하는 대상이다.

따라 하기는 나 자신을 좋은 방향으로 변화시키기 위해 꼭 필요한 습관이다. 나보다 더 뛰어난 대상을 따라 하면서 발전하고, 나에게 맞게 변형하면서 경쟁력을 강화할 수 있다. 그래서 나는 자기 계발을 꿈꾸는 이들, 그리고 잘 팔리는 책을 만들려는 작가와 출판사, 상품 기획자들과 마케터들에게 '따라 하기'를 적극 권장하고 싶다.

좋아 보이는 것들을 따라 하기

2015년 가을, 회사 직원들과 야유회에서 본 영화 〈인턴〉에는 대배우 로버트 드 니로와 시원한 웃음이 매력적인 배우 앤 해서웨이가 출연하였다. 앤 해서웨이가 맡은 역은 회사를 창업한 지 1년 반 만에 200명이 넘는 직원들을 거느린 온라인 패션몰 '어바웃 더 핏'을 운영하는 30세 CEO인 줄스로, 능력이 뛰어나지만 집에서는 딸의 육아 때문에 발을 구르고 전업주부인 남편에게 늘 미안해한다.

로버트 드 니로는 오랫동안 일하던 회사에서 퇴직하고 일자리를 구하다가 '어바웃 더 핏'의 시니어 인턴십을 통해 입사한 70세의 벤 역할을 맡았다. 그는 40년 경력의 노하우 덕분에 회사에서 젊은 직원들과 잘 어울리고 능력도 인정받는다. 영화는 줄스와 벤이 함께 일하면서 유대감을 갖고 서로를 돕고 조화를 이루어 가는 모습을 잘 담아냈다.

이 영화에서 내가 눈여겨본 것은 줄스가 직원들의 복지를 위해 안마 서비스를 제공하는 것이었다. 영화를 보고 나도 직원들에게 해주고 싶어서 여기저기 알아보았는데, 회사 근처 마사지 숍에 알아보니 일 년에 드는 비용이 억 단위였다. 고민하다가 안마기를 대여해서 복사기실에 들여놓았고, 직원들에게 오후에 사용하라고 공지했다. 처음엔 직원들이 어색해하면서 사용하지 않기에 복사기실 문의 작은 유리창을 팻말로 가리고 근무 시간 중에 언제든 사용할 수 있도록 시간제한을 없앴다. 이제는 직원들이 편안하고 자유롭게 사용하고 있다.

《구글의 아침은 자유가 시작된다》(라즐로 복 지음, 알에이치코리아)

는 세계 최고 직장이라고 꼽히는 구글이 어떤 기업 문화를 만들어 가는지를 알려 주는 책이다. 이 책에는 '떠들썩 데이'가 소개되어 있다. 직원들이 아침에 출근하면 다 함께 모여 종이에 이름을 적은 후 상자에 넣은 다음 한 번 뽑는데, 뽑힌 사람은 그날 바로 휴가를 받는다. 직원들이 회사 생활을 유쾌하게 할 수 있는 아이디어라고 생각해서 나도 우리 회사에서 그걸 만들었다. 매월 첫날 전 직원이 제비뽑기를 하고, 뽑힌 직원은 하루의 휴가를 선물로 받는다. 이날은 정기 연차에 포함되지 않는다. 매월 초가 되면 직원들은 즐거운 마음으로 떠들썩 데이를 기대한다.

5년 이상 근속한 직원에게는 안식 휴가를 주고 있다. 물론 유급이고 이 역시 정기 연차에 포함되지 않는다. 5년 근속자는 일주일, 7년 근속자는 15일을 준다. 안식 휴가 또한 내가 책에서 보고 도입했는데, 간부 회의에서 토의를 거쳐 우리 회사에 맞는 방법을 찾아서 적용하고 있다.

또한 우리 회사는 매주 월요일 오전 9~10시까지 전 직원 독서 시간을 운영하고 있다. CEO인 지인이 자신의 회사에서 독서 모임을 운영하는 것을 보고 아이디어를 얻은 것이다. 지인은 직원들에게 독서 모임을 권하고 물질적 지원을 해 주지만, 나는 아예 전 직원이 참여할 수 있도록 근무 시간에 만든 것이다. 직원들이 하루 종일 책을 보는(원고를 보는) 게 일이라, 혹시라도 독서에 무뎌지거나 소홀해질 수 있다는 점을 걱정해서다.

처음 월요일 독서 시간을 실시하려고 할 때 매출에 영향이 있으면 어떡하나 싶어 염려스러웠다. 하지만 시행해 보니, 그건 기우에 불과했다. 매출 영향은 전혀 없었고 직원들의 생산성과 새로운 가치 창출에 도움이 되었다. 직원들이 지식적으로 많이 아는 것은 개인의 발전에 좋을 뿐 아니라, 회사 차원에서도 창의적 아이디어를 내는 데 도움이 될 수 있다. 다른 회사 직원들은 월요일 아침에 부담을 잔뜩 안고 출근해서 회의에 참여하거나 보고서 등을 작성하지만, 우리 회사는 차분한 음악이 흐르는 가운데 책을 읽는다. 독서 시간은 반복된 일상 속에 새로움을 주고, 따분한 직장생활에 활력이 된다.

이렇게 내가 책이나 영화에서 본 것, 그리고 지인들을 보면서 장점을 따라 하는 이유는 우리 직원들이 더욱 발전하길 바라는 마음 때문이다. 나는 좋아 보이는 것을 보면 꼭 실행하려고 노력한다. 비록 그 과정에서 의견이 다른 사람과 부딪치거나 실패하기도 하지만, 실행을 멈추지 않는다.

벤치마킹(Benchmarking)이란 말이 있다. 경쟁력을 향상시키기 위해 남에게 혁신적인 기법을 배우는 것이다. 많은 이들이 경쟁력을 키우겠다고 공부하고 견문을 넓힌다. 기업의 경우 전문 경영 컨설턴트에게 비용을 주고 컨설팅을 받기도 한다. 그런데 정작 자신이 배운 것을 실행하는 사람 혹은 회사는 많지 않은 것 같다. 좋은 얘기를 듣는 것으로 만족하고 끝난다. 그렇게 해서는 발전하기가 어렵다. 반드시 실행으로 이어져야 한다. 남의 것을 보고 책상 앞에서 분석만 해서는 절대 발전할 수 없다. 실행, 즉 따라서 해 봐야 하고, 그러다 자기 현실에 안 맞는 부분이 나오면 내 상황에 맞게 변형할 수 있는 방법은 무엇인지 고민해야 한다. 만약 내가 영화 〈인턴〉을 그대로 따라 하려고만 했다면, 사내 마사지사를 채용하거나 마사지 숍과 계약을 하려 했을 테고 결국에는 고비용 때문에 포기하고 말았을 것이다. 그리고 나서는 미국 영화니까 우리나라 상황에 안 맞는다고 치부하고 잊어버렸을 것이다.

하지만 나는 우리 회사의 재정에 맞는 해결책을 찾으려고 했고, 현실적인 솔루션으로 안마기 대여를 한 것이었다. 이처럼 따라 하는 것으로 만족해서는 안 되며, 좋아 보이는 것을 보았을 때 내 상황에 맞추어 변형하여 새로운 것으로 만들어 낼 수 있어야 한다. 이것이 성과를 낳느냐, 못 낳느냐의 차이이다. 성과를 내고 싶다면 이러한 종이 한 장의 차이를 넘어서야 한다.

1등을 뛰어넘는
2, 3등이 되고 싶다면

상품을 개발하고, 트렌드를 만들어 내는 것도 마찬가지다. 누구도 단 한 번도 본 적이 없는 것을 만드는 게 아니라 "어디선가 본 것 같은데 참 좋네."와 같은 것을 만드는 것이다.

기존의 트렌드에 아이디어를 보태서 새로운 것으로 만들면 사람들의 관심을 끌 수 있다.

2003년에 출간된 《메모의 기술》(사카토 켄지 지음, 해바라기)이란 책이 있다. 내가 일본 출장을 갔을 때 찾아내서 출판사에 소개해서 번역 출판된 책인데, 출간 일주일 만에 만 부씩 주문이 들어왔고 백오십만 부가 나간 밀리언셀러다.

내가 이 책을 소개했던 출판사는 본래 어려운 책을 주로 번역했던 곳으로 당시 출판 등록을 낸 지 얼마 안 된 신생 출판사였다. "왜 어려운 책만 출판하세요?"라는 내 질문에 사장님은 인문학적이고 학문적인 책을 내면 기자들이 좋은 책이라고 인식해서 신문에 기사를 내 준다고 했다. 신문에 기사가 나면 반짝 판매되었지만 그때뿐이었다.

"사장님, 학문적 가치가 있는 책도 중요하지만 대중이 살 만한 책을 만드는 게 필요하지 않을까요?"

나는 사장님에게 경제 경영, 자기 계발 등 회전력이 빠른 책들을 출간할 것을 권했다. 그때만 해도 IMF가 터지고 나서 몇 년 안 되었을 때라 경제 경영, 자기 계발 도서에 대한 관심이 높았다.

얼마 후 나는 일본 출장을 갔는데, 일본 서점에서 메모에 대한 책들이 여러 권 진열되어 있는 걸 발견하고 호기심이 생겼다. 발행 연도가 상대적으로 오래된 책부터 최근에 나온 책까지 쭉 살펴보았는데 꽤 설득력이 있었고, 초기에 나온 책보다는 나중에 나온 책들이 점차 발전된 내용을 담고 있었다. 당시 우리나라에는 메모를 깊이 있게 조명한 책이 없었는데, 일본에서는 90쇄가 넘는 책이 있을 정도로 인기 있는 주제였다. 번역 출판을 한다면 대중의 관심을 받을 수 있으리란 생각이 들었다.

나는 발행 연도를 고려해서 여러 권의 책을 사 들고 귀국해서 그 출판사의 사장님에게 소개했다. 사장님은 여러 권의 원서를 비교해서 가장 최근에 발행된 책을 골랐다. 90쇄가 넘은 것이 아닌, 이제 갓 2쇄를 찍은 책을 고른 이유를 물었더니 "내용이 점점 좋아져서…"라는 답이 돌아왔다. 이 책이 바로 우리나라에서 백오십만 부가 팔린 《메모의 기술》이다. 기존의 히트작들을 보고 약점과 트렌드를 보완해서 나온 신작이 훨씬 더 경쟁력이 있다는 사실을 사장님과 내가 함께 알아본 덕분이었다. 시장의 선두를 차지하는 일등 상품을 분석해서 장점을 더 진화시키고 단점은 보완해서 새롭게 업그레이드 시키는 것도 모방을 통한 제2의 창조라 할 수 있다.

2006년에 《대한민국 20대 재테크에 미쳐라》(정철진 지음, 한스미디어)가 크게 히트를 쳤다. 지금도 그렇지만 그때도 재테크는 핫이슈였다. 이 책이 먼저 출간된 다수의 재테크 책들에 비해 엄청난 차별점이 있었던 건 아니지만, 20대를 콕 찍어서 제목을 지었기 때문에 베스트셀러가 되었다고 생각한다. 사회생활을 처음으로 시작하는 20대는 버는 돈을 어떻게 관리하고 불려야 하는지에 관심이 많은데, 그들을 겨냥해 '한번 배워 평생 가는 똑똑한 재테크 습관'을 만들어 주겠다고 했으니 시선이 안 갈 수 없었을 것이다.

이때 이 책의 성공을 주목한 출판사가 있었다. 이 출판사는 재테크라는 책의 분야보다는 제목 스타일에 더 마음이 끌렸나 보다. 나에게 이 책과 유사한 원서가 있다면 소개해 달라고 부탁했다. 그래서 탄생한 책이 《40대, 이제는 건강에 미쳐라》(홍자오광 지음, 예문출판사)와 《50대, 이제는 건강에 올인하라》(홍자오광 지음, 예문출판사)로, 시장에서 좋은 반응을 얻었다. 책을 많이 사는 계층이 30~50대(정확히는 30~50대 여성)이고, 그들의 주요 관심사가 건강인 만큼 이를 콕 집어낸 책이 환영을 받는 것은 당연하다.

이처럼 우리가 따라 하는 것이 재테크와 같은 '분야'일 수도, '제목 스타일'일 수도 있다. 재테크가 핫하게 떠오를 때는 재테크 도서를 만들면 그 시장에 편승할 수 있고, 대형 베스트셀러가 된 책이 있다면 그 제목의 스타일을 따라 해도 마케팅하는 데 덕을 볼 수 있다.

2014년에 《미움받을 용기》(기시미 이치로 지음, 인플루엔셜)가 출간되어 히트를 쳤을 때, 출판사들 사이에서는 기시미 이치로가 지은 책을 번역 출판하기 위한 경쟁이 치열했다. 인기 있는 작가의 다른 책을 계약하는 것은 1등은 아니어도 2, 3등을 할 수 있는 좋은 전략이라고 생각한다.

그리고 어떤 출판사들은 '~~ 용기'라는 책 제목을 따라 했다. 서울 시내의 한 대형 서점에서는 이런 책들을 모아서 '용기가 필요한 사람들이 읽는 책'이라는 매대를 꾸렸는데, 《미움받을 용기》가 가장 좋은 자리를 차지했고, 다른 책들이 그 곁을 지키며 대형 베스트셀러의 후광을 누렸다.

피터 드러커(Peter Drucker)는《피터 드러커의 위대한 혁신》(한국경제신문사)이란 책에서 '창조적인 모방'을 강조하면서 IBM을 '가장 창조적인 모방 기업'이라고 평가했다. IBM은 사무용 기기를 제작, 판매하는 사업으로 시작해서 전자 회로 기반의 컴퓨터를 개발하는 데 힘을 기울였다. 그런데 1946년에 미국 펜실베니아 대학교의 존 에커트(John Presper Eckert Jr.)와 존 모클리(John William Mauchly)가 세계 최초의 진공관 컴퓨터 '에니악(ENIAC)'을 제작·발표하였다. IBM은 자신이 개발한 설계를 버리고 에니악(ENIAC) 모델을 수용해서 더 발전시켰고, 1953년 '기업용 다목적 대형 고속 컴퓨터'를 시장에 내놓았다. 경쟁사의 강점을 수용하여 더욱 발전시켰기에 시장에서 우위를 점할 수 있었다.

스티브 잡스(Steve Jobs)는 생전에 한 방송에 출연해서 "위대한 아이디어를 훔쳤다는 사실에 한 점 부끄러움이 없다."라고 말한 바 있다. 애플의 아이폰은 기존의 휴대폰 기술에 사용자 기반의 기술을 가미한 것이다. 풀 터치 스크린과 모바일 전용 운영 체제 iOS를 개발하여 소비자들이 기존 휴대폰을 사용하는 데 느꼈던 불편함을 획기적으로 개선했을 뿐 아니라, '앱스토어'라는 새로운 시장을 개척하였다. 그는 제2의 창조를 추구했으나, 단지 1위를 베끼기만 하는 '카피캣'은 경멸했다. 카피캣은 타인의 피땀 어린 노력을 도둑질하는 것이나 마찬가지다. 상품을 개발할 때 단순한 모방과 제2의 창조는 분명 구분되어야 한다.

　누군가 크게 히트를 쳤을 때 재빨리 따라 하면 2, 3등을 할 수 있다. 후발 주자라도 새로운 것을 잘 가미한다면 1등을 넘어서는 역사를 만들 수 있다. 단순히 베끼는 것이 아니라 진일보된 형태로 발전시키거나 내 아이디어를 보태 더 새로운 상품을 만드는 것이다. 책은 집필에서부터 출간까지 시간이 걸리기 때문에, 항상 시장을 관찰하면서 트렌드에 민감해야 이런 속도감 있는 대처가 가능하다.

Yang's Tip
잘 팔리는 상품을 만드는 이들의 습관, '따라 하기'

- 업계 선두를 달리는 일등 상품의 장점을 분석해 기술을 더 발전시키기
- 기존 상품들의 약점과 트렌드를 보완하고 내 아이디어를 보태기

영국의 평론가 존 러스킨(John Ruskin)은 "성공한 사람과 실패한 사람의 궁극적 차이는 인내다. 위대한 사람들은 모두 무한한 인내심을 가지고 있다."라고 말했다.

근사한 목표를 세워도 노력하지 않으면 용두사미에 그치고 만다.

아무리 힘들어도 끈질기게, 악착같이 버티고 견뎌 낸다면 언젠가 빛나는 성공을 거머쥐게 될 것이다. 안타깝게도 목표를 이루지 못하더라도, 노력의 과정을 통해 이미 나는 성장하는 것이다. 그것 또한 소중한 결실이다.

Chapter 3

선의지 제3법칙_

기어코 끝장을 보다

소비자에게 가장 먼저 내세워야 하는 것은?

매일 눈앞에 새로운 상품이 쏟아진다. 매일 마시는 커피조차 대기업에서 만든 것부터 작은 카페에서 만든 것까지 다양하다. 소비자들은 상품의 홍수 속에서 살고 있다. 여기에서 살아남으려면, 그것도 잘 살아남아서 눈부신 성과까지 내고 싶다면 어떻게 해야 할까?

책을 잘 팔아서 출판사와 작가를 돕겠다는 선의지로 출판 홍보 마케팅의 길로 들어선 나는 소비자가 어떻게 상품을 구입하겠다는 결정을 하게 되는지 알고 싶었다. 비슷한 상품이 많은데 그중에서 딱 그것을 고르는 이유는 무엇일까?

단순하지만 분명한 이유가 있다. 요식업이라면 음식이 맛있는 식당이 소비자들의 선택을 받는다. 그래서 식당 사장이 음식 맛 연구를 제쳐 두고 인테리어만 신경을 써서는 성공할 수 없다. 세탁기라면 옷을 깨끗이 세탁할 수 있어야 잘 팔린다. 세탁을 제대로 못하면서 건조 기능이 있다는 둥 초스피드로 세탁한다는 둥 다른 기능을 내세워 봐야 의미가 없다. 소비자가 그 상품에 가장 원하는 기능에 충실했을 때 소비자는 지갑을 열고 상품을 구매하게 된다.

책도 마찬가지다. 독자들이 가장 원하는 것이 그 책에 들어 있어야 한다. 자기 계발서라면 말 그대로 자신을 계발하는 방법을 알차게 알려 줘야 하고, 자녀 교육서라면 아이를 잘 키우는 방법을 알려 줘야 한다. 부동산 책이라면 어떤 부동산을 사야 하고, 자금이 부족할 때에는 어떻게 하면 좋을지 등을 알려 줘야 한다. 이렇게 독자들이 원하는 내용이 책에 들어 있어야 홍보 마케팅을 할 때 이를 독자들에게 내세우면서 자신감 있게 책을 어필할 수 있다.

이 상품은 당신의 욕구를
채워 줄 수 있습니다

나는 책을 홍보 마케팅하기 전에 작가, 출판사와 대화를 나누면서 "이 책의 장점이 뭐예요?"라고 묻는다. 책을 직접 쓴 작가나 책을 만든 출판사가 나보다 더 세밀한 정보를 알고 있으니 먼저 묻는 것이다.

이 질문에 우물쭈물하면 대개 겸손해서 그런 것인데, 간혹 장점이 뭔지 몰라서 답을 못 하는 경우가 있다. "사실, 다른 책들과 별다른 차별점은 없는 것 같아요."라는 말을 하기도 한다. 그래서는 안 된다. 내가 상품을 만든 사람이라면 누구보다 강한 자신감을 갖고 상품을 홍보해야 하지 않겠는가? 장점을 잘 모르겠다면 다른 상품들과 내 것을 비교하고 속속들이 살펴보면서 남다른 점을 찾아내야 한다. 내 상품에 어떤 기능이 있는지, 소비자들의 욕구를 채워 줄 수 있는지를 정확히 알아야 홍보할 수 있다. 카드 뉴스를 만들거나 블로그에 연재 글을 올릴 때 책에서 가장 매력적인 내용을 내세워 만들어야 효과가 있다.

경제 경영·자기 계발 분야 베스트셀러 작가 김승호 회장의《돈의 속성》(스노우폭스북스)은 2020년 교보문고 종합 2위·예스24 종합 3위를 차지한 책이다. 잘 알려져 있다시피, 이 책은 몇 년 전 극장 하나를 빌려 대중에게 강의했던 내용을 기반으로 집필되었는데, 그간 강의 내용이 입에서 입으로 전해지면서 부정확한 경우도 많아서 '진짜 돈 버는 방법'을 알려 주기 위해 쓴 것이라 한다. 꼭지 제목만 봐도 이 책에 부자의 노하우가 많다는 점을 알 수 있다.

나는 이 책을 읽고 주변 사람들에게 추천하고, 이 책을 읽은 소감을 물어보았다. "돈에 대한 정보들이 총망라되어 있다.", "동업에 대한 내용이 인상적이었다.", "돈이 들어오는 시스템을 만들어야겠다." 등등의 말을 들을 수 있었다. 종합해 보면 제목처럼 돈이 어떤 성질을 가지고 있는지 이해할 수 있었다는 평가가 많았다.《돈의 속성》을 보도한 기사들을 보면, '최상위 부자가 말하는 돈에 대한 모든 것'이라는 부제를 인용하면서, 책 내용이 이에 충실하게 구성되었다고 소개하고 있다. 책 리뷰 역시 단지 빠르게 돈을 버는 방법이 아니라, 돈에 지배당하지 않고 행복하게 부자가 될 수 있는 방법을 정리해 놓았다는 내용이 많다. 독자들이 기대하는 내용이 알차게 들어 있으니 홍보할 때도 그 점을 잘 살릴 수 있는 것이다.

이서윤, 홍주연 작가의 《더 해빙(The having)》은 2020년 3월에 출간돼 2020년 한 해에만 40만 부 이상 팔려 나갔으며, 2020년 교보문고와 예스24의 종합 베스트 1위에 랭크되었다. 출간 당시 '한국 작가 최초로 미국 펭귄랜덤하우스에서 선출간된 한국의 자기 계발서', '전 세계 21개국 판권 계약'이라는 독특한 카피 덕분에 시선을 끌었다. 우리나라의 자기 계발서가 영미권에 소개되기가 쉽지 않기 때문에 이 카피를 본 독자들은 '어떤 책이기에 미국에서 먼저 관심을 보였을까?'라는 호기심을 가지고 책을 열어 보게 되었다. 이 책은 기자 출신의 홍주연 작가와 대기업 CEO · 정치인 · 투자자 등이 많이 찾는다는 '구루 이서윤' 씨의 만남, 대화 내용으로 이루어져 있다.

이 책을 읽은 사람들은 이서윤이라는 인물을 신비롭고 비현실적으로 묘사하는 내용이 책의 상당 부분을 차지하는 것에 불편함을 표하기도 한다. 마치 세상의 지혜를 모두 품은 현자(賢者), 도인(道人) 같은 느낌이니 말이다. 이 점에 대해서는 나도 동의한다. 그러나 이런 점을 차치하고, 이 책에는 눈여겨볼 점들이 있다. 책을 홍보하기 위해 작성한 카피가 그렇고, 책을 읽고 나면 작가의 주제 의식을 분명히 알 수 있다는 점에서 그렇다. 책 제목처럼 '있음(Having)'에 집중하면 나 자신과 내가 처한 상황을 긍정적으로 바라볼 수 있고, 그러한 긍정의 힘으로 돈과 행운을 거머쥘 수 있다는 메시지 말이다. 이 책에 대한 기사나 서평, 리뷰 등을 보면 "불안감을 사라지게 해 준 책이다.", "현실이 내 바람대로 되지 않는데 위안이 되었다.", "부자가 되려면 마음가짐부터 달라야 한다는 것을 깨달았다." 등등의 내용이 많다. 작가가 '있음(Having)'이라는 단어로 표현한 긍정 마인드의 중요성이 홍보 콘텐츠에 잘 반영되어 있다.

잘 팔고 싶다면, 내 상품이 소비자들의 욕구를 충족시킬 만한 요소가 있는지 파악하고, 이를 홍보 마케팅 포인트로 사용해야 한다. 사골 라면이라면 사골의 진한 맛이 마케팅 포인트가 되어야 하고, 의자라면 오래 앉아도 편하다는 점이 어필 되어야 한다. 소비자들의 기본적 욕구를 해결해 주지 못하는 상품은 아무리 홍보 마케팅을 해 봐야 시장에서 살아남기 어렵다.

맛이 좋은데 그것보다 더 기억에 남는 것이 있습니다

내가 즐겨 찾는 식당이 있다. 음식점을 선

택할 때 무조건 맛이 우선인 나에게 딱 맞는 곳으로, 맛이 좋고 차려진 음식에 비해 가격도 합리적이다. 여러 가지가 마음에 들지만 내가 기대하는 것은 따로 있다. 후식으로 나오는 얼린 홍시다. 작은 도자기 접시에 예쁜 장식이 되어 나오는 홍시는 보기에도 너무 예쁘다. 얼린 정도가 적절하고 단맛이 나서, 밥을 잘 먹고 나서 입가심으로 안성맞춤이라 식사를 시작할 때부터 홍시 생각이 난다.

이처럼 내 상품에도 '얼린 홍시'와 같은 역할을 하는 요소가 있다면 금상첨화다. 음식 맛이 좋은데 디저트까지 훌륭하니 소비자가 더할 나위 없이 만족하는 것처럼, 내 상품도 기본에 충실하면서 소비자의 마음을 사로잡는 강렬한 '무엇'이 있다면 더 큰 사랑을 받을 수 있을 것이다.

2013년에 출간된 박상배 작가의 《인생의 차이를 만드는 독서법, 본깨적》(위즈덤하우스)은 책에서 본 것을 통해 깨닫고 적용하는 독서법에 대한 내용이다. 이 독서법은 본래 3P자기경영연구소의 강규형 대표가 만들었는데, 강 대표에게 독서법을 배운 박상배 작가가 책으로 펴낸 것이다. 책을 어떻게 읽어야 삶을 바꿀 수 있는지가 구체적으로 제시되어 있다. 본깨적 정리법, 북 바인더 활용법 등을 보면서 독자들은 자신이 원하는 정보가 충분히 있다고 인정하게 된다. 나 역시 본깨적 독서법을 통해 지금까지 독서를 해 오고 있는데, 주변에도 이 독서법을 강력 추천하고 있다.

그런데 이 책에서 가장 인상 깊었던 내용은 본깨적 독서법이 아니었다. 내 머릿속에 깊이 박힌 건 박상배 작가의 이야기였다. 친구에게 투자금을 맡겼다가 거액의 돈을 날리고 자살하려고 한강까지 갔는데, 아내에게 "당신이 없으면 살 수 없을 거야."라는 내용의 문자를 받고 난 후 마음을 돌이켰다는, 책 앞부분에 잠시 소개되었던 사연이었다. 이 사연은 이후 독서에 결사적으로 매달리며 자신의 삶을 바꾼 작가의 노력과 연결되면서 감동을 더했고, 절망의 구렁텅이에 빠져 있더라도 살고자 하는 마음이 있고 여기에 독서가 더해진다면 반드시 일어설 수 있다는 메시지를 전하기에 충분했다.

난 이 책을 홍보 마케팅할 때 본깨적 독서법을 중심으로 하면서, 박상배 작가의 개인적인 사연까지 소개해서 세리CEO를 비롯한 교육 전문 업체와 기업 교육 담당자들, 독서 모임 등의 관심을 이끌어 내는 데 성공했다. 세리CEO는 삼성경제연구소가 운영하는 플랫폼으로 비즈니스, 리더십, 경영, 인문 등 다양한 콘텐츠를 회원들에게 제공한다. 800~1,000명가량의 회사 CEO들이 매월 한 번 이른 아침에 모여서 명강사들의 강의를 듣거나 유익한 정보를 나눈다. 세리CEO 추천 도서가 되면 곧바로 베스트셀러가 될 정도로 영향력이 크다. 박상배 작가는 《인생의 차이를 만드는 독서법, 본깨적》으로 세리CEO에서 열두 번이나 강의했고, 세리CEO가 이 책을 추천 도서로 지정하면서 베스트셀러가 되는 데 결정적인 역할을 했다.

앞서 소개했던 김현정 작가의 《엄마, 하브루타 할래요》는 오랫동안 전해 내려오는 유대인들의 교육법 하브루타 놀이법을 정리한 책이다. 짝 가르치기, 역사, 요리, 음악, 그림 동화, 명화 등 여섯 가지 이슈별로 부모가 집에서 영유아들과 쉽게 해 볼 수 있는 놀이 교육법, 대화법을 정리하였다. 이 책에서 독자들이 가장 관심 있는 내용은 이것이다.

작가의 개인적인 이야기는 '약방의 감초'처럼 독자들의 시선을 사로잡을 수 있다.

그런데 나는 이 책의 앞부분에 소개된 작가의 개인적인 이야기에 눈길이 갔다. 유치원 교사, 원장으로 오랫동안 살아온, 자타 공인 교육 전문가지만 정작 자신의 아이들을 교육할 때는 실수가 많았다는 솔직한 고백 말이다. 굳이 털어놓지 않아도 되는 이야기지만, 부모가 아이의 마음에 귀 기울이는 것을 중요하게 생각하는 하브루타 교육법의 당위성을 증명하기에 충분한 사연이었고, 독자들이 이 책에 더더욱 애정을 가질 수 있는 요소가 되었다.

상품을 만들고 파는 이들은 내 상품에 소비자들의 욕구를 만족시키는 요소가 있는지, 그것 외에도 소비자들의 기억에 남을 만한 요소가 있는지를 찾아서 적극적으로 마케팅에 활용해야 한다. 소비자들이 상품을 이용했는데도, 책을 읽었는데도 아무것도 인상적이지 않고 기억에 남는 게 없다면 시간, 에너지, 비용 모두 아깝지 않을까? 아무것도 남기지 않는다면 좋은 상품이 아니다. 좋은 상품은 우리 기억에 반드시 무엇인가를 남긴다. 단 하나라도….

Yang's Tip
상품을 잘 팔고 싶다면 소비자에게 무엇을 알려 줘야 할까?

- 소비자들의 욕구를 해결해 줄 상품의 장점 설명하기
- 상품을 만든 이의 진정성 있는 이야기

어떻게 해야 원하는 것을 얻을 수 있을까?

팔릴 만한 상품이 준비되었다면 이제는 잘 팔아야 한다. 상품을 잘 팔고 싶은 마케터들이 관심이 있는 주제가 바로 설득의 기술이다. 나 역시 팔아야 하는 상품이 많다 보니, 설득의 기술에 관심이 많다. 다행히 나는 주변에서 꽤 설득력이 있다는 평가를 받고 있다.

"양 사장 말을 듣다 보면 빨려 들게 된다니까⋯."

지인들은 내가 설명하는 내용을 듣다 보면, 그 상품을 사고 싶어서 지갑을 열게 된다고 한다. 철저하게 사용자 입장에서 말해 주니 더 와닿는 것 같단다.

"양 사장, 건강 때문에 먹는 게 있다고 전에 말해 준 거 있죠? 나도 사고 싶어요."

친하게 지내는 출판사 사장님들과 대화를 나누다가 건강 이야기가 나왔고, 내가 챙겨 먹는 식품에 대해 설명했던 적이 있었다. 나는 10년 전에 갑상선암 때문에 갑상선을 절개하고 이후 쓸개까지 제거하게 됐다. 졸지에 '쓸개 빠진 남자'가 되고 나서 건강에 관심이 많아졌다. 겉으로는 멀쩡해 보이지만 과민성대장증후군에 위암 전(前) 단계라는 장상피화생(腸上皮化生, 만성화된 위염으로 위축 상태가 지속되면서 위장 점막이 소장 점막처럼 변하는 현상, 독소 등을 흡수해 위암 발생 가능성이 높아짐) 등등 걸어 다니는 종합 병원이 따로 없다. 나를 살피지 않고 오직 앞만 보고 달린 결과인가 싶어서 이제는 건강에 신경을 쓴다. 주변에서 몸에 좋다는 음식, 건강 보조 식품, 잘 치료한다는 병의원, 한의원 등 추천하는 내용은 모두 체험한다.

지인들은 내가 몸으로 체험하고 알아낸 결론을 귀 기울여 듣고, 내가 좋다고 추천하면 앉은 자리에서 바로 구입하겠다고 나서기도 한다. 덕분에 나는 그 회사의 사장과 단 한 번도 만난 적이 없고 그의 가족이나 친구도 아니지만, 본의 아니게 그 회사 홍보 직원이 된다.

사람들이 내 말에 자신도 모르게 집중하게 된다는 것은 책이라는 상품을 팔고 싶은 내 입장에서 참 반가운 평가다. 앞서도 말했다시피, 나의 홍보 마케팅 방법은 돈을 마음껏 쓰는 방식이 아니다. 출판사와 작가의 바람을 꼭 이루어 주고 싶다는 선의지와 열정으로 덤벼들어서 닥치는 대로 사람을 만나고 닥치는 대로 책을 알리는 것이니 말이다. 이 방식으로 국내외 출판 아이템을 출판사들과 매칭해 계약하는 일, 그리고 출판 홍보 마케팅에서도 꽤 괜찮은 실적을 올려

왔다. 여기에서는 내가 어떻게 상대방을 설득해서 원하는 것을 얻어 왔는지 그 방법을 공개하고자 한다.

설득하고 싶다면 기승전결의 흐름을 타라

"제가 아는 분인데 굉장히 똑똑하고 아는 것도 많으신데, 사업이 잘되지 않아서 마음고생을 많이 했습니다. 그런데 이 책에 나온 걸 회사에 적용해서, 6개월 만에 매출이 두 배 이상 올랐다고 해요. 그분도 무척 신기해하더라고요. 여러 명에게 컨설팅을 받았는데도 해결되지 않은 문제였는데 책을 보고 실마리가 풀렸다는 거예요. 이 책의 작가가 15년 동안 수백 개 회사를 컨설팅한 결과를 집대성해서 썼으니까 현장에서 쓸모 있는 솔루션이 책에 잔뜩 담겨 있는 거죠."

나는 사람들에게 소개하고 싶은 것이 있을 때(그것이 책이든 건강식품이든 가게든지 간에) 항상 경험담을 먼저 들려준다. 경험담의 주인공은 대부분 나인데, 나처럼 상품을 사용해 본 다른 이의 경험담을 말하기도 한다. 하나의 경험담을 말하기도 하고, 사용 전과 사용 후를 비교하기도 한다.

"이 상품은 이러한 장점이 있다."라는 말이 아닌 경험담으로 이야기를 시작하는 이유는 듣는 사람들 입장에서 가장 와닿는 얘기라고 생각하기 때문이다. 처음부터 상품 설명을 시작하면 딱딱하게 들릴 수 있고, 말하는 이의 상업적인 의도가 강하게 느껴져 거부감이 든다. 하지만 경험담은 듣는 사람들 입장에서 자기 얘기 같아서 훨씬 더 효과가 있다. 나와 똑같은 고민이나 문제를 가진 사람이 이를 해결한 방법을 말해 준다는데, 집중하지 않을 수 없다.

경험담을 말한 후에는 해당 상품에 대한 정보를 '기본 정보', '매혹적인 정보', '결정적인 정보'라는 세 그룹으로 구분해 차례로 제시한다. 내 나름의 직관을 활용한 구분법이다. 한꺼번에 정보를 다 써버리면 나중에 상대를 설득할 카드가 없어지므로 정보의 강도에 따라서 구분해 때에 맞춰 사용하는 것이다.

경험담은 주관적인 면이 있지만, 상품 정보는 객관성을 띤다. 상품 정보는 소비자가 반드시 알아야 하는 내용이므로 당연히 제공해야 한다. 소비자가 정확한 정보를 알아야 상품을 파악하기 쉽고, 상품에 대한 신뢰도도 높아질 수 있다.

경험담 후에 바로 붙여서 제시하는 것은 상품의 '기본 정보'이다. 건강식품이라면 영양 성분의 구성과 비율, 복용법 등을 말한다. "이 상품은 ○○년의 역사를 지닌 독일 ○○사에서 개발한 상품이에요. ○○○ 대학교에서 실험했는데, ○○○ 성분을 매일 ○○그램씩 먹으면 면역력이 50% 이상 향상된다는 결과가 나왔어요. 근데 이 성분이 이 상품에 하루 필수 섭취량보다 50% 더 많은 150%나

들어 있어요."라는 식이다. 책이라면 작가가 어떤 일을 하는 사람 인지, 책의 분량은 어떻고, 어느 분야인지, 어떤 내용이 들어 있는지 등을 말한다.

경험담과 기본 정보를 제공한 후에는 소비자들의 반응을 살펴 보고 어떻게 느꼈는지 물어본다. 상품을 팔고 싶은 입장에서는 급한 마음에 자신이 전하려는 말들을 쫙 브리핑하고 싶은 욕구에 사로잡 힐 수 있다. 하지만 일방통행식 전달만으로는 소비자의 마음을 사로 잡기 어렵다. 소비자가 기본적으로 제공받은 정보를 충분히 곱씹으 면서 생각할 시간을 주어야 한다. 소비자들의 반응을 지켜보며 질문 을 던지기도 하고, 궁금한 것도 물어보라고 하면서 여유 있게 대처해 야 한다.

어느 정도 생각할 시간을 준 다음에는 '매혹적인 정보'를 제공 한다. 우리나라 작가가 쓴 책이라면 해외의 어떤 나라에 수출됐다거 나, 반대로 해외 번역서인 경우 그 나라에서 베스트셀러 몇 위라거나 혹은 몇 부가 팔렸는지 등 소비자의 입장에서 상품에 호감을 더해 줄 정보를 알려 주면 된다. 작가에 대한 특이 사항, 책 내용에서 눈여 겨볼 만한 것 등도 좋다.

어떤 분이 원고 투고를 해도 계약하자는 출판사가 없다며, 우리 회사를 찾아와 도움을 청했다. 나는 출판 기획안과 원고를 전달받아 검토했고, 원인을 짐작할 수 있었다. 내가 그에게 직접 들은 자기소 개에는 꽤 매력적인 내용이 많았다. 책을 한 번도 낸 적이 없지만 전문가였고 자기 이름을 내걸고 정기적으로 강의를 진행하고 있었다. 뿐만 아니라 여러 기업들에 컨설팅과 출강도 나가는, 그야말로 재야의 실력자였다. 그런데 이런 내용이 기획안에는 제대로 반영되어 있지 않았다.

나는 그에게 한 달 평균 몇 명의 수강생들을 지도하는지, 컨설팅과 출강을 하는 기업들이 어디이며 숫자는 어느 정도인지를 물어서 기획안을 수정했다. 수정한 내용을 출판사들에 보내면서 이 작가의 출판 아이템과 유사한 책이 현재 얼마나 잘 팔리고 있는지 등도 알려 주었다. 작가의 활동이 워낙 전방위적이므로 책이 출판되면 2,000부는 금세 소화하겠다는 말도 덧붙였다. 뻥튀기가 아니라 작가의 활동을 기반으로 하여 추측한 합리적인 숫자였다. 그 작가는 책을 잘 만드는 중견 출판사 한곳과 계약해서 지금 출판을 준비하고 있다. 매혹적인 정보가 대단히 설득력이 있다는 사실을 알려 주는 경험이었다.

매혹적인 정보를 제공한 후에 마지막으로 '결정적인 정보'를 제공한다. 결정적인 정보의 역할은 소비자들이 최종적인 결정을 내릴 수 있도록 도와주는 역할을 한다. 사람들은 최종 결정을 내릴 때 결정 장애에 시달리기 쉽다. 하다못해 "오늘 뭐 먹을까?", "오늘 뭐 입을까?"라는 사소한 고민에도 숱한 생각을 한다. 이럴 때 누군가 "부슬부슬 비도 내리는데 뜨끈한 감자 옹심이 어때요?", "주말 나들이니까 푸른색 셔츠에 청바지를 입으면 멋스럽고 활동성도 좋을 거예요."라고 말해 주면 한결 결정하기 쉬워진다. 결정을 내리는 데 도움이 되는 정보를 제공하면 상대방이 최종 선택을 하기가 수월하다. 지금은 너무나 많은 콘텐츠가 있어서 고르기가 힘든 시대다. 이럴 때 결정할 수 있게 도와주는 역할을 잘하면 성공할 수 있다.

결정적인 정보로는 역시 수치화된 데이터가 효과적이고, 해당 상품에 대한 가장 최신 사례, 요즘 유행하는 트렌드와 해당 상품을 연결한 분석, 유사 상품의 실적, 이 원고(책)를 계약하고 싶다는 출판사와 이미 연락하는 중이다 등등 상대방이 조바심을 낼 만한 내용도 좋다. 위의 사례에서 내가 마지막으로 덧붙였던 내용, 즉 작가의 활동을 기반으로 초판 2,000부 판매를 합리적으로 예상한 것이 결정적인 정보라고 할 수 있다.

이것이 내가 사용하는 설득법으로, 기승전결(起承轉結)의 흐름이 있어서 '기승전결 설득법'이라고도 할 수 있겠다. 사람들에게 말할 때 이처럼 논리적인 흐름을 타야 상대가 귀를 기울일 수 있다.

기승전결 설득법
- 기(起): 경험담으로 시작하기
- 승(承): 상품에 대한 기본 정보 제공하기
- 전(轉): 상품과 만든 이(책이라면 작가, 일반 상품이라면 CEO/회사)에 대한 매혹적인 정보 제공하기
- 결(結): 상대방의 마음을 뒤흔드는 가장 결정적인 정보 제공하기

기승전결 설득법에 자신감을 곁들일 수 있다면 금상첨화다. "정말 좋은 상품입니다."가 아니라 "괜찮은 상품일걸요."라는 말을 듣고 지갑을 여는 소비자가 있을까? 내가 믿지 못하면 상대도 내 말을 믿지 못한다. 내가 지금 소개하는 상품이 지구상 최고의 상품이라는 확신으로 말해야 한다.

나는 소개하는 상품마다 최고라고, 베스트셀러가 될 거라고 말한다. 때때로 출판사 사장님들이 "양 사장한테 최고가 아닌 상품이 어디 있겠어?"라며 투덜대기도 하지만, 나는 확신에 차서 말하길 주저하지 않는다. 내 상품에 대한 강한 확신 그리고 잘될 것이라는 믿음이 합쳐져 좋은 에너지가 만들어지는 것이고, 궁극적으로는 출판사, 작가, 우리 회사 모두에게 좋은 결과를 만들어 줄 것이라 믿기 때문이다. 그래서 언제나 내 상품에 좋은 마음, 긍정적인 에너지를 담고자 노력한다. 사람의 경험담에 디테일한 정보를 더하고 거기에 자신감까지 얹었을 때, 즉 논리적인 말의 흐름에 감성을 적절하게 조화시켰을 때 소비자를 설득하는 힘이 생긴다는 점을 기억하자.

상대의 의도를 효과적으로 알아내는 질문

상대방을 설득하기 위한 준비가 되었다면

이제 상대방에게 다가가야 한다. 상대방의 마음 문이 자연스럽게 열릴 수 있도록 조심스레 다가가서 두드려야 한다. 상대방의 의도를 알 수 없는 상태에서 내가 아무리 논리적으로 설득의 말들을 늘어놔 봐야 큰 효과를 얻기는 어렵다.

상대방의 의도를 알아채고 마음 문을 열게 할 수 있는 가장 효과적인 방법은 질문이다. 독심술이 있는 게 아니고서야 물어보지 않고 상대의 마음이나 상황, 의도를 알아채기는 사실상 불가능하다. 그래서 내가 알고 싶은 것, 상대가 나에게 궁금해할 만한 것을 내가 먼저 질문해 주는 것이 중요하다.

효과적인 질문을 하기 위해서는 그에 앞서 분위기를 만드는 게 중요하다. 상대가 나에 대해 잘 알지 못하는 상황에서 다짜고짜 질문을 해 대면 불쾌감을 줄 수 있다. 자연스럽게 서로 허물없이 대화를 나눌 수 있도록 사전에 분위기를 만들어야 한다. 그래서 처음 나누는 말들은 진짜 내가 알고 싶은 질문이 아니라, 상대에게 진심 어린 관심을 보여 주는 말이어야 한다. "요즘 건강은 어떠세요?", "오늘 입으신 옷이 너무 멋지셔서 저도 그 브랜드 옷을 사고 싶네요.", "얼마 전에 회사 소식을 들었는데 매출이 좋아졌다고요? 축하드립니다." 등과 같은 말이다.

상대와 내가 함께 나눌 수 있는 공통점을 화제로 삼는 것도 좋다. "등산 좋아하신다고 들었는데 최근에 어느 산 가 보셨어요?", "제가 골프를 배운 지 얼마 안 돼 잘 치지는 못해도 함께 필드 가 보시겠어요?"와 같이 말이다. 이런 말들로 분위기가 조성되고 나면 천천히 일 이야기를 시작한다. 이때도 내가 원하는 것을 일방적으로 요구하기보다, 내 바람을 솔직히 전하고 궁금한 걸 물어보는 게 좋다.

"제가 이 책을 정말 잘 팔고 싶은데, 저희 회사 홍보망으로는 부족하더라고요. 혹시 이런 책에 관심을 가질 만한 교육업체나 회사를 아시나요?"

"전에 어느 분께 들었는데, 귀사에서 ○○○ 강사를 초빙해서 사내 강연을 진행하셨다고 들었어요. 저희 작가님 중에도 정말 강의를 잘하시는 분이 계세요. 혹시 앞으로 사내 강연 계획이 있으신가요?"

"저희 작가님을 그쪽 프로그램에 출연시키고 싶습니다. 어떻게 자료를 준비해서 보내 드리면 될까요?"

질문을 할 때는 담백하게 해야 한다. 무엇인가를 꾸며서 있어 보이게 하기보다는 담백하게 표현하는 것이 좋다. 내가 알고 싶은 것을 상대에게 물어보고, 어떠어떠한 것을 내가 잘 몰라서 어렵다고 솔직하게 털어놓는 것이다. 내가 간절히 원하는 게 있다면 상대의 의도를 정확히 읽으려 노력하고, 내 모습도 정직하게 드러낼 수 있어야 한다. 내가 가식이나 꾸밈을 벗어던지고 정직하게 상대에게 다가서면, 상대도 나에 대한 마음의 장벽이 낮아지면서 솔직한 답변을 해줄 수 있다.

질문을 통해 대화할 때는 경청이 중요하다. 질문과 경청은 하나의 세트라고 봐야 한다. 질문만 하고 상대의 말을 들으려 하지 않으면 상대는 마음 문을 굳게 걸어 잠그고 말 것이다. 상대가 말할 때 시선을 맞추고 집중해 들으면서 충분히 말을 다 할 때까지 기다려 주어야 한다. 그런 후에 내가 하고 싶은 말을 하면 된다. 자연스럽고 편안한 분위기, 담백하고 솔직한 질문, 서로를 존중하는 경청 속에서 상대와 내가 원원하는 접점을 찾아갈 수 있다.

미야모토 무사시는 어떻게 싸움에서 이길 수 있었을까?

일본 역사상 최고의 검객으로 꼽히는 미야모토 무사시는 어릴 때부터 병법에 관심이 많았고, 13세 때 인생 처음으로 싸워서 승리를 거두었다. 이후 일본 전역을 돌아다니면서 검법을 배웠고 당대 최고의 검객들과 싸우는 족족 승리를 거둔다. 전해 내려오는 말에 따르면, 단 한 번도 진 적이 없다고 한다. 과거에 나는 미야모토 무사시가 쓴 《오륜서》를 번역해서 그때 그의 전술에 대해 자세히 배울 수 있었다.

그가 평생 결투를 벌인 횟수는 60여 차례라고 한다. 늘 고수들과 맞붙었기 때문에 만만한 대결이 아니었을 것이다. 그런데도 어떻게 싸울 때마다 승리를 거둘 수 있었을까? 자세한 전법은 책에 소개되어 있으니, 나는 내 식대로 간단히 설명하고자 한다. 그는 상대를 치밀하게 분석해서 때마다 다른 전술을 구사했다. '내 강점이 이거니까 이걸로 싸워야지.'가 아니라 '상대의 강점과 약점이 이거니까 나는 이렇게 싸워야겠다.'인 것이다. 그야말로 상대별 맞춤 전략을 구사한 것인데, 그러니 이길 수밖에 없는 것이다. 나 역시 상대에 맞는 맞춤 전략을 구사해 짜릿한 승리를 거둔 경험이 있다. 내가 저작권 에이전시를 시작한 후 처음으로 따낸 계약이었기에 더 의미가 깊기도 하다.

1998년 일본에서 개봉된 영화 〈링〉이 대히트를 쳤다. TV 화면에서 머리를 늘어뜨린 귀신이 기어 나오는 장면은 지금까지도 공포 영화 마니아들 사이에서 최고의 명장면으로 꼽힌다. 전 세계적으로 반응이 뜨거웠고, 우리나라에서도 한국판 〈링〉을 제작해 개봉했다 (우리나라에서는 일본 원작이 한국판보다 늦게 개봉되는 바람에 큰 흥행을 하진 못했다). 소설 《링》도 한국에서 번역 출판돼 베스트셀러가 되었다. 이런 트렌드 속에서 일본에서 《시귀》라는 소설이 상·하권으로 출판돼 화제가 되었다. 우리나라의 여러 출판사들이 이 작품에 관심을 갖고 있었다.

이제 갓 저작권 에이전시를 시작한 나 역시 저작권 계약 경쟁에 뛰어들었다. 나는 무작정 일본 출판사로 메일을 보내서 이 책을 번역 출판할 한국 출판사를 찾아오겠다고 호기를 부렸다. 이에 일본 출판사는 이 작품의 저작권 계약을 담당하는 에이전시를 알려 주었고, 그쪽에서는 이미 많은 에이전시들이 경쟁하고 있는데 참여할 생각이 있다면 해 보라고 원론적인 답변을 하였다. 우리 회사는 《퇴마록》(이우혁 지음)으로 유명한 들녘미디어에 《시귀》를 번역 출판할 의사가 있는지 타진했으며, 하고 싶다는 의사를 들을 수 있었다. 다만 들녘미디어는 신생 에이전시인 우리 회사가 계약을 딸 수 있을지 반신반의했다.

우선 일본 에이전시에 우리가 이 작품 계약을 따고 싶다는 의사를 정성껏 글로 작성해서 팩스로 보냈다. 그때는 이메일도 사용했지만, 저작권 오퍼를 팩스로 주고받을 때가 많았다. 장문의 팩스를 보냈지만 일본 에이전시에서는 아무 답이 없었다. 쟁쟁한 회사들 사이에 피라미 한 마리가 끼어들었으니 별로 눈에 들어오지 않았을 것이다. 나는 이후로도 계속해서 메일과 팩스를 보냈는데, 보낼 때마다 내용을 다르게 구성했다. 똑같은 내용만으로는 상대가 우리를 봐줄 리가 없다고 생각해서였다.

나는 일본 출판사와 에이전시 입장에서 무엇을 원할지 곰곰이 생각했다. 두 곳 모두 《시귀》를 가장 잘 팔 수 있는 출판사를 원할 것이다. 그래서 들녘미디어의 《퇴마록》이 어떤 작품이고, 이 책의 마니아층이 얼마나 많은지 등등 들녘미디어의 장점을 꼼꼼하게 적었다. 《시귀》가 출판되면 《퇴마록》의 독자들이 모두 관심을 보이고 책을 구매할 것이라고 확신했다. 출판사에서 예상 홍보 방안도 받아서 적었다. 한 달 남짓한 기간 동안 내가 보낸 메일, 팩스를 합치면 열 번 이상 되는 것 같다. 다른 에이전시는 간략하게 중요 정보를 한 차례 전달하고 회신을 기다릴 때, 나는 메아리도 없는 산에서 계속 소리치는 사람처럼 일본에 줄기차게 연락했다.

일본 출판사와 에이전시 입장에 맞춰서 왜 들녘미디어와 계약해야 하는지를 다각도로 조명하는 정보를 정리해서 꾸준히 보내자, 어느 날 마침내 에이전시에서 회신을 받았다. 귀사가 추천한 출판사와 저작권 계약을 하는 것을 긍정적으로 검토해 보겠다고 말이다. 결국 우리는 최종적으로 계약을 따냈다. 신생 에이전시가 빅 타이틀을 따낸 것에 대해 들녘을 포함해 많은 출판사들이 놀라움을 금치 못했다.

나중에 알고 보니 우리 회사가 제안한 로열티보다 두 배를 부른 에이전시도 있었는데, 일본 측에서 우리를 선택한 것이었다. 일본 출판사와 에이전시가 로열티 비용보다 판매 수익을 더 고려할 것이라고 예상해, 들녘미디어의 마케팅력과 마니아 독자층을 집중적으로 어필한 결과였다.

우리 회사가 빅 타이틀을 따낸 사건은 출판계에서 화제가 되었고, 출판사들이 우리 회사를 믿고 저작권 계약을 의뢰할 수 있는 토대가 되었다. 우리 회사는 차츰차츰 언어권을 넓혀서 유럽과 영미권, 중국 등까지 확장했고, 아동서에도 발을 넓히게 되었다.

상대를 설득하고자 할 때 늘 똑같은 무기를 들고 나오면 승산이 없다. 상대의 욕구에 맞춰서 무기를 바꿔 들어야 한다. 또한 상대는 나를 잘 알지 못하기 때문에 내가 알려야 한다. 나에게 어떤 매력과 장점이 있는지, 당신과 손을 잡았을 때 얼마나 시너지가 크게 터질 수 있는지 하나하나 손으로 짚듯이 알려 주어야 한다. 그래야 상대가 나를 알아본다. 가만히 앉아서 '상대가 날 알아보고 원하는 것을 주겠지…' 하고 바라는 것은 욕심일 뿐이다.

Yang's Tip
잘 팔고 싶다면, 이렇게 설득하라!

- 경험담과 상품 정보를 효과적으로 구분해 '기승전결 설득법' 사용하기
- 부드러운 분위기와 친근한 관계를 만드는 화제 던지기
- 궁금한 것은 솔직하고 담백하게 질문하기
- 상대방의 강점과 약점에 맞는 맞춤 전략 구사하기

대기업 CEO가 인터넷 세상으로 들어간 까닭은?

엔씨소프트의 김택진 대표 이사는 한글과컴퓨터와 엔씨소프트의 창립자이자 이제는 NC 구단주로 활약하고 있다. 그는 '택진이 형'이라는 애칭으로도 불린다. 김 대표는 리니지 광고에 직접 출연했다. 리니지M 광고에서는 야구장에서 "아저씨, 레벨 실화예요? 뭐 하시는 분이세요? BJ세요?"라고 묻는 학생들에게 "나? TJ."라고 작게 답한다. 리니지2M 광고에서는 중세 시대를 배경으로 금발 머리 대장장이로 변신한다. 능수능란한 광고 모델보다 긴장하고 수줍은 듯한 그의 모습이 너무나 신선했다. 구단주가 된 후에는 한국시리즈가 진행될 때 현장에서 경기를 관람해서 야구팬들의 호감을 얻기도 했다.

뉴스에서나 볼 법한 기업 CEO가 인터넷 동영상과 광고에 출연하는 모습은 대중의 관심을 끌어당겼다. 평소에는 광고 건너뛰기를 하다가도 택진이 형이 등장하면 영상을 끝까지 보게 된다. 이전에는 기업 CEO가 광고에 나서지 않았던 것 같다. 그래서 "산수유, 남자한테 참 좋은데 어떻게 표현할 방법이 없네. 직접 말하기도 그렇고…."라는 말을 했던 천호식품 김영식 창업주의 산수유 광고가 화제가 되기도 했다. 몸이 열 개라도 모자랄 CEO들이 왜 인터넷 세상에 신경을 쓰고 광고까지 직접 출연하게 되었을까?

상품을 만드는 이들의
'정체성'이 중요해지다

사실 우리는 이 질문에 대한 답을 이미 알고 있다. 인터넷은 이제 우리 삶에서 떼려야 뗄 수 없는 존재가 되었다. 특히 젊은 세대를 공략해야 하므로 유튜브, 인스타그램, 페이스북 등을 장악하는 것은 필수다. 그렇다면 CEO들이 그 채널들에서 소탈하고 인간적인 모습을 구현하는 이유는 무엇일까?

상품을 만드는 이, 즉 CEO(책이라면 작가나 출판사)야말로 상품 이미지를 절대적으로 좌우하는 존재이다. 대중이 이들에게 호감을 느끼면 이들이 만드는 상품도 당연히 신뢰할 수 있게 된다. 이 사실을 누구보다 잘 알고 있는 대기업 CEO들이 대중 속으로 들어가고 있다.

상품을 잘 팔기 위해서는 상품의 질이 최우선이다. 그러나 품질만으로는 대중의 마음을 사로잡기엔 부족하다. 상품뿐 아니라 그 상품을 만드는 CEO, 그리고 회사에까지 호감을 갖게 될 때 상품에 대한 신뢰도가 배가된다. 그래서 상품의 최종 책임자인 CEO, 나아가 회사의 이미지가 중요한 것이다.

대중은 '내가 소비하는 상품을 누가 만들까?'에 관심이 있다. 선의지가 있는 사람, 인간미 넘치는 사람이 만드는 상품이라면 믿을 수 있다고 부지불식간에 생각한다. 택진이 형의 영상을 보면, 그동안 우리가 재벌에 대해 가진 편견과 일치하지 않는다. 재벌에 대한 대중들의 가장 흔한 생각은 '돈이 많아 오만하고 건방질 것이다, 인간미가 없을 것 같다.' 등등이다. 하지만 택진이 형은 우리처럼 열심히 일하고, 야구와 게임을 즐기며, 가끔 혼밥을 먹는다.

이런 모습을 보면서 친근감을 느낀 대중은 이들이 파는 상품에 동일한 감정을 느낀다. 상품의 질은 물론이고, 만든 이의 이미지도 관리해야 하는 세상이 된 것이다.

'지금 당장'이 아니라
5년, 10년 후를 보는 힘

사실 사업을 하는 사람들에게는 딜레마가

있다. 현재의 매출을 중요시하느냐, 미래 가치를 중요시하느냐이다. 회사가 존재하려면 당장의 수익 활동이 중요하지만, 그것만 생각해 현재 사업에만 집중하면 미래의 성장 동력을 개발하기가 어려워진다. 그래서 많은 CEO들이 어떤 가치로 돌아올지 모르는 미래 신사업에 오늘의 자본을 기꺼이 투자하고 있다. 분초를 다툴 정도로 바쁜 일정 속에서도 SNS를 통해 대중과 소통하려는 것도, 기업 이미지를 향상시키는 것이 미래 가치로서 훨씬 중요해서이다. 기업은 오늘의 매출에 신경을 써야 하지만, 미래 성장 동력을 개발하는 데에도 힘을 기울이는 균형 있는 자세를 가져야 한다.

책을 홍보하는 일에도 균형이 필요하다고 생각한다. 나는 책 홍보를 위해 작가들에게 독서 모임 출강을 권할 때가 많다. 그러면 기꺼이 가려고 하는 분들도 있지만, 공짜 강연이라서 가기 싫어하는 분들도 있다. 작가 자신이 이미 대중적으로 알려진 상황이라 홍보가 간절하지 않다면 독서 모임처럼 소그룹 강연에 가고 싶지 않을 수도 있다. 또한 당장의 강연 수입을 중요시하는 입장에서도 독서 모임처럼 경비를 지급하지 못하는 곳에 가고 싶지 않을 것이다.

그런데 인지도를 높여야 하는 초보 작가, 강사인데도 이런 생각을 한다면 안타깝다. 인지도를 높이는 게 중요한 신인들은 일단 무대에 서는 게 중요하다. 작가가 설 수 있는 무대 중 독서 모임은 꽤 괜찮은 곳이다. 왜냐하면 정말 책을 좋아하는 이들, 자기 계발에 관심이 많은 이들이 모인 곳이라서 이분들은 자신이 읽은 책이 마음에 들면 정말 적극적으로 홍보를 해 준다. 블로그나 페이스북, 인스타그램, 유튜브 등에 내용을 올려 주는 것은 물론이고 입소문을 내는 데도 적극적이다. 그 책을 정말 많은 이들이 읽었으면 좋겠다는 순수한 의지로 활약하는 거라 본사의 어지간한 마케터의 역할을 뛰어넘는다. 독서 모임은 자발적 모임이고 이익을 추구하지 않기에 강연하러 와 준 작가에게 비용을 지급하기 어렵고 소규모일 때가 많지만, 그것만으로 평가절하하기에는 너무 아까운 곳이다. 그래서 나는 신인이라면 당장 수입이나 규모를 따지며 조바심을 내기보다, 인지도 확장에 도움이 되는 무대에 적극적으로 참여할 것을 권한다.

앞서도 언급했지만 전국 곳곳을 다니며 자기 책을 홍보한《언어의 온도》이기주 작가를 생각해 보자. 작은 무대, 돈이 안 되는 무대라고 무시해서는 안 된다. 부지런하게 발걸음할수록 내 책을 더 많은 사람들에게 알릴 수 있다. 대한민국 최초로 빌보드 차트 1위를 두 번이나 차지한 그룹 방탄소년단(BTS)도 미국에 진출했던 초기에 작은 공연부터 시작했고, 거리에서 전단지를 직접 나눠 주며, 춤을 추면서 홍보했다고 방송 인터뷰에서 밝힌 바 있다. 오늘날 BTS가 세계적인 뮤지션으로 성장한 것은 매일의 발품을 마다하지 않았던 성실함과 끈기 덕분이 아닐까?

나는 인지도가 높은 작가들에게도 독서 모임 출강을 권한다. 비즈니스 활동은 궁극적으로 이익을 창출해야겠지만, 무조건 이익만을 추구한다면 내 영역이 넓어지길 기대하기는 힘들다. 사람들은 본래 이해타산적인 사람보다 선의지를 가진 이들에게 본능적인 호감을 느낀다. 내가 인기가 있다고, 몸값이 높다고 비싼 무대만 찾는 게 아니라 작은 동네 책방, 도서관의 소모임에 찾아가 독자 한 사람 한 사람과 정성껏 만난다면 독자들이 작가의 선의지에 열광하지 않을 수 있을까? 팬층이 더 많이 생기고 입소문이 더 많이 날 것이다.

유명한 작가와 강사들이 대가를 따지지 않고 독자들을 만나는 모습을 떠올려 보자. 이분들에게는 사회에 선한 영향력을 미치고자 하는 의도가 있는 것이고, 이런 선의지를 알아본 대중과 더더욱 돈독한 관계를 형성할 수 있다. 당장의 현실도 중요하지만 이처럼 5년, 10년 후의 미래까지 내다볼 수 있는 선택이 더 지혜롭지 않을까?

'만드는 이'의 인간미가
만천하에 드러나길!

질 좋은 상품은 도처에 널렸다. 출판도 마찬가지다. 책 중에서 안 좋은 책이 있을까? 다 좋은 책이다. 그래서 잘 팔고 싶다면 책을 만든 이, 즉 출판사와 작가에 대한 호감을 극대화시킬 필요가 있다.

아쉽지만 우리나라 출판계에서는 다른 산업들처럼 회사 이미지를 향상하는 데 신경을 쓰는 경우가 드문 것 같다. 산업의 특성이

다르고 자본력의 문제도 있으며, 인정하기 싫지만 마케팅 전략적으로도 뒤처지는 면이 있다. 우리 출판계에도 상호 자체만으로 독자들에게 신뢰와 호감을 주는 출판사들이 있다. 사실 좋은 회사들이 더 많은데 대중에게 알려지지 않아서 참 안타깝다. 출판사의 이미지는 좋은 작가와 출판 계약을 하고 책을 파는 데에도 모두 영향을 미친다. 그래서 이제는 출판사도 다른 산업처럼 회사 이미지를 개선하고 업그레이드해 나가는 데 관심을 가졌으면 하는 바람이다.

나는 독서를 좋아하게 된 후 다른 이들도 책을 많이 보았으면 하는 바람에서 책 기증을 많이 하고 있다. 지방의 작은 도서관, 군 부대 등이 기부 대상이다. 우리 회사가 증정용이나 기획 참고용으로 보유 중인 책들을 골라서 기부하는데, 부족할 때는 책을 구입하기도 하고 친분이 있는 기업 대표님들과 함께 기부하기도 한다. 다양한 책을 접하기 어려운 환경에 있는 분들을 돕고자 하는 마음에서였는데, 이렇게 하다 보니 이곳저곳에서 상을 몇 차례 받았고 뿌듯한 마음에 회사 벽에 걸어 두었다. 우리 회사를 오가는 많은 분들이 상장을 보고 좋은 일을 한다고 칭찬도 해 주시고, 자신도 동참하고 싶다는 뜻을 밝혀 오기도 한다. 이처럼 큰돈 들이지 않고 내가 가진 자원만 활용해도 대중에게 좋은 이미지를 줄 수 있다.

상품을 잘 팔려면 '만드는 이'를 어필하는 게 중요하다는 걸 알기에 나는 책을 홍보할 때 작가, 출판사를 모두 언급한다. 아무래도 출판사보다는 작가에 대해 더 많이 말한다. '책 = 작가'이므로 당연한 얘기인데, 내가 포커스를 맞추는 건 작가의 '인간미'이다. 인간이라면 누구나 겪게 되는 어려움 그리고 이를 극복해 냄으로써 아름다운 빛을 발하는 작가의 모습 말이다.

《계단을 닦는 CEO》(영인미디어)는 어려운 형편의 집에서 장녀로 태어나 집안을 일으키기 위해 의류업, 청소업을 하며 살아온 여성 CEO 임희성 작가의 삶과 경영 철학을 녹여 낸 책이다. 지금이야 청소업을 하는 분들이 많아도, 과거엔 별로 인정받지 못하는 직업이었고 게다가 여성 청소부는 드물었다. 너무나 어려운 현실을 악착같은 노력으로 극복해 낸 작가의 의지, 10년 넘게 뇌종양을 앓으면서도 매일 긍정적이고 성실한 삶을 살아가는 작가의 모습은 모두에게 귀감이 되었다. 임희성 작가의 삶을 방송 프로그램 담당자나 신문 기자들에게 설명해 주니 큰 관심을 보이면서 방송 출연을 제안하거나 기사를 써 주겠다고 하였다.

곽경희 작가의 《남편이 자살했다》(센시오)는 제목 그대로 남편의 자살을 겪은 아내가 분노와 원망, 슬픔 등 처절하게 겪은 마음의 고통 그리고 이를 치유해 가는 과정을 기술한 책이다. OECD 국가들 중 1위라고 할 정도로 우리나라에는 자살자들이 많아서 그 유가족들이 씻기 어려운 상처를 그러안고 살아가고 있으며 누구나 한 번쯤은 죽음을 생각하며 살아가는 게 현실이기에, 작가의 사연은 주목을 받았고 여러 매체에서 앞다투어 소개하였다. 작가는 죽고 싶을 만큼 힘들었던 고통과 죄책감에서 벗어나 갈기갈기 찢긴 자존감을 회복했던 과정을 이야기하면서, 누군가에게 희망이 되기를 바랐다. 자신처럼 상처를 품고 사는 이들에게 위로가 되길 바랐다. 나는 작가의 이런 간절한 바람을 안고서 책을 홍보했고, 작가의 바람대로 많은 이들이 위로를 받을 수 있었다.

보리 작가의 《오늘은 당신이 참 보고 싶은 날이네요》(아마존북스)는 한 차례 자비 출판되었던 책으로, 원제목은 《의사는 장사꾼이 아니다》였다. 작가가 췌장암으로 사망한 남편을 기리면서 쓴 책이었는데 남편 직업이 한의사라서 제목을 그렇게 지은 것 같았다. 상당히 많은 비용이 들었지만 제목이나 표지가 썩 마음에 들지 않았던 차에, 우연히 유튜브에서 내가 출연한 영상을 보고 우리 회사까지 찾아와서 나에게 도움을 청해 왔다.

이미 한 번 출간되었고, 작가의 경험을 자전적으로 기술한 방식이라 상업 출판은 어려워 보였지만, 표지나 제목은 꼭 바꾸는 게 좋겠다는 생각이 들었다. 그래서 고심 끝에 제목을 《오늘은 당신이 참 보고 싶은 날이네요》라고 다시 짓고 남편을 떠나보낸 아내의 진심 어린 사랑을 담아서 '존경하고 사랑하는 남편을 추모하며', '고맙고 또 고마운 사람, 당신의 안부를 묻습니다'라는 카피를 곁들였다. 표지 디자인도 이러한 제목과 카피를 잘 반영해 예쁘게 만들어서 재출간했다. 작가는 정말로 사랑했던 남편과의 이야기를 담았기 때문에 좀 더 많은 이들에게 읽히기를 바랐다. 이 책은 재출간 후 에세이 분야 베스트 5위까지 올라갔다. 작가의 소원대로 된 것이다.

작가의 절절한 사연을 담고 있는 책들.
작가가 진솔하게 자신의 사연과 진심을 털어놓으면 많은 이들의 공감을 받게 된다.

여기서 언급한 세 권의 책을 홍보하기 위해서 작가들의 인간미를 강조했다기보다, 이분들의 간절한 바람을 느꼈기 때문에 내가 홍보에 더욱 박차를 가했다고 말할 수 있다. 이분들의 인간미가 워낙 진했기에 독자들이 많은 사랑과 관심을 주었다고 생각한다.

책과 작가는 한 몸과 마찬가지다. 세상의 모든 상품과 상품을 만든 이(CEO)의 관계도 그렇다. 그러니 많이 팔고 싶고 잘 살아남고 싶다면, 상품도 상품이지만 스스로를 돌아보아야 한다. 책이라면 작가와 출판사, 일반 산업에서는 회사와 CEO의 이미지, 영업자와 마케터가 어떤 모습으로 대중에게 보이고 있는지 점검하고, 가식이나 위장이 아닌 진짜 인간다운 모습을 갖춰야 한다. 진정성 있는 모습으로 다가갈 때 대중이 알아봐 줄 것이다. 대중은 기업이 예상하는 것보다 훨씬 더 똑똑하고 예리하다. 마음에도 없는 흉내 내기, 코스프레는 언젠가 들통나기 마련이라는 것을 잊어서는 안 된다.

상대방의 손에 '끝장낼 권한'을 쥐어 주기

몇몇 출판사들에 우리 작가의 출판 아이템을 소개하고 최종 계약 여부를 기다리는 때였다. 해당 아이템 담당인 기획부 직원이 아침부터 소식을 물어 왔다. 작가에게 그 주에만 몇 차례 연락을 받았단다. 내가 여러 출판사에 출간 기획안을 보내고 자세한 정보를 알려 주면, 출판사에서는 대표와 편집자들이 기획안을 검토하고 시장 동향을 고려하여 최종적으로 계약 여부를 결정한다. 이 과정을 모두 거치려면 시간이 필요한데, 작가 입장에서는 아무래도 초조한 모양이었다.

"대표님, 그 건을 진행하기로 출판사에서 결정했나요? 계약하기로 했대요?"

"아뇨, 아직요. 지금 마지막으로 검토 중인 것 같아요."

"작가님이 아무 데서도 연락이 안 오면 어떡하냐고 걱정하시네요."

"걱정할 게 뭐 있어요? 다른 데 알아보면 되죠."

직원의 염려 섞인 말에 나는 평온하게 대답한다. 남들이 보면 전혀 불안감이란 게 없는, 퍽 여유로운 모습이다. 정말일까? 천만의 말씀이다. 계약을 하느냐 마느냐 하는 최종 결정의 순간에 긴장하지 않을 사람은 없다. 나 역시 걱정하는 마음, 계약이 안 될지도 모른다는 조바심이 왜 없겠는가? 다만 지그시 감정을 눌러 앉히는 것뿐이다.

최종 결정을 앞둔 순간, 당신이 해야 할 일은?

나는 하루에도 몇 번씩 최종 결정의 순간에 직면한다. 해외 출판사 및 에이전시가 저작권 계약 상대자를 결정할 때, 국내 출판사들이 출판 계약의 가부를 결정할 때, 독서 모임·기업이 우리 작가를 강사로 초빙할지의 가부를 결정할 때, 책 쓰기 프로그램 상담 신청자가 수강 등록을 결정해야 할 때 등이다. 결정 주체는 내가 아니라 상대방이므로, 나는 기도하는 마음으로 상대방의 결정을 기다린다. 이 마지막 순간에 나는 무엇을 하면 좋을까, 어떻게 해야 상대방이 내가 원하는 결정을 할 수 있을까?

내가 하는 일은 가만히 기다리는 것이다. 상대를 설득해야 할 때는 정보를 모두 조사해서 열심히 설명한다. 경쟁자는 한 번 접촉할 때 나는 두세 번 더 접촉하고 상대의 반응에 맞춰, 설명하는 방식이나 정보의 내용(기본 정보, 매혹적인 정보, 결정적인 정보)을 바꿔 가며 열정을 다한다. 중간중간에 상대에게 생각할 시간을 주면서도 그가 나를 잊지 않도록 꾸준히 연락을 한다.

그러다가 마지막 결정의 순간이 다가오면 그때부터 가만히 기다린다. 상대방이 자기 손에 들어온 모든 정보를 검토해서 최종 결정을 능동적으로 내릴 수 있도록 기다리는 것이다. 최종 결정의 순간은 온전히 상대방의 몫이어야 하고 스스로 결정을 내렸을 때 후회가 없기 때문이다. 혹시 상대방이 망설이는 기색이 있더라도, 그래서 내가 더 고개를 들이밀고 내 쪽으로 당겼을 때 승산이 있어 보여도, 최종 결정의 순간에는 개입하지 않는다. 내가 원하는 결과를 맞이하고 싶다고 억지를 쓰지 않는다.

책 쓰기 강좌의 수강 신청자를 모집할 때도 그렇다. 우리 회사의 책 쓰기 프로그램은 타 강좌와 달리 현직 출판 기획자들이 강의를 진행한다는 강점이 있어서 수료생들의 만족도가 높은 편이다. 만족감을 경험한 수료생들이 지인들을 소개해 주기도 하고, 내가 특강을 진행해 수강생을 모집하기도 한다.

지금이야 우리 프로그램의 강점이 입소문이 나서 꾸준히 수강 등록이 이루어지고 있지만, 초창기 때는 다른 강좌에 비해 후발 주자이니만큼 수강생 모집이 쉽지 않았다. 일정에 맞춰 수강 등록이 잘되지 않을 때는 밤에 잠이 오지 않았고, 간신히 잠이 들어도 금세 깨버렸다. 그 정도로 긴장했고 조바심이 있었다. 아무리 훌륭한 상품을 준비해도 팔리지 않으면 매출이 발생하지 않고, 매출이 없으면 프로그램 운영조차 할 수 없기 때문에 마케팅을 하면서 조바심을 내지 않기란 쉬운 일이 아니다.

수강 신청자들은 모두 나와 1차 상담을 해서 수강 등록을 하고, 이후 수업을 진행하는 강사들과 2차 상담을 거친다. 이 과정에 열의를 가지고 임하다가 막상 수강 등록을 해야 할 때 망설이는 분들이 있다. 책 쓰기에 관심은 있는데 이런저런 이유가 발목을 잡는 것이다.

"너무 하고 싶은데, 일정이 바빠서 고민이에요. 수업 들을 시간은 되는데, 책 쓸 시간이 없을 것 같아서요."

"전 정말 수업을 받고 싶어서 아내와 상의를 했는데 반대하네요."

이런 고민을 접하면 나는 그분들에게 충분히 생각하고 결정하시라고 말한 후 기다린다. "일주일에 두 시간만 내면 되는데요, 야근이라고 말하고 수업 들으시고 나중에 아내에게 짜잔~ 하면서 책을 선물하세요."와 같은 말을 하면서 억지로 끌어당기지 않는다. 그때 내 역할은 조용히 기다리는 것이다.

내가 조바심을 참고 최종 결정의 순간에 물러서서 기다리는 이유가 있다. 첫 번째 이유는 앞서 언급한 것처럼 최종 결정을 스스로 내리게 하기 위해서이다. 어떤 일에서든 사람은 스스로 결정했을 때 책임 있는 자세를 가질 수 있다. 예비 작가 스스로 책을 쓰겠다는 강한 의지가 있을 때 책을 쓰게 된다. 아무리 책 쓰기 프로그램에 등록해서 강사가 가르쳐 주고 기획을 돕더라도, 예비 작가가 원고를 써야만 책이 나올 수 있다. 예비 작가의 의지와 실행력이 중요하므로 스스로 결정하도록 기다리는 것이다.

두 번째 이유는 사람들이 고민하는 주제들을 가볍게 취급해서는 안 되기 때문이다. 최종 결정을 지체시키는 이유들은 사소해 보이지만, 당사자에게는 매우 중요한 것들이다. 이를 무시하고 대충 묻어 버리면 언젠가는 다시 떠올라 말썽이 생긴다. 초창기에는 멋모르고 어떻게든 사업을 굴러가게 해야 한다는 초조함에 끝까지 상대방을 설득하곤 했지만, 안 좋은 결과를 낳을 수 있다는 사실을 경험하고 나서는 빨리 결정하라고 독촉하지 않는다. 상대방 스스로 문제점을 하나하나 짚어 보고 극복 가능한지를 점검하여 가장 좋은 결정을 내릴 때까지 기다린다.

마지막 이유는 내가 조바심을 내서 자꾸 상대를 설득하려고 하면 역효과가 날 수 있어서다. 조바심은 먼저 나를 불안하게 만든다. 내가 원하는 대로 상대방이 결정하게 하려고 집착하다 보면, 처음의 좋은 취지는 눈 녹듯 사라지고 '이러다가 사업이 잘 안되는 거 아닌가?', '내가 가는 이 길이 잘못된 것인가?' 등등의 불안감에 빠지고 만다. 불안감은 부정적인 감정이고, 부정적인 감정으로는 '우리'가 함께 만족할 수 있는 선한 결과를 기대하기 어렵다. 조바심의 두 번째 역효과는 상대가 내 진심을 의심하게 만든다는 것이다. '저 사람이 저렇게 초조해하는 걸 보니 여유가 없나 봐. 나를 위해 권한다더니 결국 자신을 위한 거였어.' 초조해하면서 원하는 결과를 내놓으라고 독촉하는 이를 믿고 일을 맡길 사람이 어디 있겠는가? 나의 초조함은 상대방이 합리적인 결정을 내리는 데 방해가 될 뿐 아니라 '우리'를 갈라놓는 결과를 초래할 수 있다.

우리는 모두 설득의 귀재가 되고 싶어 한다. 그래서 상대에 대해 열심히 공부하고 온갖 정보를 파악해서 빼곡하게 머릿속을 채운다. 상대를 만나는 순간부터 어떻게 해서든 내가 원하는 결과를 얻으려고 수단 방법을 가리지 않고 집요하게 매달린다.

그러나 진정한 고수는 상대를 움켜쥐지 않고 놓아준다. 충분한 정보를 제공하되 상대가 자유롭게 사고하여 능동적인 결정을 내릴 수 있도록 그의 자리를 열어 준다. 그러면 상대는 자신을 재촉하지 않는 마케터를 신기하게 여기면서, 상대가 권하는 내용을 진심으로 들여다볼 마음을 먹게 된다. 상품이 큰 하자가 없고 기본에 충실하다면 마케터에 대한 호감까지 감안해 상대방이 최종 결정을 내릴 것이다. 이것을 나는 여백의 미라고 부르고 싶다. 나와 상대방이 서로를 존중하면서 결정할 수 있는 넉넉한 여백의 시간 말이다. 최후의 순간, 우리 모두 여백의 미를 발휘할 수 있기를….

과정일 땐 악착같이,
최종 결정 땐 마음을 비우기

《공중그네》(오쿠다 히데오 지음, 은행나무) 번역 출판 계약을 딸 때 있었던 일이다. 이 작품은 일본에서 나오키상(아쿠타가와상과 더불어 일본에서 가장 권위 있는 문학상)을 수상해서 우리나라 출판사들이 서로 번역 출간을 하길 원했기에 저작권 에이전시들이 치열하게 경쟁을 벌이고 있었다.

그때 우리 회사도 한 출판사에 계약 오퍼를 받은 상태였다. 당연한 얘기지만 일본 출판사는 한국의 유명 에이전시, 유명 출판사와 계약하길 원했고, 우리 회사는 생긴 지 오래되지 않아 다른 에이전시에 비해 이력이 평범해서 경쟁력이 약한 상황이었다. 나는 출판사의 확고한 계약 의지를 확인한 후 사장님에게 말했다.

"사장님, 함께 일본으로 가시죠."

계약을 따기 위해서 나는 현지로 직접 가는 게 낫다고 판단했다. 다른 에이전시들은 책상 앞에서 이메일, 전화, 팩스로 전투를 벌이고 있지만, 그쪽은 우리보다 훨씬 더 유리한 입장이었다. 조건상 우리가 불리하다면 특별한 방법이 필요했다. 우리의 적극성과 간절함을 상대의 눈앞에 보여 주는 것이었다.

사장님과 나는 함께 일본으로 갔고 일본 출판사의 담당자를 만나서 설득했다. 그리고 《공중그네》 저작권 협의를 맡고 있는 일본 저작권 에이전시의 담당자도 만나서 설득했다. 일본 역시 에이전시를 통해 저작권을 거래하므로 에이전시 담당자만 만나도 되었지만, 양쪽 모두를 만나서 우리의 존재를 알리는 게 좋다고 생각했다. 일본 출판사의 담당자는 현재 한국에서 오퍼가 많이 들어와서 결과를 장담할 순 없다고 답했다.

귀국하고 나서 2주 후에 북경도서전이 있어서 중국 출장을 갔다. 앞서 만났던 일본 출판사의 담당자도 북경도서전에 온다는 것을 알고 있었기 때문에 현지에서 미팅 약속을 잡았다. 나는 그를 고급 중식당으로 데려가 융숭하게 대접하면서 《공중그네》 저작권 계약을 왜 우리 회사와 해야 하는지, 한국 출판사는 어떤 장점이 있는지를 다시 한번 각인시켜 주었다. 그리고 출판사에서 미리 받아 놓은 홍보 방안도 열정적으로 브리핑해 주었다. 일본 출판사의 담당자는 일본인 특유의 예의를 지키면서도, 현재 한국에서 오퍼가 많아 장담하기 어렵다는 원론적인 답변만 했다.

중국 출장을 다녀온 후부터 나는 일본 에이전시의 연락을 기다렸다. 이제는 최후 결정의 순간일 것이고, 온전히 담당자가 집중해서 고민하여 결정해야 하는 시간이었다. 일주일 후 최종 메일을 받았다. 수많은 에이전시를 물리치고 엔터스코리아에 오퍼를 준다는 내용이었다. 과정은 악착같이, 결과는 상대에게 겸허하게 맡긴 덕분이었다. 이 책은 2005년 한국에서 번역 출간돼 300만 부가 팔리는 기염을 토했다.

당시 일본 출판사에 지불할 저작권 로열티의 1/10이 우리 회사가 받을 수수료였다. 정확하게 기억나진 않지만 100만 원 정도였던 것 같다. 그런데 내가 출판사 사장님과 함께 일본 출장을 간 비용만 100만 원 넘게 들었다. 우리가 저작권 계약을 딸 수 있을지 미지수인 상황에서 출장을 간 것이다. 계약이 성사돼 수수료를 받아도 비용을 빼면 마이너스였지만, 난 지금도 후회하지 않는다. 결과야 어떻든 과정에서는 간절하게 최선을 다해야 하니까….

조바심의 어원을 보면 '조의 이삭을 떨어뜨려 좁쌀을 만드는 일'이라고 한다(바심'은 우리말로 곡식 이삭을 떨어서 낟알을 거두는 일을 뜻한다). 조의 이삭은 질겨서 아무리 비비고 털어 내도 잘 떨어지지 않아서 이 작업을 하다 보면 마음이 초조하고 조마조마해진다. 어원만 봐도 조바심이란 이겨 내기가 쉽지 않은 감정임을 알 수 있다. 내가 투자한 것이 많을수록, 내 노력이 클수록 더 그렇다.

하지만 모든 일은 나 혼자서 만들어 가는 것이 아니다. 나와 상대방의 의지와 실행이 함께 맞물려 가면서 이루어진다. 균형이 잘 맞지 않고, 조바심으로 균형을 깨뜨리면 일이 잘되려야 잘될 수가 없다. 급할수록 돌아가라는 말처럼, 초조할수록 욕심을 내려놓고 상대방에게 '끝장낼 권한'을 기꺼이 쥐어 주자.

Yang's Tip
잘 팔고 싶다면 '최후의 순간'에 기다려라!

- 소비자 스스로 책임 있는 결정을 내릴 수 있도록 기다려 주기
- 소비자가 결정을 망설이는 이유들을 충분히 고민할 수 있도록 시간을 주기
- 초조할수록 욕심을 내려놓고 마음을 비우기

끝까지 가지 않았는데
성공을 기대한다고?

    여우 한 마리가 길을 가고 있는데, 탐스러운 포도가 나무에 주렁주렁 매달린 모습을 보게 되었다. 배가 고팠던 여우는 포도를 따 먹기 위해 뛰어올라 발을 뻗었는데 포도알을 잡을 수 없었다. 입을 벌려서 몇 번이고 점프했지만 포도를 한 개도 따지 못하자, 결국 힘이 다 빠져 버린 여우는 땅바닥에 주저앉고 말았다. 바닥에 주저앉아 씩씩대며 숨을 고르던 여우는 자리를 털고 일어나더니 포도를 힐끗 쳐다보며 중얼거렸다.

    "분명히 저 포도는 시어서 먹을 수 없을 거야."

    《이솝우화》의 '여우와 포도'라는 이야기이다. 당신도 여우와 같은 생각을 해 본 적은 없는가? 어떤 일을 열심히 시도해 보았지만 자꾸 실패하자 결국 포기해 버렸던 경험 말이다. 많은 이들이 목표를 세우고 이를 달성하고 싶다고 소원하지만, 여러 가지 어려움을 만나서 끝까지 가지 못하는 것 같다.

꿈꾸는 자는 '실패'한다

여우가 포도 따기를 포기하고 "분명히 저 포도는 시어서 먹을 수 없을 거야."라며 정신 승리하는 모습을 보면서 혹자는 여우를 비웃을 수도 있고, 안타깝게 생각할 수도 있다. 하지만 나는 여우가 포도를 따기 위해 여러 차례 시도한 것을 칭찬해 주고 싶다.

여우가 실패한 것은 '포도를 따겠다'는 목표가 있었기 때문이다. 여우가 포도를 처음 봤을 때 포도를 따기 쉽지 않다는 것을 알았을 것이다. 상당히 높은 위치에 매달려 있는 걸 눈으로 확인했을 테니까…. 하지만 여우는 목표를 세우고 열심히 시도했다. 시도했기에 실패를 겪은 것이다. 그러므로 실패는 실패자들이 겪는 게 아니라 꿈꾸는 자들이 겪는 필수 코스다.

교수 출신의 사장님이 운영하는 출판사가 있다. 사람들에게 유익한 양서를 출간하겠다는 목표를 가진 출판사였다. 하지만 출간하는 책마다 판매 성적이 좋지 않아서 회사를 운영하기가 어려울 정도였다. 사장님은 회사를 접어야 하는지 심각하게 고민했고, 그즈음 우리 회사에서 소개한 일본 원서를 번역해서 출간했다. 동양의 위대한 사상가들에 대해 풀어 쓴 책이었는데, 사장님은 그 책이 마지막 책이라고 생각했다. 그런데 얼마 지나지 않아 책이 베스트셀러가 되는 반전이 일어났다. 영업 직원에게 회사를 맡기고 고향으로 내려갔던 사장님은 다시 상경했고, 이후 지금까지 대중에게 유익한 양서를 꾸준히 출간하고 있다. 숱한 실패를 거치면서도 끝까지 최선을 다한다면 자신이 원하는 결과를 얻을 수 있다.

끝까지 도전하면,
그 과정 덕분에 성장한다

모두 다 위의 사장님처럼 성공하면 얼마나 좋을까? 하지만 현실은 그렇지 못하다. 우리는 성공한 이들은 성장했다고 인정하지만, 끝내 성공하지 못한 사람은 성장했다고 생각하지 않는 것 같다. 하지만 도전의 가치는 결과가 아니라 과정에 있다. 목표를 달성하기 위해 끊임없이 시도하면 이미 그 결과와 상관없이 성장해 나갈 수 있다.

나는 출판사와 작가를 위해 홍보 마케팅을 하겠다고 결심하고 나서 책마다 그에 맞는 계획을 세우고 그것을 성실하게, 끝까지 수행

했다. 당연히 모든 시도가 성공을 거둔 것은 아니었다. 매체에 우리 책을 소개하고 싶어서 담당자를 여러 차례 만나서 설명하고, 기업에 작가 강연을 주선해 보려고 열심히 시도했지만, 성사되지 않는 경우도 있다.

실패한 시도는 무가치한 것일까? 아니다. 나는 그런 시도 속에서 생각보다 많은 정보를 얻었다. 신문에 기사가 실리게 하려면 어떤 방법으로 접근하는 게 좋은지, 기업들은 어떤 콘텐츠를 선호하는지, 도서관 강의는 어떤 방식으로 이루어지는지 등을 내가 몸으로 부딪치면서 배울 수 있었다. 그렇게 얻은 정보는 다른 책들을 홍보할 때 유용하게 사용됐고, 이번에 실패해도 다음번에는 성공을 기대할 수 있었다. 만약 내가 'ㅇㅇㅇ은 너무 인기 있는 채널이라 만나 봐야 내 얘길 들어주지도 않을 거야.'라고 생각해 시도조차 하지 않았다면 어떤 정보도 얻을 수 없었을 것이다. 실패하더라도 끝까지 노력했기에 후회도 없었다.

그런 차원에서 나는 위의 '여우와 포도' 이야기에서 여우의 시도만큼은 인정해 줘야 한다고 생각한다. 힘들어도 수차례 시도한 것만으로도 충분히 가치가 있지 않은가?

끝까지 가지 못했는데 포기해야 하는
순간도 있다

성공하고 싶다면 끝까지 포기해서는 안 된다는 게 상식이다. 나도 그렇게 생각한다. 그러나 때로는 포기해야하는 순간도 있다.

내가 일본어 학원 강사로 활동했을 당시 내 형편으로는 감당하기 어려운 실패를 겪었던 적이 있었다. 앞서 얘기한 학원 부원장으로 일하기 전에 있었던 일인데, 선생님들과 공동으로 학원을 차렸다가 결국 문을 닫고 말았다.

학원을 차렸던 이유는 성공하겠다는 내 목표에 좀 더 빨리 다가서기 위해서였다. 일본어를 가르치면서 수강생들에게 인정받아 한 달에 천만 원 넘게 벌면서 잘나가는 강사가 되었지만, 프리랜서인 내 신분이 불안하게 느껴졌다. 지금이야 능력 있는 사람들이 회사에서 독립해 프리랜서로 활동하지만, 그때만 해도 프리랜서는 직업이 없는 사람, 언제라도 백수가 될 수 있는 사람으로 인식되었고 나 역시 그런 생각에서 자유롭지 못했다.

그래서 마음이 맞는 몇몇 강사들과 함께 각자 얼마씩 투자해서 일본어 전문 학원을 차렸다. 난생처음 내 사업체가 생긴 거라 죽기살기로 일했다. 하지만 운영할수록 적자가 누적되었고 월급은 고사하고 투자한 돈도 건지기 힘들 정도였다. 결국 당시 있었던 수강 신청자들의 마지막 수업까지만 운영하고 문을 닫기로 했다. 꿈을 품고 학원을 차린 지 6개월 만의 일이었다. 하루도 쉬지 못하고 일했고 학원 강사를 하면서 번 돈을 다 투자했는데 다시 빈털터리가 되니까 너무나 허무해서, 마지막 수업을 할 때 눈물이 쏟아졌다.

호기롭게 시작한 일을 결코 실패로 끝내고 싶지 않았다. 그러나 학원 문을 닫는 것 외에는 방법이 없었다. 당시 내가 겪은 문제는 여러 가지였는데, 동업자들과 한마음으로 단합할 수 없었다는 게 가장 컸다. 절박한 처지였던 나는 필사적으로 일했는데, 상대적으로 다른 이들은 그렇지 않았다. 나는 오전 6시 반까지 학원에 출근해 전단지를 돌리고 나서 7시에 수업에 들어갔지만, 다른 사람들은 늦게 출근했다. 어떤 이는 대학원을 다니면서 여유롭게 근무했고, 또 다른 이는 잘못된 내용을 가르쳐서 수강생에게 항의를 받기도 했다. 여기저기 문제점이 속출하니 학원을 잘 경영하기가 힘들었다. 그런 상태에서 포기할 수 없다고 버텼다면 더 큰 물질적 손해가 발생했을 것이다. 그래서 '닥치고 노력'도 문제가 있는 것처럼, '닥치고 돌격'도 문제가 있다.

내 능력으로는 도저히 불가능할 때, 내가 시도한 방법이 아무 소용이 없음을 깨달았을 때 포기하는 것도 용기라고 생각한다. 그렇다면 포기해야 하는 순간을 어떻게 알아낼 수 있을까?

정답이 있는 문제가 아니라서 이에 대한 기준을 정하기는 어렵다. 내 경험에 비추어 말해 보면, 반복된 시도를 통해 내가 발전하는 게 아니라 오히려 퇴보하고, 나 때문에 가족 등 주변 사람들까지도 고통스럽게 만든다면 포기하는 게 낫다고 생각한다. 포기함으로써 나의 육체적·정신적·물적 에너지를 낭비하지 않고 보호할 수 있고, 몸과 마음을 재정비해서 새로운 일에 도전할 수 있다.

위의 '여우와 포도' 이야기 속 여우도 마찬가지다. 만약 여우가 포기하지 않았다면 어떻게 되었을까? 끝까지 포도를 따려고 노력했다면 말이다. 당시 여우의 능력으로는 도저히 불가능한 것으로 보이는 포도 따기를 포기하지 않았다면, 여우는 지쳐서 정신을 잃고 쓰러졌을지도 모른다. 기진맥진한 여우는 다시는 포도 따위는 쳐다보지도 말아야지 하고 마음먹을 수도 있다.

하지만 여우는 자신의 기력을 모두 탕진하지 않은 상태에서 포기를 선택했다. 우리는 뒷이야기는 알 수 없지만, 포기한 덕분에 여우는 이후 더 맛있는 포도를 딸 수 있는 기회를 만났을지도 모른다. 그래서 때로는 포기도 지혜로운 선택이 될 수 있다.

the Class of Wealth

혼자서는 못 하는 일이라도 함께라면 할 수 있다.

혼자서는 힘든 일이라도 함께라면 좀 더 쉬워질 수 있다.

그래서 우리는 함께여야 하고 함께할 수 있는 사람들을 만나야 한다.

Chapter 4

선의지 제4법칙_

선의지를 가진 사람들과 연대하기

최고의 무기, 사람

"마케팅을 잘하고 싶어요."

"정말 성공하고 싶거든요. 어떻게 하면 좋을까요?"

CEO이자 마케터로 살아오면서 성공을 갈망하는 이들을 숱하게 만난다. 자영업자 혹은 (1인)기업가로서 '어떻게 하면 나에게 혹은 내가 만든 상품에 대중이 열광하게 할 수 있을까?' 하는 것은 항상 고민스러운 질문이다. 내가 아는 답은 바로 '사람'이다. 좀 더 구체적으로 표현하면 '선의지를 가진 사람'이라고 할 수 있겠다. 나를 진심으로 도와주고 협력해 줄 사람들을 만난다면, 그의 꿈에는 그야말로 날개가 달린 것이라고 볼 수 있다.

어떤 일이든 '사람'이 가장 중요하다. 크게 성공하는 이들은 사람과의 관계 속에서 성과를 일구어 낸다. 미국의 철강왕 앤드류 카네기(Andrew Carnegie) 역시 사람을 다루는 방법이 아주 뛰어났던 것으로 알려졌다. 데일 카네기(Dale Carnegie)는 《카네기 인간관계론》(현대지성)에서 앤드류 카네기가 사람을 잘 다루는 방법을 알아서 부자가 될 수 있었는데, 그는 어릴 때부터 사람을 조직하는 재주와 천재적인 리더십이 있었다고 기술하였다. 이런 재주 덕분에 그는 철강 제조에 대해 아는 바가 없었는데도 자신보다 강철에 대해 훨씬 많은 것을 알고 있는 수백 명의 사람들이 자신을 위해 일하게 만들 수 있었다는 것이다.

이 내용을 보면서 공감을 많이 했다. 나도 출판업계에서 20년 넘게 많은 이들과 일하고 있다. 출판사 사장님들, 편집자들은 책을 직접 만드는 사람들이니 나보다 훨씬 더 책에 대한 감각이 뛰어나다. 그렇지만 우리의 관계는 상호 보완적이다. 출판사와 나는 해외 저작권 계약이나 번역, 국내 출판물 계약, 출판 홍보 마케팅 등의 영역에서 도움을 주고받는다. 이런 관계 속에서 '책을 잘 팔기'라는 공동의 목표를 달성하고자 노력한다.

작가들과의 관계도 그렇다. 나보다 훨씬 더 뛰어난 분들 일색이지만, 이분들에게 내가 출판사를 섭외하거나 책을 마케팅하는 등의 도움을 준다. 내 도움을 받은 분들은 내가 도움을 요청할 때 기꺼이 발 벗고 나서 준다. 우리 회사에서 기획한 책이 출간돼 홍보하고 싶을 때, 작가들은 나의 가장 강력한 우군이 된다. 나의 첫 책 《책쓰기가 이렇게 쉬울 줄이야》가 나왔을 때도, 1개월 만에 7쇄를 찍을 수 있었던 것은 이분들의 도움이 컸기 때문이다. 나는 이 같은 경험 덕분에 사람이 가장 중요하다는 생각을 확고하게 가지게 되었다.

인터넷으로 얻은 정보 vs. 사람으로 얻은 정보

월평균 100건 이상 미팅, 700통 이상의 전화. 이것이 나의 평균 스케줄이다. 100건은 미팅 숫자이므로 만난 사람의 수를 헤아리면 그보다 훨씬 많다. 하루 종일 미팅으로 시작해서 미팅으로 끝날 때도 있다.

왜 이렇게 많이 만날까? 마케팅을 하기 위해서다. 출판사에 출판 아이템을 소개하고, 우리 회사에서 나온 책들을 알리며, 책 쓰기 강좌 수강생들을 모집하기 위해서다. 목표는 여러 가지지만, 이를 달성하기 위해 내가 하는 활동을 하나로 정리하면 '사람을 만나는 것'이다. 시간이 허락하는 한 최대한 많이 만난다.

"직원들이 도무지 외근을 나가지 않아. 나가서 많이 만날수록 좋은 건데 귀찮아하더라고…."

회사를 운영하는 지인이 나에게 늘어놓은 푸념이다. 어디 그 회사만의 문제일까? 책상 앞에서 모든 일을 해결하려는 사람들이 점차 늘고 있다. 지금 당신 회사의 풍경을 한번 보라. 얼마나 많은 미팅이 이루어지고 있는가? 직원 대부분이 책상을 지키고 앉아 있지 않은가? 만약 그렇다면 (코로나19 팬데믹이 끝나고 나서) 직원들에게 꼭 밖으로 나가서 돌아다니고, 사람을 만나고, 경험하라고 강력히 권유해야 한다.

나는 직원들에게 책상 앞에서 업무를 하기보다 밖으로 나가서 거래처를 만날 것을 권한다. 직원들은 요즘처럼 통신 수단이 발달한 시대에 군이 대면 미팅을 진행할 필요가 있느냐는 반응이다. 전화, 이메일, 휴대 전화 메신저 등 온라인으로 소통해도 불편함이 없으며, 오가는 시간과 차비를 감안하면 비대면이 훨씬 효율적이라는 것이다. 게다가 코로나19 때문에 대면 미팅이 불가능한 사회가 되었고 코로나가 종식되더라도 이 추세가 계속될 것이라 말하는 이들도 있다.

나는 이 의견에 강하게 반대한다. 지금은 어쩔 수 없지만, 코로나가 종식되면 다시 과거의 대면 방식으로 돌아가야 한다. 온라인 비대면 방식은 그 사람의 표면적인 정보는 알 수 있어도 깊이 친해지기는 어려우며, 종국에는 일방 소통으로 끝나기 쉽다.

사람을 직접 만나야 하는 첫 번째 이유는 만나야 그 사람과 진정으로 가까워질 수 있기 때문이다. 세상 모든 일이 인간관계 속에서 이루어지기 때문에 매사에 사람을 얻는 게 먼저다. 조조의 참모 유소가 쓴 《인물지(人物志)》에 "사람을 얻는 자, 천하를 얻는다."라는 말도 있지 않은가? 사람을 얻고 싶다면 당연히 만나야 한다. 만났을 때 마음과 마음을 주고받는 진정한 소통이 이루어질 수 있다.

사람을 직접 만나야 하는 두 번째 이유는 현장 정보를 얻기 위해서다. 인터넷의 발달로 정보가 눈앞에 넘쳐 난다고 하지만 인터넷이나 TV가 전해 주는 정보는 이미 세상을 돌고 돌아 나에게 온 것이다. 신선하지 않다는 말이다. 주식 투자 시 TV나 신문에 난 기사를 따르지 말라는 이유도 현장에서는 이미 한물간 정보이기 때문이다. 생생한 현장 정보를 듣고 싶다면 그곳에서 직접 뛰는 이들에게 말을 청하는 게 가장 좋다. 가장 좋은 정보는 내가 직접 경험해 얻은 정보지만, 그럴 수 없다면 현장에서 활약하는 이들의 말을 들어야 하고 이를 위해서는 그들을 만나야 한다. 그래서 나도 항상 출판사 현업 편집자들, 영업자들과 만나서 현장 정보를 얻기 위해 노력한다. 함께 식사하고 차를 마시면서 오가는 자연스러운 대화 속에서 알토란 정보들이 흘러나온다. 사람을 만나고 또 만나며 관계를 쌓아 나갈수록, 돈을 주고도 살 수 없는 소중한 정보들이 비 오듯 쏟아져 나온다.

서로 윈윈하는 휴먼 시스템, 연대

출판 홍보 마케팅을 하면서 나는 사람과

사람을 연결하는 시스템을 만드는 데 더욱 관심을 갖게 되었다. 나는 이를 휴먼 시스템(Human System) 혹은 연대(連帶)라고 부르려 한다. 연대(連帶)란 여럿이 함께 일을 하거나 책임을 지는 형태를 말한다. 내가 모든 것을 다 할 수 없으므로 서로의 손을 잡고 연대를 이루어 가는 것은, 개개인이 치열한 경쟁에서 살아남을 수 있는 좋은 방법이라고 생각한다.

영화 어벤져스 시리즈 중 〈인피니티 워(Infinity War)〉에서 인상 깊은 장면이 있었다. 이 영화는 어벤져스의 모든 영웅들이 지구를 지키기 위해 역대 최강의 악당 타노스에 맞서서 전투를 벌이는 내용이다. 우주 최강의 힘 '인피니티 스톤'을 모아서 지구 인구의 절반을 사라지게 하려는 타노스와 그의 무리들, 그리고 타노스가 스톤을 모으는 것을 저지하려는 영웅들의 목숨을 건 승부인 것이다.

대결을 벌이던 중 닥터 스트레인지(베네딕트 컴버배치 분)는 타노스 무리에게 붙잡혀 끌려가는 위기를 만난다. 아이언맨(로버트 다우니 주니어 분)은 그를 구하기 위해 우주 공간으로 오고, 스파이더맨(톰 홀랜드 분)이 몰래 그 뒤를 따른다. 뒤늦게 그 사실을 안 아이언맨이 "여기는 놀이터가 아니야. 못 돌아갈 수도 있어."라면서 스파이더맨의 행동을 질책한다. 아직 어린 스파이더맨이 위험한 지경에 빠지는 걸 원하지 않았던 것이다. 그런데 스파이더맨은 자신에게 화를 내는 아이언맨에게 이렇게 말한다. "지킬 이웃들이 없으면 스파이더맨도 필요 없어요."

나는 이 말을 통해 연대의 중요성을 다시 한번 되새길 수 있었다. 내 곁의 이웃들, 사람들이 없다면 나에게 아무리 뛰어난 능력이 있다 한들 무슨 소용인가? 영웅은 지킬 이웃이 있을 때 비로소 그 존재 가치가 빛나는 것이다.

연대란 사람이 누군가와 함께 공존할 때 행복해지고, 더욱 성장할 수 있음을 인정할 때 가능해진다. 그래서 나는 나와 직접적인 이해관계, 즉 내가 얻을 이익이 있든지 없든지 간에 적극적으로 연대를 만들어 가고 있다. 대개 연대를 통해 기대했던 것 이상의 시너지가 발생한다.

몇 년 전 '만개의 레시피' 사이트의 이인경 대표를 만난 적이 있다. 사이트 회원 200만 명이 넘는 대형 요리 사이트인데, 사이트에 올라온 콘텐츠를 바탕으로 출판을 하고 싶다고 나를 찾아왔다. 요리책을 계획하고 있어서 우리 회사의 강점 분야(자기 계발, 경제 경영, 자녀 교육 등)와는 거리가 있었다. 우리 회사와 손을 잡기가 어렵겠다는 판단이 들었지만, 나는 선의를 갖고 지속적으로 출판에 대해 조언해 주었다. 그 회사는 출간에 성공했고 이후에 홍보에 대해 문의해 와서 성심성의껏 조언해 주었다. 이 대표는 "양 사장님이 아니었다면 출간을 못 했을 수도 있는데, 덕분에 출간에 성공해서 한 달도 안 돼 1만 5천 부가 팔렸어요."라면서 내가 아무런 대가 없이 도와준 것에 진심 어린 감사를 표했고, 아울러 융숭한 식사 대접도 해 주었다.

이후 시간이 흐른 후에 우리 회사에서 기획한 요리책이 출간되었다. 우리 회사가 보유한 홍보 마케팅 루트와 동떨어진 아이템이라 어떻게 홍보를 해야 할지 고민하다가 '만개의 레시피'가 떠올라 이인경 대표에게 연락을 했다. 이 대표는 흔쾌히 자신의 사이트에 우리 책을 홍보할 수 있는 페이지를 열어 주었다. 그뿐 아니라 다른 책들에 대해서도 칼럼을 올릴 수 있도록 별도 페이지를 만들어 주었다. 내가 먼저 선의지로 상대를 도와주자 다시금 상대가 선의지로 도움을 준 것이다. 사람과 사람의 관계 속에서 진짜 성공할 수 있음을 깨달았다.

나 혼자라면 할 수 없었던 일이라도 연대하면 해낼 수 있다. 같은 뜻을 가진 이들이 선의지로 뭉쳐서 힘을 합친다면 혼자일 때보다 훨씬 더 큰 시너지를 낼 수 있다. 마음만 먹으면 나 혼자서 무엇이든지 다 해낼 수 있을 것 같지만, 현실은 그렇지 않을 때가 많다.

내가 아는 분 중에 사업가가 있다. 그는 욕심이 많고 도전적인 성격이라 사업을 꾸준히 확장해 왔다. 서너 개의 법인을 운영하고 있지만 서로 연관성이 있어서 괜찮다는 생각이 들었다. 그런데 몇 년 전 어느 날, 그가 출판을 하고 싶다며 나에게 자문을 청해 왔다. 출판은 그의 사업체와는 전혀 연관성이 없었다. 이유를 묻자 교재를 만들어야 하는데 남에게 맡기기 싫어서 직접 하고 싶다는 말이 돌아왔다. 생소한 분야인 만큼 무작정 뛰어들어서는 안 된다고 말렸는데 소용이 없었다.

어떻게 되었을까? 몇 년 후 그는 자본 손실을 입고 결국 출판 사업을 접었다. 내가 모든 영역에서 뛰어날 수 없다는 사실을 인정했다면 좀 더 다른 결과를 얻지 않았을까? 사람은 누구나 자신의 전문 영역이 있다. 내 영역에서는 전문가지만, 그렇지 않은 영역에서는 숙맥이나 다를 바 없다. 그때 고집을 부리기보다, 해당 전문가를 만나서 연대했으면 훨씬 더 좋은 결과를 기대할 수 있었을 것이다.

여기까지 읽은 독자들은 '사람을 만나면 무조건 연대를 해 보는 게 좋겠구나.'라고 생각할지도 모르겠다. 안타깝게도 연대한다고 무작정 다 시너지가 나는 것은 아니다. 나에게는 큰 실패의 경험도 있다.

내가 아는 지인 A와 B가 신규 사업을 추진하고 싶어 했고, 함께할 수 있는 파트너를 구하는 중이었다. 두 사람의 이야기를 각각 들어 보니, 이들을 연결해 주면 시너지가 날 것 같다는 생각이 들어서 소개해 주었다. A와 B는 나에게 고마워하면서 동업을 시작했다. 하지만 B가 프로젝트 진행 과정에서 과도한 제작 비용을 책정하였고, A는 나에게 견적서를 보여 주면서 사실 관계를 확인해 달라고 요청했다. B가 설정한 제작 비용은 통상적인 수준을 뛰어넘는 것이었다. 안타깝지만 나는 사실대로 A에게 알려 주었고, 이로써 두 사람의 동업 관계는 없었던 것으로 돌아갔다.

A가 물질적인 손해를 입기 전에 사태가 일단락된 것은 다행이었지만, 일련의 과정을 지켜보면서 나는 사람에 대한 실망감이 들었다. 선의로 두 사람을 연결해 주었는데 B의 예상치 못한 행동 때문에 A뿐 아니라 나 역시 마음의 상처를 입은 것이다. A에게 미안한

마음, 선의로 소개해 준 내 얼굴까지 무시한 B의 행동에 대한 실망이 뒤엉켜서 한동안 사람들을 만나고 연결하는 것에 주저하는 마음이 들었다. 사람과 사람을 연결하고 연대를 하다 보면 이렇게 예상치 못한 사건이 생기기도 한다. 그래서 선의지를 가진 사람들을 제대로 알아보는 게 중요하다.

한동안 마음의 상처로 위축되었던 나는 "나쁜 사람보다 좋은 사람이 더 많다."라는 지인들의 응원으로 다시금 일상을 회복하게 되었다. 맞는 말이다. 소수의 일탈 때문에 연대를 포기하기엔 너무 아깝다.

혹시 나처럼 사람 때문에 상처를 받은 이가 있다면, 아직 만나지 못한 선한 이들이 많다는 사실을 떠올리면서 연대의 발걸음을 멈추지 않았으면 좋겠다.

선의지를 가진 이들을
찾아내려면

연대 시스템을 만들려면 사람을 많이 만나야 하지만, 많이 만나기만 한다고 소중한 인연으로 이어지는 것은 아니다. 앞서도 말했듯이, 내 선의지를 꺾어 버리는 에너지 뱀파이어들을 반드시 피해야 한다. 연대 시스템을 만들기 위한 가장 좋은 방법은 나와 같은 선의지를 가진 사람들과 손을 맞잡는 것이다. 주변의 많고 많은 사람들 중 누가 선의지를 가진 사람들일까?

지금껏 수많은 사람들을 만나 본 경험을 바탕으로 선의지를 가진 이들의 특징을 구분하면, 세 가지 정도 되는 것 같다. 첫째, 선의지를 가진 이들은 사람에 대한 깊은 애정과 존중이 있다. 자신이 아는 사람이든, 모르는 사람이든 상관없이 사람 자체를 존중하고 사랑한다. 누구에게든 도움이 되고 싶고, 위로와 응원을 전하고 싶다는 순수한 의지가 강하다. 타인을 향한 이들의 마음은 단순하고 일시적인 동정이 아니라, 사람을 존중함으로써 우러나오는 연대 의식이다.

나는 책을 쓰고 싶다는 예비 작가를 상담하면서 이런 분들을 종종 발견한다. 책을 써서 자기 분야에서 좀 더 확고한 위치를 다지겠다는 목적도 있지만, 사람들에게 자신의 경험과 지식을 나누어 주고 싶다는 선의가 뚜렷하다. 이분들은 아무리 바쁘고 피곤해도, 예기치 않은 사건이 터져도 결사적으로 매달려 책을 썼고, 목적했던 변화를 맞이했다. 선의지가 사람을 훨씬 더 좋은 방향으로 인도할 수 있음을 확인할 수 있었다.

둘째, 선의지를 가진 이들은 실천력이 있다. 입으로만 "남을 돕고 싶다."라고 하지 않고 자신의 삶 속에서 크고 작은 실행을 하고 있다. 어떤 분은 자신의 콘텐츠를 가지고 시설 아동들을 찾아가 무료 강의를 진행하고, 또 다른 분은 소상공인들을 대상으로 실비 정도만 받고 경영 컨설팅을 진행한다. 창업을 준비 중인 청년들에게 멘토 역할을 하는 분도 있다. 자신의 에너지만 뽑아 먹으려는 에너지 뱀파이어들을 잘 피해 가면서 진짜 도움이 필요한 사람들을 전심으로 돕는다.

셋째, 선의지를 가진 이들은 표정부터 밝다. 자신의 삶, 타인의 삶을 바라보는 데 있어 긍정이 흘러넘친다. 늘 은은한 미소가 얼굴에서 떠나지 않아서, 이들과 만나기만 해도 기분이 좋아지고 함께 무엇이든지 이루어 갈 수 있다는 믿음이 생긴다. 선의지를 가졌지만 가끔 표정이 밝지 않은 사람들도 있다. 이는 예민하고 신중한 성격이어서 그런데, 이들도 자신의 계획을 차근차근 실천해 나가면서 점차 표정이 밝아진다.

한두 번 이상 만나서 대화를 나누다 보면 차츰 이러한 특징들이 보인다. 선의지가 있는 것을 확인하면 나도 선의지를 드러내며 함께 할 수 있는 것을 찾기 위해 여러 가지 제안을 한다. 서로의 선의지를 알아보면 그때부터는 관계 형성이 쉬워진다.

"제 주변에는 그렇게 좋은 사람들이 없는 것 같아요. 좀 더 인간관계의 폭을 넓히고 싶은데 어떻게 하면 좋을까요?"

선의지를 가진 좋은 사람들을 만나라고 권하면 어디 가서 만나야 하냐고 묻는 이들이 있다. 생각보다 어렵지 않다. 나는 주변에서 권하는 모임에 모두 참여한다. 지인들, 작가들, 출판사 사장님들 누구든 나를 부르면 스케줄이 허락하는 한 가리지 않고 찾아간다. 가서 식사하고 차를 마시면서 대화를 나누다 보면 그 모임이 나에게 잘 맞는지 아닌지, 사람들은 어떤지를 알 수 있다. 잘 맞는다고 생각하면 계속 참여해서 친분을 쌓아 가고, 반대의 경우라면 서서히 참여를 줄이면 된다. 모임은 잘 맞지 않더라도 그곳에서 나와 잘 맞는 인연, 선의지를 가진 이들을 만날 수 있고, 이들과는 따로 만나면서 친분을 이어 나가면 된다. 선의지를 가진 사람을 찾아서, 어떻게 관계를 유지하는지는 중요한 문제이므로 뒤에서 좀 더 이야기할 예정이다.

요즘은 인터넷으로 검색만 해도 꽤 다양한 모임을 접할 수 있고, 그곳에서 다양한 직군의 사람을 만날 수 있다. 하지만 사람들은 자신에게 도움이 되는 만남, 전문가들과 연대를 기대하면서도 모임에 참여하는 데에는 상당히 주저한다. '시간 낭비가 되지 않을까?', '괜찮은 사람들을 못 만나는 것 아닌가?' 하고 미리부터 걱정한다. 가보지도 않고 해당 모임을 짐작하는 것은 부정확하고, 첫 만남으로 무엇인가를 얻으려는 것도 성급하다. 내가 권하고 싶은 것은 일단 가까운 지인들 모임부터 직접 참석해서 알아보라는 것이다. 무엇이든 첫술에 배부르려 하지 말고 차근차근 발을 넓히는 게 중요하다.

왜 내 옆에
좋은 사람들이 없을까?

　비슷한 시기에 첫 책이 출간된 두 작가 A, B가 있다. 첫 책 출간은 마치 첫 아이가 태어났을 때처럼 이루 말할 수 없이 설레고 두근대는 감정을 작가에게 안겨 준다. 그래서 두 작가 모두 뛸 듯이 기뻐하며 가족, 친구 및 지인들에게 책이 나왔다는 소식을 알리고, 수시로 강연을 열어서 청중들에게 적극적으로 책을 알렸다. 나는 홍보 마케팅을 해야 하므로 두 책을 각각 어떤 방법으로, 어떤 창구를 찾아가 홍보해야 할지 골몰했다. 출판사는 서점을 중심으로 책 판촉 행사를 벌였다.

　어느 정도의 시간이 흐른 후 A작가의 책과 B작가의 책이 얼마나 판매되었는지를 출판사에 문의하였고, B작가의 책이 A작가의 책보다 더 많이 판매되었음을 알 수 있었다. 분야가 다르고 출판사의 판매 전략도 달라서 단순 비교할 순 없지만, 나는 두 책의 판매 결과가 눈에 띄게 차이 나는 이유를 알 것 같았다.

A작가에게는 아군이 없었지만, B작가에게는 아군이 상당히 많았다. 여기서 아군이란 내 편에 서서 함께 뛰어 줄 수 있는 이들을 말한다. A작가는 출판사와 출간 계약 당시부터 자신감에 차 있었다. 자신의 SNS 팔로워 숫자와 폭넓은 인간관계를 자랑하며, 출간되기만 하면 초판 2,000부 정도는 2주 안에 팔아 치울 수 있다고 호언장담했다. 하지만 막상 책이 출간되었을 때 관심을 가져 준 사람들이 드물었다. 출간되면 책을 사 주겠다고 말한 사람들이 꽤 되는데, 막상 책이 나오니까 도와주는 사람이 없다며 A작가는 실망감을 감추지 못했다.

반면에 B작가는 평소 사람들과 깊게 사귀며 유대 관계를 꾸준히 이어 간다는 장점이 있었다. 남을 돕는 데에도 적극적이었다. 그래서 B작가의 책이 나왔을 때 여기저기서 자기 일처럼 홍보를 도와준 이들이 많았다. 책이 막 출간되었을 때는 아직 널리 알려진 게 아니기 때문에 지인들이 책을 구입해서 인터넷 서점이나 블로그 등에 서평을 남겨 주는 지원 사격이 적잖은 도움이 되는데, B작가에게는 아군이 많았다. 이 점이 출판 홍보에 유리하게 작용한 것이다.

두 작가의 사례를 보면서 나는 인간관계의 중요성, 그리고 좋은 사람들과 인연을 맺는 게 얼마나 중요한 일인지 다시 한번 깨닫게 되었다. 누구나 좋은 사람들과 인연을 맺기를 원하지만, 그냥 이루어지는 건 아니다. 내 곁에 좋은 사람들이 적다면, 내가 평소 어떤 모습으로 사람들을 대하는지 스스로 점검해 볼 필요가 있다.

좀처럼 먼저
베풀지 않는다

출간 이후 A작가는 수시로 나에게 연락해서 책 판매가 잘되지 않는 것 같으니 더 열심히 홍보해 달라고 했다. 나는 강의를 활발하게 하고 있는 몇몇 작가들에게 연락해서 A작가의 신간을 강연장에서 홍보할 수 있는 방안을 문의하였는데, 대부분 시큰둥한 반응을 보였다.

"다른 사람들이 부탁할 때는 아는 척도 하지 않으면서 자기 일에는 도와 달라고 매달리니, 별로 내키지 않네요."

A작가가 다른 작가들의 일에 무관심했다는 말이었다. A작가는 여러 작가들과 함께 콘텐츠 개발을 위해 스터디 모임을 하고 있었는데, 평소 모임에 거의 나가지 않았고 다른 작가가 책을 내도 전혀 관심을 보이지 않았단다. 다른 작가들은 책이 나오면 한 권씩 구입해서 읽어 주고 마음을 다해 서평을 작성해서 인터넷 서점이나 블로그에 올려 주는데, 그는 그런 것도 해 주지 않았다는 것이다. 그러던 그가 자신의 책이 나오니까 그때부터 모임에 나와서 책을 사 달

라고 열을 올리니 사람들 눈에 얄미울 수밖에 없었다. A작가는 표면적으로는 SNS 팔로워도 많고 이름을 올려놓은 모임이 많아서 그럴듯해 보였지만 진짜 마음을 나누는 사이가 없는, 허울뿐인 인간관계였다.

그에 반해 B작가는 스터디 모임에 빠짐없이 나갔고 시간이 나는 대로 사람들과 만났다. 누군가 자신에게 도움을 요청하면 최선을 다해 도와주었으며, 전문가적인 조언을 아끼지 않았다. "제 도움이 필요할 때 부담 갖지 마시고 언제든지 연락 주세요."라는 말이 입버릇일 만큼 어떤 대가를 기대하지 않고 타인을 돕고 싶다는 선의지가 역력했다.

B작가의 책이 출간되자, B작가를 아는 모든 사람들이 활약하기 시작했다. 정작 B작가는 사람들에게 연락해서 부탁하지 않았고, 모임 단톡방에 "드디어 제 신간이 나왔네요!"라고 올린 게 다였다. 하지만 사람들은 스스로의 의지로 움직였다. 자신의 강연장에서 B작가의 책을 화면에 띄워 놓고 설명하는 사람, 기업 강연에 연결시켜 주는 사람, 파워블로거와 인기 유튜버까지 자발적으로 B작가를 위해 활약하였다. A, B작가 모두 자기 분야에서 실력자들이고 책 내용도 좋았지만, B작가의 책이 더 좋은 판매량을 보였고, 입소문도 잘 퍼졌다.

미국의 16대 대통령 에이브러햄 링컨(Abraham Lincoln)은 "만약 누군가를 당신 편으로 만들고 싶다면, 먼저 당신이 그의 진정한 친구임을 확신시켜라."라고 말한 바 있다. 진심과 선의로 대해야 그 사람과 진짜 친구가 될 수 있다. 오직 내가 필요할 때 이용하는 데에만 관심을 보인다면, 좋은 사람들과 인연을 쌓는 것은 기대하지 말아야 한다.

상대방의 노력에
감사하지 않는다

한 출판사 사장님이 오랜만에 회사로 나를 찾아왔다. 함께 식사하며 근황을 나누다가 C작가의 책 판매가 어떠한지로 화제가 옮겨 갔다. 당시 책이 출판된 지 4개월이 넘어서서 소위 말하는 '신간빨'(신간이 나오면 작가와 출판사의 강력 홍보로 책이 잘 나가는 현상을 말함)이 작용하지 않는 때였다. C작가는 자신의 분야에서 인지도가 꽤 높은 사람이어서 출판 계약 당시 출판사 사장님이 좋아했고, 책이 나오면 어떻게 마케팅하겠다는 계획을 열심히 세워 놓았다. 그 출판사는 규모는 작은 편이어도 회사 재무 구조가 건전하고 사장님이 영업자 출신이라 서점 영업과 판촉에 대해서만큼은 여러 가지 시도를 하는 곳이었다. 요즘 책 판매가 어떠냐는 내 질문에 출판사 사장님은 고개를 절레절레 흔들었다.

"생각보다 잘 안 나가요. 작가는 다음 책도 우리 회사와 계약하겠다고 하는데 난 별로 생각이 없네요."

"책이 잘 안 팔려서 그러신 거예요?"

"아뇨. 알다시피 책은 잘 나갈 수도 있고 안 나갈 수도 있는 거 잖아요. 근데 그 작가의 스타일이 저랑 안 맞는 것 같아요."

출판 후 출판사는 서점 매대를 확보하고 온라인 홍보 등을 하면서 열심히 뛰었다. 그런데 C작가는 출판사 사장님에게 "매대가 이것뿐인가요?", "온라인에서 검색해 봐도 나오는 게 없어요."라면서 계속 채근했고, 급기야 "출판사에서 하는 일이 없는 것 같아요."라며 불만을 터뜨렸다는 것이다. 그런 작가의 모습을 보면서 출판사 사장님은 이후의 마케팅 일정을 실행하지 않기로 결정했다.

출판사와 작가 모두 책을 잘 팔겠다는 공동의 목표가 있다. 둘 중 누가 더 간절할까? 작가는 자신이 가장 간절하다고 생각하겠지만, 중간 입장인 내가 봤을 때는 출판사 입장이 더 그럴 것 같다. 왜냐하면 작가는 책이 나온 것만으로도 충분히 경력에 도움이 되지만, 출판사는 책이 안 팔리면 살아남기도 힘들기 때문이다.

좋은 결과를 기대하는 것은 모두가 같다. 하지만 최선을 다해도 내가 원하는 결과를 얻지 못할 수 있다. 작가가 열심히 쓰고 출판사가 멋지게 만들어서 힘써서 마케팅해도 책이 안 팔릴 수도 있다. 책이 안 팔리는 이유는 여러 요인들이 복합적으로 작용하므로 특정한 하나의 문제 때문이라고 할 수 없고, 출판사, 작가, 기획사 어느 한곳이 문제라며 원망하기도 어렵다. 그런데 내가 원하는 결과가 나오지 않았다고 상대의 선의를 무시하고 감사해하지 않는다면 어떻게 될까? 그 인연은 거기서 끝이 난다. 일도 중요하지만, 사람을 잃어버리면 다음을 기약할 수 없다.

'갑을 관계'라는
함정에 빠진다

비즈니스 관계는 갑 또는 을로 정의된다. 누가 갑이고 누가 을이냐에 따라 자신의 입장, 손익을 치열하게 계산한다. 손익을 따지는 게 잘못되었다고 할 순 없지만, 계산기를 두드리다 보면 나와 함께 일하는 사람들이 같은 목표를 가진 파트너라는 사실을 잊을 때가 많다. 비즈니스에서 힘의 우월 관계를 중시할수록 사람을 잃기 쉽고, 사람을 잃으면 일도 망칠 가능성이 높아진다. 나는 이러한 경험을 여러 번 했다.

몇 년 전에 있었던 일이다. 갑자기 D작가에게 연락이 왔다. 그의 책은 표지 디자인 작업이 한창이어서 출판사에서 작가에게 디자인 시안 하나를 이메일로 보내왔다. D작가는 표지 시안을 확인하고 마음에 들지 않는데 어떻게 해야 할지 모르겠다며 내게 연락한 것이다. 내가 봐도 표지 디자인이 이상해 보여서, 출판사 담당자에게 연락해서 시안을 새로 작업해서 보내 주었으면 좋겠다고 의견을 냈다.

그런데 출판사 담당자는 펄쩍 뛰면서 작가와 나에게 화를 냈다. 출판사 입장에서는 최선을 다했고, 더 이상의 시안은 없다고 못을 박는 것이었다.

"편집권이 출판사에 있으므로, 작가는 물론이고 에이전시가 나설 권한은 없는 겁니다."

본문과 표지에 대한 편집/디자인 권한이 출판사에 있다는 것은 맞는 말이다. 그렇다고 "당신들이 뭘 안다고!"라는 식으로 작가의 의견을 아예 무시하는 건 바람직한 태도가 아니라고 생각한다. 전문가보다 일반인의 눈이 정확할 때도 많으니까…. 출판사가 책에 관한 한 자신이 최고의 전문가라고 생각해 작가나 기타 다른 이들의 의견을 무시해서는 좋은 결과를 기대하기 어렵다. 서로가 같은 목표를 가졌다는 점을 기억하고 존중하면서 작업해야 한다. 존중감 속에서 시너지가 발생하고 좋은 성과를 기대할 수 있다. 아울러 서로를 좋은 사람으로 기억하면서 다음을 기약할 수 있다.

하지만 출판사 담당자는 D작가의 의견을 외면했고, 자기 의견대로 밀어붙였다. 출간 후 다행히 책이 꾸준하게 잘 팔려서 출판사 담당자는 D작가와 새로운 책을 내고 싶다고 여러 차례 러브 콜을 보내왔지만, D작가는 그와는 두 번 다시 함께 일하지 않겠다고 단호하게 선을 그었다. 갑을 관계의 고압적 태도로 마음의 상처를 준 출판사 담당자는 D작가에게 더 이상 좋은 사람이 될 수 없었다.

이런 일도 있었다. E작가의 초고를 우리 회사 담당 편집자가 검토하고 수정 보완 작업을 거쳐 최종본을 출판사로 송고하였다. 출판사는 해당 원고에서 마음에 들지 않는 부분을 수정하여 E작가에게 검토를 요청하였는데, 작가는 출판사의 수정본이 마음에 들지 않는다며 원래대로 해 달라고 항의하였다. 작가의 항의가 상당히 격렬해서 우리 회사 담당 편집자는 출판사에 요청해서 원고를 받아서 검토했고, 출판사 수정본에 타당한 점이 있음을 확인할 수 있었다. 담당 편집자는 E작가를 만나서 출판사 수정본의 내용을 하나하나 짚으면서 잘된 점을 설명하였다. 그러나 E작가는 단호한 입장이었다.

"내 이름으로 나갈 내 책 아닙니까? 어차피 이 책은 내가 다 팔게 될 것 같으니까 내가 하자는 대로 해 주세요."

우리 회사 담당자는 출판사에 연락해서 E작가와의 미팅 결과를 알려 주었다. 출판사 편집자는 자신의 의견을 깡그리 무시한 작가의 태도에 크게 실망했다. 출판사 사장님과 나도 합세해서 E작가를 설득했지만, E작가는 '이 책은 내 책이고 내가 최고 전문가'라는 입장을 굽히지 않았다. 출판사는 울분을 삼키며 E작가의 말대로 원고 수정을 철회할 수밖에 없었다. 이후 E작가의 책은 어떻게 되었을까? 그가 호언장담(?)한 대로 책은 작가가 가장 많이 팔았다. 상대를 번번이 무시하며 "내가 누군데!"를 외치는 E작가를 위해 발 벗고 뛰어 주는 사람은 없었다.

작가는 자신이 원고를 썼으니 가장 큰 권리가 자신에게 있다고 생각해서, 출판사가 자본을 투자해 책을 만들고 있다는 사실을 잊어

버리기도 한다. 출판에 있어서 출판사는 작가와 동등한 주체로서 일하고 있으며, 시장 관점에서 의견을 제시한다는 사실을 작가는 고려해야 한다.

갑을 관계의 함정에 빠졌던 건 나 역시 마찬가지였다. 출판사에서 보내온 표지 시안이 마음에 들지 않아 출판사 담당자에게 연락해서 "이게 정말 디자인이 맞아요? 그리고 카피는 이게 뭡니까?"라면서 강하게 항의한 적이 있었다. 사람의 시각이 서로 다를 수 있는데 나는 내 관점이 옳다고 여겼고, 내가 CEO라는 점을 의식해서 상대방을 억누르려고 했다. 나중에서야 '내가 왜 그랬을까?'라고 크게 후회했고, 지금도 거래처와 의사소통을 할 때 그때의 일을 교훈처럼 되새기고 있다.

책을 홍보할 때에도 인간관계의 중요성을 뼈저리게 느낀다. 인간관계가 넓고 깊은 작가는 자신의 책을 홍보하기가 한결 수월하다. 좋은 사람들이 앞다투어 자발적 마케터가 되어 그 책을 위해 진심으로 뛰어 준다. 같은 일을 해도 인간관계가 좋은 사람들이 훨씬 더 좋은 성과를 거둔다. 반면 인간관계에 진정성이 없는 이들은 동선이 훨씬 좁다. 이들이 아무리 좋은 상품을 만들어 내도 널리 퍼지는 데는 한계가 있다.

어떤 일이든 나 혼자 하는 일은 없다. 여러 사람들의 합작품이다. 일에 관련된 사람 모두가 한마음, 한뜻으로 똘똘 뭉쳐 뛰어야 좋은 결과를 기대할 수 있다. 내 목적에 따라 사람을 이용하거나, 내 주장만 옳다며 상대를 무시하고 마음에 생채기를 낸다면 과연 상대가 선의지를 다해 뛰어 주겠는가? 그렇게 나온 상품이 대중에게 진심 어린 사랑을 받을 수 있을까? 큰 성과를 내고 싶을수록 사람을 바라보고, 좋은 이들과 인연을 맺으며 함께 선의지를 발휘하자. 내가 좋은 사람이 되면 좋은 사람들과 인연을 맺을 수 있고, 함께 역사를 만들어 갈 수 있다.

좋은 인연이 되는 사람은 따로 있다

"하루 종일 그렇게 사람 만나다 보면 입에서 단내가 나겠다."

나의 일상적인 미팅 스케줄을 지켜본 사람이 이런 이야기를 했다. 어떨 때는 정말 입에서 단내가 날 정도로 미팅을 하고 대화를 나누기도 한다. 혹자는 "의미 없는 만남은 줄이는 게 낫지 않을까?"라고 조언해 주기도 한다. 에너지와 시간을 아끼라는 뜻인데 감사하지만 그렇게 하진 않는다. 사람을 만나는 게 좋으니 나를 만나고 싶어 하는 사람이 있다면 일단 만나고 보는 것이다. 나에게 필요한 만남인지 아닌지를 미리부터 판단하지 않고, 일단 만나서 그 사람을 겪으면서 모든 이들이 다 나에게 좋은 인연이 되지 않는다는 사실을 깨닫게 된다.

처음엔 몰랐지만 나중에 돌이켜 보면 차라리 안 만나는 게 나았을 만남이었고, 심지어 에너지 뱀파이어라는 사실을 깨달으면, 그런 이들과는 적당히 만나고 나의 선의지를 짓밟히지 않으려고 주의한다. 반대로 만날수록 진국인 사람, 배울 점이 많은 사람, 진심으로 나를 응원해 주는 사람을 만나면 인연을 이어 나가기 위해 노력을 아끼지 않는다. 나는 선의지를 가진 분들 중에서도 내가 배울 점이 많은 분들을 좋아하는데, 이런 분들과 만남을 이어 갈수록 나도 성장하기 때문에 그러하다.

앞서 나는 내 경험에 따라 선의지를 가진 이들의 특징을 제시하였는데, 여기서는 특히 나에게 많은 가르침을 주는 인연에 대해 소개하고자 한다. 모두 선의지를 가졌고 지금도 나와 함께 훌륭한 성과를 만들어 가고 있는 분들이다. 좋은 분들과 인연을 이어 가면 함께 성장하고 세상에 조금이라도 기여할 수 있다. 독자 여러분도 지금 자신의 곁에 있는 인연을 되짚어 보고, 이런 분들을 찾아 장점을 배우면서 함께 성장해 나가기를 권한다.

자기 색깔이
확실한 사람

어떤 사람이 가장 매력적일까? 나는 숱한 사람들을 만나 봤지만 자기 색깔이 확실한 사람이 가장 매력적이었다. 어떤 직업인지, 어느 학교를 나왔는지의 차원이 아니라 내가 누구인가를 정확하게 드러내는 사람을 말한다. 자신이 누구인지를 알기에 존재감을 확실히 드러낼 줄 안다.

방송 경력 13년 차인 베테랑 원진주 작가는 2년 전 나와 처음 만났을 때부터 에세이를 쓰고 싶어 했다. 방송 작가로 일하면서 느꼈던 소회, 경험담 등을 바탕으로 사람들을 위로하고 응원하는 이야기를 쓰고 싶다는 것이다. 작가란 직업을 가진 사람이라면 에세이를 쓰고 싶다는 게 당연한 마음이겠지만, 그만큼 작가들 간의 경쟁이 치열한 영역이라서 강력 추천하고 싶지는 않았다.

원 작가는 우리 회사의 도움을 받아 두 권의 책을 출간했는데, 각각의 책 주제를 눈여겨볼 만하다. 첫 책은 방송 작가 지망생들에게 도움이 될 만한 각종 방송 정보와 작가로서의 노하우를 담은 《나는 글 대신 말을 쓴다》(힘찬북스)이고, 두 번째 책은 자신이 그토록 쓰고 싶어 했던 에세이 《솔직하고 발칙하게》(미래와사람)이다. 에세이를 먼저 쓰고 싶어 했으나, 후배 방송 작가들을 양성하는 강의를 보다 적극적으로 하고 싶은 꿈도 있었기에 이렇게 진행한 것이다.

베테랑 방송 작가로서 예비 방송 작가들에게 주고 싶은 콘텐츠를 담은 첫 책, 방송 작가로서 글재주를 살려서 직장인 모두가 공감할 만한 분투기를 담은 두 번째 책 출간. 첫 책과 두 번째 책의 주제를 이렇게 선택함으로써 자신의 직업적 전문성을 확실히 살렸을 뿐 아니라 그토록 소원하던 에세이스트로서의 영역도 구축할 수 있었다.

《장 건강하면 심플하게 산다》(레몬북스)를 쓴 이송주 원장은 책 제목처럼 장 건강에 관심이 많은 내과 전문의이다. 대부분의 현대인이 특별한 지병이 없어도 어딘가 불편한 몸 상태를 느끼는 '반(半)건강' 상태다. 이송주 작가는 출산 후 불어난 살과 나빠진 건강 때문에 고민하다가 해독 영양 요법으로 건강이 좋아진 후 자신처럼 반건강 상태인 이들의 건강 회복에 관심을 갖게 되었고, 책까지 쓰게 됐다. 출간 후에 그는 질병에 걸리기 전에 건강을 유지하기 위한 방법을 연구하는 기능 의학 전문가로서 확실히 자리매김하게 되었다.

활발한 강연과 방송 활동을 하고 있는 이동환 원장은 가정 의학과 전문의로서 오랫동안 만성 피로와 스트레스 관리에 대해 연구해 왔다. 《굿바이, 스트레스》(스타리치북스), 《만성피로 극복 프로젝트》(대림북스), 《이기는 몸》(쌤앤파커스) 등의 책을 집필하였으며, 일반인들을 대상으로 하는 강연뿐 아니라 의사들을 대상으로 만성 피로 클리닉 강좌를 열고, 학회까지 창설하였다. 그야말로 스트레스와 피로, 힐링 분야에서 국내 일인자라 해도 과언이 아니다.

한의사 최용선 원장은 《열독을 풀면 오래된 병도 낫는다》(라의눈)와 《물만 끓어도 병이 낫는다》(라의눈)를 집필했다. 그는 특히 수독(水毒), 열독(熱毒)에 관심이 많아서 열독이 쌓여서 수독을 유발하는 메커니즘을 연구하였고, 아토피성 피부염과 류머티즘 관절염, 불임 등이 열독과 연관성이 있다고 보고 근본 치료를 하는 데 몰두하고 있다.

이송주 원장과 이동환 원장은 의사로서 그리고 최용선 원장은 한의사로서 신체 건강 전반을 모두 진료할 수 있지만, 자신이 관심을 가진 특정한 영역에서 괄목할 만한 성과를 내고 있다. 전 분야를 공략하기보다 자신의 관심사인 한 분야를 집중 공략하는 방법은 성과를 내기에 좋고, 자기 색깔을 내기에도 좋다. 그리고 자기 색깔이 뚜렷할수록 대중에게 각인되기에 훨씬 더 유리하다.

작가의 전문성이 확실하게 드러난 책은 대중의 신뢰를 받을 수 있다.

자기 업에
충실한 사람

　　　　　　　나는 자기 직업에서 프로페셔널한 사람이 성공할 수 있다고 생각한다. 우리 회사를 찾아오는 예비 작가들 중에는 긴 세월을 묵묵히 한길을 걸어온 사람들이 책 출간으로 소위 포텐을 터뜨리는 경우가 적잖다.

　　《집공부》(봄풀출판)를 쓴 손지숙 작가는 30여 년간 고등학교 교사로 일하면서 고3 입시 지도를 했던 경험이 있다. 그는 아이들이 스스로 적성과 재능을 발견할 수 있도록 지도하였고, 우등생이 공부하는 비결, 명문 대학에 진학하는 아이들의 노하우, 부모가 어릴 때부터 아이들을 어떻게 지도해야 하는지를 잘 관찰한 사람이다. 아이들에게 꿈을 찾아 주는 자신의 직업적 사명감에 충실했기 때문에 노하우가 쌓였고, 그 노하우를 책에 꼭꼭 담아서 쓸 수 있었다. 손 작가는 활발하게 강연 활동을 하다가 코로나19 사태를 만난 후 유튜브로 활동 무대를 옮겨서 '손쌤의 교육수다' 영상을 제공하고 있다.

　　이진국 작가는 기업 경영과 IT 솔루션 세일즈 분야에서 20년 이상 활약한 비즈니스/세일즈 전문가이다. 그는 오랫동안 고객들을 만나면서 고객의 말에 숨은 뜻을 발굴하려고 애써 왔고 그러한 성찰을 담아 《고객의 언어》(북카라반)라는 책을 썼다. 나도 그와 회사 차원에서 비즈니스를 진행한 적이 있는데, 고객의 언어를 깊이 있게 연구한 사람답게 우리 회사가 원하는 바를 적극적으로 파악해 비즈니스

솔루션에 반영하는 모습에 깊은 인상을 받았다.

《왜 나만 착하게 살아야 해》(북카라반)를 쓴 김승환 작가는 명상과 고민 상담 코칭 전문가이다. 청년들이 마음의 상처를 치유하고 자신의 꿈을 찾아갈 수 있도록 진심 어린 도움을 주는 사람이다. 그의 책이 출간되었을 때 전국 각지에서 작가와 인연이 있는 청년들이 출간 기념 강연회 자리를 빼곡하게 메우는, 그야말로 진풍경을 연출했다.

《엄마, 하브루타 할래요》(키출판사)의 김현정 작가, 《우리 아이 행복한 두뇌를 만드는 공감수업》(태인문화사)의 추정희 작가는 모두 베테랑 영유아 교육 전문가이다. 수십 년간 유치원 교사 및 원장으로 일하면서 아이들을 사랑으로 양육하였고, 아이들의 인성을 바르게 키우기 위한 교육에 매진해 왔다. 김현정 작가는 두뇌 계발과 인성을 키우는 하브루타 교육, 추정희 작가는 다양한 놀이와 체험, 대화 등으로 행복한 두뇌를 만드는 방법을 연구하고 있다. 두 작가와 대화를 나누다 보면 아이들을 진심으로 사랑하고 존중하는 마음이 전해져 온다.

이처럼 자신의 업에 충실한 사람은 전문가로 인정받을 뿐 아니라 자신만의 콘텐츠를 확실하게 구축할 수 있다. 교사로서, 비즈니스 전문가로서, 명상·상담 전문가로서, 유치원 원장으로서 진심 가득한 마음과 깊이 있는 콘텐츠 모두 갖추고 있었기에 기회를 만났을 때 빛을 발할 수 있었다.

평소 자신의 업에 충실하면서 꾸준히 공부하고 지식을 쌓아 온 사람들은
책을 출간했을 때 자기 영역에서 더욱 확고하게 자리매김할 수 있다.

나와 기질적으로
상호 보완이 되는 사람

　　나는 성격이 단순한 편이다. 하고 싶은 일
이 있으면 계산 없이 "돌격, 앞으로!"를 외친다. 성과를 내기에 유리하지만, 한편으로는 실수가 발생할 가능성이 높고 돈을 잃어버릴 수도 있는 성격이다. 이런 점을 알기 때문에 일할 때 내 성향을 보완해 줄 수 있는 사람을 찾게 된다. 회사 직원을 뽑을 때도 심정적으로는 나와 비슷한 성향의 사람에게 끌리지만, 최종 면접에서는 나와 정반대 성향을 가진 사람을 뽑을 때가 많다. 우리 회사 부서장들 역시 나와 정반대 성격의 소유자들이다. 눈에 보이는 현상보다 이면을 볼 줄 알고, 신중하며, 작은 돈도 치밀하게 계산하는 사람들이다. 난 이런 부서장들과 때로는 부딪치고 다투기도 하지만, 상호 의견을 접목해 보완하면서 잘 지내고 있다.

직원들뿐 아니라 작가들, 출판사 사장님들과 만남을 할 때도 나와 기질적으로 달라서 상호 보완이 가능한 분들에게 꾸준히 연락해서 의견을 청한다. 《리더십, 난중일기에 묻다》(성안당)를 쓴 김윤태 작가도 그런 분들 중 한 분이다. 15년 넘게 이순신 장군의 철학을 연구했고, 경영학 전공자로서 신중하고 꼼꼼하게 사고하는 분이다. 이분과 대화를 나누다 보면 내가 무엇을 놓치고 있는지를 깨닫게 되어 좋다. 《나는 알바로 세상을 배웠다》(미래타임즈)를 쓴 황해수 작가는 책을 낸 후 유튜버가 되었고 지금은 정기 구독자 수 50만 명이 넘는 인플루언서가 되었다. 젊고 혈기 왕성한 청년이라 도전적인 성향이 강하지만, 득실도 꼼꼼하게 따져서 움직이는 성격이라 SNS 마케팅에 대한 자문을 구할 때 많은 도움이 된다.

자기 몫부터 챙기지 않고
전체 그림을 보는 사람

일을 할 때 '어떻게 하면 잘될 수 있을까?'를 보지 않고, '내가 어떤 이득을 얻을 수 있을까?'에 포커스를 맞추는 사람들이 있다. 겉으로는 안 그런 척하지만 속마음은 철저하게 득실을 계산한다. 이런 사람과는 함께하기가 힘들고 함께해도 시너지가 나지 않는다. 자신의 이익보다 전체 그림을 보면서 계획을 짜는 사람과 함께할 때 좋은 성과를 거둘 수 있다.

앞서 소개했던 《어떻게 부자가 될 것인가》(스노우폭스북스)를 쓴 우성민 대표와 《희망을 끓이는 남다른 감자탕 이야기》를 쓴 이정열 의장이 전체 그림을 볼 줄 아는 사람들이다. 이들은 사업 계획을 짤 때 '이 일로 지금 당장 회사가 어떤 이득을 얻을 수 있을까?'보다 '이 일로 우리(자신의 회사와 가맹점, 거래처)가 어떤 이득을 볼 수 있을까?'를 생각한다. 눈앞의 내 몫에 연연하지 않고 자신과 함께하는 '우리'를 보면서 전체적인 사업의 얼개를 짜 나간다. 먼저 선의지를 보여 주니 거래처에서도 최선을 다해 성과를 내기 위해 노력한다. 다른 회사들이 거래처와 여러 문제 때문에 골머리를 앓을 때, 두 회사는 거래처와 믿음과 신뢰를 바탕으로 오래오래 안정적인 비즈니스를 이어 가고 있다.

이런 분들을 보면 눈앞의 이익에 얽매이지 않고 더 큰 성장을 할 수 있는 방법을 배울 수 있다. 기업 생태계가 정글과 같다고 해도,

잘 찾아보면 이 같은 회사를 찾을 수 있다. 이런 회사와 사업을 연계해 나갈 수 있다면 행복한 성장은 꿈이 아닌 현실이 된다.

진짜 잘되는 사람들은 타인을 소중히 여긴다.
자기 몫부터 챙기지 않고 전체 그림을 볼 줄 안다. 이런 분들에게 '진정한 성공'을 배울 수 있다.

인적 네트워크가
활발한 사람

　　　　　　"양 사장님은 '축복의 다리' 같다는 생각이 들어요."

　내가 사람들의 필요를 읽고 매칭을 잘해 주다 보니 3P자기경영연구소의 강규형 대표가 해 준 말씀이다. 참 감사한 평가다. 세상 모든 일이 인간관계 속에서 이루어지기 때문에 나에게 필요한 사람을 만나는 일은 너무도 중요하다. 내가 매칭을 해 줘서 잘 맞으면 그분들은 "덕분에 너무 좋은 사람을 알게 되었다."라며 고마워한다. 내 주변에 선의지를 가진 분들이 많다 보니 이분들을 서로 매칭을 해 주는 것 자체가 나에게도 큰 기쁨이다.

나와 마찬가지로 활발한 인간관계 속에서 더 많은 일을 해 나가는 분들이 있다. 《차라리 혼자 살 걸 그랬어》(책이있는마을)를 쓴 이수경 작가와 《부자들의 습관 버티는 기술》(솔로몬박스), 《그 월급에 잠이 와?》(프롬북스)를 쓴 김광주 작가 역시 인적 네트워크가 활발하다.

활발한 인적 네트워크로 자신이 성장할 뿐 아니라 타인의 성장을 돕는 분들이 있다.
선의지를 가진 이들이 인적 네트워크와 결합하면 시너지가 폭발한다.

인적 네트워크가 활발하면 어떤 점이 좋을까? 우선, 다양한 정보를 얻을 수 있다는 장점이 있다. 현대 사회에서는 정보력 싸움에서 승리한 자가 비교 우위를 점할 수 있으므로, 다양한 직업군의 사람들을 통해 폭넓은 정보를 얻는 것이 중요하다.

둘째, 인적 네트워크가 활발한 만큼 자신의 영향력이 확대된다. 혼자서 도모하던 일에 여럿이 참여하면 그만큼 일의 규모가 커지고 성과도 달라지게 된다. 그래서 비전이 큰 사람일수록 인적 네트워크를 구축하는 데 힘써야 하고, 인적 네트워크가 활발한 사람과 유대 관계를 맺어야 한다. 이수경 작가는 행복한 가정 철학을 전파하는 강연과 코칭, 김광주 작가는 직장인들의 재테크와 청년 창업 코칭 등에 비전을 갖고 있는데, 여기에 인적 네트워크를 적극적으로 활용해 큰 성과를 이루어 나가고 있다. 선의지를 가진 이들이 인적 네트워크와 결합하면 훨씬 더 많은 이들에게 선한 영향력을 전파할 수 있다.

인적 네트워크는 단순히 '아는 사람'을 말하는 것이 아니다. SNS상에 '좋아요'로 존재하는 관계를 말하는 것도 아니다. '좋아요'가 수십만 개라도 외로울 때 전화해서 마음을 나눌 사람이 없다면 아무 소용이 없는 것이다. 진심으로 신뢰하고 무엇인가를 함께 시도해 볼 수 있는 사람들을 많이 만들어 가야 한다. 갈수록 인간관계가 가벼워지고 코로나19 때문에 만남이 쉽지 않은 세상이지만, 이 두려움의 시대가 언젠가 끝나면 대면에 힘쓰면서 인적 네트워크를 만들어 가자. 선의지를 가진 이들과 인적 네트워크를 쌓아 가면 무엇보다 나에게 힘이 되고, 무슨 일을 하든지 시너지를 낼 수 있다.

좋은 사람들과 인연을 맺기 위해 내가 해야 할 일

비즈니스 계약을 앞두고 A, B회사가 만났다. B회사 담당자는 A회사 담당자에게 이런 말을 늘어놓았다.

"제작 비용 결제는 제때 정확히 해 주셔야 합니다. 하루라도 늦어지면 즉시 작업 중단이에요."

"단가가 너무 낮네요. 그쪽 이익이 너무 큰 거 아닌가요? 무조건 높여 주세요."

원하는 것을 신나게 읊은 B회사 측은 정작 자기 역할에 대해서는 관대했다.

"공장 스케줄이 있어서 납품 날짜를 못 맞출 수 있습니다. 적어도 한두 달 정도는 양해해 주셨으면 합니다."

과연 A와 B는 함께 일하게 되었을까? 그들의 만남은 그날이 마지막이 되고 말았다.

터무니없는 이야기라고 생각할지 모르겠지만, 비즈니스뿐 아니라 인간관계에서도 일방적인 헌신 관계를 기대하는 이들이 있다. 마치 이성을 만날 때 '늘씬한 키와 매력적인 외모에, 대기업에 다녀야 하고, 결혼할 때 아파트 한 채는 사 줄 능력이 있는 집안이어야 한다.'라고 기대하면서, 정작 자신은 도무지 일할 생각도 없이 빈둥빈둥하는 것처럼 말이다. 이래서는 좋은 인연을 기대할 수 없고, 기대해서도 안 된다.

나는 좋은 사람들과 인연을 맺고 싶다. 과거에는 무조건 사람이 좋았지만 인간관계로 마음고생을 한 후에는 에너지 뱀파이어들을 피하면서 좋은 이들과 인연을 맺어야겠다는 생각이 들었다. 선의지를 가진 이들과 오래오래 만나면서 행복해지고 싶고, 이 행복감을 다른 이들에게도 널리 전하고 싶다.

법정 스님의 '함부로 인연을 맺지 마라'라는 글을 보면 "진정한 인연이라면 최선을 다해서 좋은 인연을 맺도록 노력하고, 스쳐 가는 인연이라면 무심코 지나쳐 버려야 한다."라는 문장이 있다. 나는 이것을 보면서 선의지의 소유자를 찾는 데 힘써야 하지만, 이들과 인연을 맺기 위한 나의 노력도 못지않게 중요하다는 생각이 들었다. 좋은 인연을 맺고 싶은 마음은 모두가 똑같다. 선의지를 가진, 좋은 이들과의 인연을 간절히 기대하면서 정작 나는 아무런 매력이 없어서야 되겠는가? 위의 사례처럼 행동해서는 어느 누구와도 인연을 맺기 어려울 것이다. 양광모 시인의 "만남은 인연이고 관계는 노력이다."
라는 말처럼 나 역시 매력적인 사람이 될 수 있도록 노력해야 한다.

내 매력을 뽐낼 '명함'을
가지고 있는가?

우리 회사 명함은 특이하다. 길쭉한 직사
각형의 종이가 접힌 형태로 앞면에 이름과 연락처, 이메일 등이 인쇄
돼 있고, 안쪽 면에는 우리 회사의 주요 부서에 대한 소개가 들어 있
다. 이렇게 특이한 형태로 명함을 만든 것은 우리 회사의 다양한 업
무를 정확하게 소개하기 위해서이다. 처음 미팅 자리에서 나에게 무
덤덤했던 사람들도 이 명함을 보고 나면 눈빛이 달라진다. '진짜 출
판 전문가를 만났구나.' 하는 만족감이 담겨 있다.

나는 전문가를 만나길 기대한다. 그들을 통해 내가 몰랐던 것
들을 배우고 싶다. 그러자면 나 역시 출판 전문가로서 상대방이 책
을 만드는 것을 도울 수 있다는 사실을 알려야 한다. 비즈니스 현장
에서 내가 이러저러한 능력이 있는 전문가라는 것을 드러내는 건 매
우 중요하다. 그래서 난 명함의 형태부터 전문성이 확연히 드러날
수 있게 만든 것이다.

내가 강조하는 것은 단지 종이로 만든 명함 자체가 아니다. 누

구를 만나든 내가 하는 일을 정확하게 설명할 수 있어야 한다는 것이다. 자신의 강점을 간단하면서도 명료한 표현으로 말할 수 있어야 한다. 그런 소개를 들었을 때 상대는 '이 사람과 어떤 일을 할 수 있겠구나.' 하고 생각하면서 호감을 가질 수 있다.

혼자 간 목욕탕에서
등을 밀고 싶을 때

　　　　　　　　　　　몇 년 전에, 혼자 목욕탕에 갔는데 등을 밀고 싶었지만 당연히 손이 닿지 않았다. 주위를 둘러보니 나처럼 혼자 온 듯한 사람이 눈에 띄었다. 동행한 사람이 없는 듯했고 열심히 때를 밀고 있었지만 등은 깨끗했다. 아마 등만 못 민 것 같았다. 나는 그에게 다가가서 "괜찮으시다면 등을 밀어 드릴까요?"라고 말을 건넸고, 내 말을 들은 그 사람은 반색하며 미소를 지었다. 감사하다는 인사를 받고 그의 등을 시원하게 밀어 주었고, 그 사람도 내 등을 밀어 주었다. 나중에 그는 요구르트까지 건네주었다. 등을 밀어서 기분이 상쾌한 데다 공짜 요구르트 덕분에 기분이 더욱 좋아졌다.

　내가 그에게 "제 등 좀 밀어 주시겠어요?"라고 하지 않은 이유가 있다. 처음 보는 이에게 다짜고짜 내가 원하는 것부터 말하는 건 무례해 보일 수 있기 때문이다. 그보다는 상대방에게 필요할 만한 것을 먼저 알아보고 해결해 준 다음에, 내가 원하는 것을 요청하면 훨씬 더 부드럽게 소통할 수 있다. 내가 필요해서 말을 청했지만 상대의 욕구부터 읽어 주는 것이다. 상대의 욕구부터 읽고 채워 주면 나에게 호감을 갖게 되고, 그의 선의가 자극되어 내 욕구에도 적극적으로 반응하게 된다.

사람을 만날 때도 그렇다. 지금이야 내가 필요하다며 만남을 청해 주는 분들이 많지만, 사업을 처음 시작할 때만 해도 내가 필요해서 만나자고 청한 미팅이 훨씬 많았다. 상대의 욕구가 아닌 나의 욕구에 따른 미팅이므로 상대 입장에서는 나에게 기대할 게 별로 없는 것이다. 그래서 난 항상 상대가 원하는 것부터 물어보는 습관을 갖게 되었다. 미팅을 하기 전 먼저 상대에 대한 기본 정보를 파악해서 어떤 욕구가 있을지 예상하고, 그 욕구에 내 욕구를 맞추어 보는 것이다. 예를 들어, 내가 해외 출판물의 저작권 계약을 희망하고 있다면, 주요 거래처인 출판사 사장님들의 관심사를 미리 파악해서 내가 팔고 싶은 아이템과 비슷한지를 알아본다. 비슷하다고 판단되는 출판사의 사장님에게 미팅을 청해서 해외 출판물을 소개하고 저작권 계약을 권한다. 출판사 사장님은 '의례적인 책 정보를 듣겠지…' 라는 생각으로 미팅에 참여했다가 자신이 기대하던 아이템을 접하고 반색을 표한다.

우리가 물건을 사기 위해 상점을 찾았을 때도 마찬가지다. 점원이 "신상품이 있는데 한번 사용해 보시겠어요?"라고 묻는 게 좋을까, "제가 도와 드릴 일이 있으시면 말씀해 주세요."라고 말하는 것이 좋을까? 점원의 의도는 둘 다 같겠지만 관점의 차이가 있다. 전자는 '나는 당신에게 물건을 팔고 싶습니다.'라는 의미가 포함돼 있는 반면에, 후자는 '나는 당신을 도와 드리고 싶습니다.'의 의미가 강하다. 어느 쪽이 상대의 마음을 울려서 나에게 다가오게 만들 수 있을까? 당연히 후자다. 내 욕구를 들이대지 말고 상대의 욕구를 먼저 읽어 줄 때, 좋은 이들과 소중한 인연이 시작될 수 있다.

상대의 말에 집중하고
예민하게 반응하기

내 휴대폰에 저장돼 있는 연락처는 어림잡아 4천 개가 넘는다. 이 숫자는 앞으로도 늘어날 것이라 이분들과 관계를 유지해 나가는 게 쉬운 일은 아니다. 물론 모두와 긴밀한 관계를 유지하는 건 아니지만, 내가 진심으로 믿고 의지하는 분들과는 꼭 정기적으로 만남과 연락을 유지하려고 노력한다.

만남을 가질 때는 대화에 충실하려고 노력한다. 업무적인 주제에 충실하게 대화하면서 사적인 주제들도 섞어서 친밀감을 높인다.

"전에 만났을 때 초등학생 아이를 키우고 있다고 하셨죠? 이번에 저희 회사가 진행한 책 중에 아동서가 있는데, 출간되었거든요.

내용이 아주 좋아요. 한 권 드릴게요."

"아드님이 창업을 준비 중이시면 그 과정을 생생히 지켜보고 계시니까 작가님이 다른 사람들 창업 멘토링하실 때도 많은 도움을 받으시겠는데요."

이렇게 사적인 주제들을 끌고 와서 대화에 섞는 것이다. 이렇게 하면 상대는 내가 자신의 말을 집중해서 듣고 있고 예민하게 반응하고 있다며 만족해한다.

또한 상대의 말에 최대한 집중하여 그가 어떤 바람을 갖고 나를 찾아왔는지를 체크한다. 대화 내용 중에 낯선 내용이나 모르는 단어가 나오면 곧바로 물어본다. 대개 모르는 걸 물어보는 것을 부끄럽게 생각하지만, 난 그렇지 않다. 아는 척하고 넘기는 것보다 현장에서 물어봐야 오해의 소지가 없다. 이렇게 집중해서 들으면서 꼭 기억해야 할 내용은 바인더에 적어 두어 나중에 상대와 소통할 때 활용한다. 적어 두지 않으면 기억하기가 힘들므로 기록은 필수다.

자꾸 휴대폰이 울리고 사무실로 불쑥 찾아오는 손님들이 있어서 대화가 끊어지기도 하는데, 이런 산만한 상황 때문에 상대의 말을 제대로 듣지 못했을 때는 "제가 어떤 걸 도와 드리면 좋을까요?"라는 취지의 질문을 꼭 한다. 미팅에 참석한 동석자에게 미팅 직후 바로 내용을 확인하기도 한다. '제대로 못 들었으니 나중에 물어봐야지…'라고 생각하고 미루면 바쁜 스케줄에 쫓겨 놓치기가 쉬우므로 그때그때 현장에서 확인하는 것이 중요하다. 상대의 필요를 정확하게 알아내야 그에 맞는 도움을 줄 수 있다. 상대가 가려워하는 곳을 정확히 긁어 주어야 하는 것이다.

딱 한 번만 잘해 준다고
내 사람이 될까?

나는 매달 꽤 많은 비용을 밥값, 찻값으로 사용한다. 미팅 때 상대가 돈을 내기를 기다리기보다 내가 내려고 하는 편이다. 선물도 적잖이 한다. 내 방에는 각종 비타민 음료, 건강 보조 식품, 간식거리 등이 쌓여 있다. 한꺼번에 구입해서 사무실에 두고 소중한 분들과 만날 때마다 선물하기 위해서다. 내가 사용해 보고 효과를 본 상품은 여러 개를 사서 지인들의 집에 택배로 보낸다. 하도 다양한 물품을 사무실에 쌓아 두니 이 모습을 본 어떤 이는 "양 사장은 출판인이 아니라 만물상 같다."라며 웃음을 터뜨리기도 했다. 다양한 먹을거리, 건강 보조 식품 등은 회사의 탕비실에도 항시 구비돼 있다. 나는 항상 '1차 고객'이 직원들이라고 생각한다. 그래서 직원들의 건강을 챙기는데, 먹을거리나 영양제 등이 바닥나기 전에 늘 채워 놓는다.

소중한 이들과 회사 직원들을 꾸준히 챙기는 것은 내가 돈이 남아돌아서가 아니다. 내 마음을 표현하기 위해서다. '당신은 내가 소중하게 생각하는 사람'이라는 사실을 말과 물질로 함께 표현하는 것이다. 값비싼 물건을 선물한다고 좋은 이들의 마음을 사로잡을 수 있는 것은 아니지만, 나의 마음을 좀 더 강하게 표현하기 위해 부담 없는 수준의 선물을 하는 것이다.

마음의 표현은 지속적이어야 한다. 일 년에 딱 한 번만 마음을 표현하는 것보다 평소에 꾸준히 마음을 표현해야 관계가 더 돈독해질 수 있다. 그래서 난 특별한 날이나 명절뿐 아니라 평범한 날에도 선물한다. 백화점 세일즈 매니저이자 《나에게 불황은 없다》(태인문화사)를 쓴 전현미 작가는 자신의 성공 비결로 고객을 진심으로 응대해 친구로 삼는 것을 꼽았다. 단지 성공을 위해 표면적으로 잘한 것이 아니라, 자신을 찾아 준 고객에게 진심으로 감사한 마음을 가졌기에 매 순간 정성을 다한다. 누군가와 친구가 되려면 진심을 주고받되, 지속적이어야 한다. 전 작가가 최선을 다하자 그에게 감동한 고객들이 모두 핵심 고객이 되었다. 한 사람에게 호의를 베풀어도 그 사람이 감동하면 더 많은 사람들을 내 앞으로 데리고 온다. 한 사람에 대한 진심이 수백, 수천 명에게까지 확산될 수 있는 것이다.

지금까지 내가 만났던, 선의지의 소유자들은 마음이 따뜻한 사람들이다. 자신의 마음이 따뜻하므로 다른 사람에게 마음을 나눠 주고, 그렇게 마음을 주고받으며 행복해하는 사람들이다. 이런 분들과 오래오래 인연을 이어 가고 싶다면, 꾸준하게 내 마음을 전하자. 그래야 상대가 내 마음을 알아보고 내게 진정성을 보여 줄 것이다.

깔끔한 이미지와
밝은 표정

"와~ 정말 멋쟁이시네요!"

미팅 자리에서 많이 듣는 말이다. 화사한 색감의 드레스 셔츠, 날렵한 넥타이에 고급스러운 행커치프까지, 상대는 내 옷차림을 보면서 내가 그날 미팅을 위해 신경을 많이 썼다고 짐작한다. 그러면 내 옷차림을 화제로 삼으면서 미소를 짓는다. 자신을 만나기 위해 머리끝부터 발끝까지 신경을 쓴 사람을 보고 호감을 갖지 않을 수 없다.

첫 만남 때 어떤 인상을 주느냐는 참 중요한 문제다. 거래처와 미팅할 때 그리고 회사에 고객이 연락해 왔을 때 직원이 첫 응대를 정말 잘해야 한다. 그가 어떤 인상을 주느냐에 따라 기업에 대한 전체적인 이미지가 각인되므로, 첫 응대에 진심을 담아서 예의를 갖춰 응대하도록 해야 한다. 첫인상을 망치면 다음 만남도 기약할 수 없고, 고객의 첫 접촉에 불성실하게 응대하면 충성 고객 확보는 불가능해진다는 사실을 기억해야 한다.

나는 CEO이자 홍보 마케터로서 누구를 만날 때마다 첫인상을 좋게 전하기 위해 노력한다. 옷차림에 신경을 쓰는 것도 그 때문이다. 외형적으로 좋은 인상을 주지 못한다면 내가 말하는 내용 역시 외면당할 수 있다고 생각해서다. 그래서 나는 항상 외모를 최대한 산뜻하게 꾸미려고 노력한다.

외모를 꾸민다고 해서 화려하고 비싼 옷이나 장신구를 걸쳐야 한다는 것은 아니다. 깔끔하게 씻고 깨끗하게 세탁한 옷을 입는 것만으로도 좋은 인상을 줄 수 있다. 미팅을 위해 신경을 썼다는 인상을 주는 것이 중요하지, 재력 자랑을 하라는 것이 아니다. 언젠가 미팅 자리에서 만난 상대방이 구깃구깃한 셔츠와 바지 차림을 하고 온 것을 봤다. 어깨에는 하얀 비듬이 떨어져 있었다. 나는 그날 미팅을 위해 아침에 세탁소에 다녀왔는데, 상대는 너무나 무성의한 모습이었다. 그래서인지 그날 미팅은 큰 의미 없이 끝났다.

깔끔한 옷차림과 아울러 중요한 것은 표정이다. 입꼬리를 살짝 올리고 미소를 머금은 표정을 유지하는 것이다. "웃는 얼굴에 침 못 뱉는다."라는 속담처럼 좋은 인상을 주는 사람에게 함부로 하는 이는 없다.

나는 누구를 만나든, 어느 자리에서든 잘 웃는다. 의견 대립이 있어도, 누군가가 나를 기분 나쁘게 하더라도 잘 웃는다. 언젠가 어떤 출판사와 첫 미팅을 했는데, 나는 약속 시간보다 더 일찍 회사에 도착해서 대기했는데도 출판사 사장님이 오지 않은 적이 있었다. 한참 기다리다가 사장님과 전화 연결이 되었는데, 알고 봤더니 사장님이 전날 술을 마셔서 늦잠을 자느라 약속을 지키지 못한 것이었다. 회사 직원들이 민망해했지만 나는 기분 좋게 웃으면서 "괜찮습니다. 다음에 찾아뵈면 되지요." 하고 통화를 마무리했다. 그분과 다시 약속해서 만났는데, 나에 대한 미안함과 고마움이 더해져서인지 굉장히 잘해 주었다. 이 회사는 몇 년간 우리 회사 매출의 일등 공신이 되었고, 사장님과 나는 지금까지 돈독한 관계를 유지하고 있다.

　내가 웃는 낯으로 있으니 함께 자리한 사람들도 누그러진 표정을 짓게 된다. 차츰 경직된 분위기가 풀어지고 보이지 않던 마음의 장벽이 낮아진다. 다툼이 있어도 타협과 합의가 가능해진다. 미소의 힘이 생각보다 큰 것이다. 그래서 혹시 긴장감이 드는 자리에 가더라도 표정을 밝게 가지도록 노력해야 한다. 미소를 지으면 나부터 행복해지고 상대에게도 행복한 마음을 안겨 줄 수 있다.

Yang's Tip
좋은 사람들과 인연을 맺기 위해 나는 무엇을 갖추어야 할까?

- 명함(단순히 종이 명함이 아니라 내 강점을 정확하게 표현하는 것을 말함)
- 상대의 욕구를 먼저 읽고 채워 주기
- 상대의 말에 집중하고 예민하게 반응하기
- 꾸준히 잘해 주기
- 깔끔한 이미지와 밝은 표정

선의지를 가진 이들과 연대하는 방법

애덤 그랜트는 《기브 앤 테이크: 주는 사람이 성공한다》(생각연구소)에서 사람들을 테이커(Taker), 매처(Matcher), 기버(Giver)로 구분해 설명한다. 테이커(Taker)는 전략적인 인물형으로 자기 노력 이상의 이익이 돌아올 경우에만 남을 돕는다. 매처(Matcher)는 자신이 얻을 손해와 이익의 균형을 맞추려고 노력하는 인물형으로, 상부상조의 원리를 내세우면서 자기 이익을 보호한다. 기버(Giver)는 자신이 들이는 노력이나 비용보다 타인의 이익이 더 클 때 남을 돕는 사람들이다. 자기 이익을 계산하지 않고 아낌없이 주기에 기버라고 부르는 것이다.

이 책에는 스탠퍼드 대학교 심리학자들의 연구 결과가 소개되어 있다. 그들의 연구에 따르면, 미국인은 독립성을 힘의 상징으로 보고 상호 의존성을 나약함의 신호로 받아들이는데, 이런 관점은 테이커에게 많이 나타난다고 한다. 반면에 기버는 상호 의존성이 나약함의 상징이라는 관념을 거부하고, 이를 힘의 원천으로 보고 여러 사람의 능력을 이용해 더 훌륭한 결과를 낳는 방법으로 여긴다고 한다.

나는 기버의 관점에 전적으로 동감한다. 사람은 홀로 있을 때는 나약하다. 하지만 작은 촛불이 모여서 커다란 횃불이 되는 것처럼, 사람들이 모여서 서로 의지하고 도우면 커다란 변화를 이루어 낼 수 있다. 그래서 난 모임을 적극 권한다. 사람은 본래 사회적 동물이라 다른 이들과 상호 작용하면서 살아가야 하고, 혼자 있는 것보다 연대할수록 훨씬 더 강해진다.

40대 직장인인 A는 "좋은 분들을 만나고 싶어서 직장인들 모임에 나갔는데요. 지속적으로 가게 되지 않더라고요."라고 말했다. 그는 제2의 인생을 설계하기 위해 고민하다가 다양한 이들을 만나서 경험을 주고받으면 도움이 될 것 같아 여러 모임에 나갔다고 했다. 그런데 생각보다 도움이 되지 않아서 결국 발길을 끊었다는 것이다.

사람들이 모여 있다고 해서 다 좋은 영향을 주고받는 것은 아닌 것 같다. 서로 시너지가 날 만한 모임은 따로 있다. 나는 주변의 선한 이들과 연대하는 온오프라인 모임을 유지하고 있으며, 이를 통해 훌륭한 성과를 만들어 가고 있다.

서로의 발전을 응원하고
콘텐츠를 쌓아 가는 스터디 모임

우리 회사는 2012년부터 국내 작가들과 출판 기획을 해서 출판 계약을 성사시키는 업무를 진행하고 있다. 2000년대 중반 이전에도 했었지만 1년 정도 하다가 중단했고, 2012년에 다시 시작하였다. 여기에 2016년 10월부터 책 쓰기 강좌 프로그램을 운영하기 시작하면서 국내 작가들, 특히 신인 작가들과 더 많은 접점을 이루어 가고 있다.

국내 출판 기획 및 책 쓰기 강좌는 우리 회사의 국내 기획 부서가 담당한다. 출판 아이템을 기획하고 목차와 샘플 원고, 기획안을 만들어 출판사들에 소개해 계약을 성사시키고, 작가가 원고를 잘 집필할 수 있도록 도우며, 출간 후 홍보 마케팅과 판매 부수와 인세 보고까지, 책을 직접 만드는 것만 빼고 출판의 전 과정에서 작가들과 수시로 소통한다. 담당 편집자가 주도적으로 움직이지만, 출판 계약과 홍보 마케팅은 내 업무라서 나 역시 바쁘다. 그렇게 분주하게 지내다가 출간 후 대략 3개월 정도가 지나면 차츰 연락이 줄어들고 4, 5개월이 넘어서면 정기적인 안부 연락과 판매/인세 보고를 하는 정도의 사이기 된다.

작가들 중에 좋은 분들이 너무 많은데 특별한 이슈가 없어서 자주 볼 수 없다는 점이 안타까웠다. 작가들 역시 함께하고 싶은 이들이 많은데 그럴 만한 장이 없는 것이 아쉽다고 나에게 이야기를 전해 왔다. 특히 책 쓰기 수업에 참여했던 분들이 종강 이후 후속 모임을 갖고 싶다는 욕구가 강했다. 기수들끼리 혹은 마음 맞는 분들끼리 자체적으로 모이는 경우가 있었는데, 좀 더 기수를 아우르는 통합적인 모임이 있었으면 좋겠다는 것이었다. 그래서 나는 작가들에게 모임을 만들면 후원해 드린다고 적극 권했고, 여러 모임이 만들어졌다.

내가 직접 참여하는 모임도 있는데, 이는 홍보 마케팅 창구로서 분명한 목적을 가진 것이다. 모두 책을 출간한 작가들로, 2020년 하반기 기준으로 약 20명 가까운 인원이 모인다. 함께 연대해서 책 홍보를 해 나가자는 게 목적이다. 방송국에 인연이 있는 분, 교육업계에 발이 넓은 분, 기업 교육 담당자 및 도서관 사서들과 친분이 있는 분, 파워블로거, 팟캐스트 진행자, SNS 마케팅 전문가 등 개개인의 역량과 개성이 강한 분들이 모여 있다. 홍보 마케팅을 모두 물리적인 비용이 발생하는 방식으로 진행하면, 작가와 출판사 모두에게 큰 부담이 되기 때문에 인맥 마케팅을 한다고 보면 된다. 물론 이 모임은 단기 이익을 추구하지 않는다. 계속 강조해 왔듯이, 이 모임의 참석자들은 모두 선의지가 있어서 타인을 적극적으로 돕겠다는 의지가 강하다. 선의지를 가진 작가들 중에서도 서로 시너지를 낼 수 있는 사람들이 모인 것이지, 수익만을 추구하기 위한 모임은 아니다. 어떤 경우에도 진심과 정성이 빠진 인맥을 가져서는 안 된다. 상대를 진심으로 좋아하고 존중하는 마음으로 일해야 하며, 나의 잇속만 챙기는 얄팍한 마음으로는 어떤 모임도 유지하기 힘들다.

작가들이 자발적으로 만든 모임 중에 '작작모'(작가들이 작정하고 만든 모임의 줄임말)가 있다. 상업적 목적이 없는, 순수한 스터디 모임으로, 대개 한 달에 한 번 만나는 것을 목표로 한다. 모임에서는 각자 공부해 온 것을 발표하고 근황을 공유하기도 한다. 시장에 대한 다양한 정보, 향후 전망도 주고받는다. 이를테면 미래 세대가 종이책에 익숙하지 않고 영상이나 온라인 매체에 더 익숙한 현실에 대한 고민, 앞으로 종이책 출판이 소규모 주문 제작 형태로 가지 않을까 등과 같은 이슈들을 나눈다. 이를 통해 강의나 책 주제를 발상하는 데 도움을 받고, 미처 몰랐던 시장 정보를 파악하며, 불확실한 미래에 어떻게 대응할 것인지를 함께 생각한다. 참석자들은 강의하고 책을 내는, 같은 목적을 가진 사람들끼리 함께하면서 서로를 격려하고 더 좋은 콘텐츠를 개발하는 데 도움을 받아서 좋다고 말한다. '작작모' 외에도 책 쓰기 강좌 수강을 마친 분들의 비정기적인 기수별 모임 등이 있다.

나는 '작작모'에 장소 대여 등을 후원하고, 가끔 모임에 참여해 작가들과 친분을 나눈다. 우리 회사가 어떤 형태로든 이익을 얻겠다는 목적을 가지면, 모임의 순수성이 사라지기 때문에 나는 기급적 참여하지 않는다.

지금은 코로나19 때문에 정기적인 모임을 유지하기가 쉽지 않지만, 이 사태가 물러가면 다시금 활발하게 모일 예정이다. 선의지를 가진 이들과 함께 성장하고 싶다면 이런 스터디 모임에 참여하거나, 마음이 맞는 지인들과 모임을 만들어서 활동한다면 많은 도움을 받을 수 있을 것이다.

다양한 이들과 소통하며
지식과 교양을 쌓는 독서 모임

나는 8년 전에 강규형 대표의 책 기획차 처음으로 양재나비(3P바인더연구소의 강규형 대표가 이끄는 전국 규모의 독서 모임 '나비'가 있다. 양재나비는 본진에 해당하는데, 강 대표의 회사가 이전하면서 이제는 송파구 문정동에서 '문정나비'란 이름으로 열리고 있다)에 참여했다가 신선한 충격을 받았다. 정말 다양한 직업과 연령대의 사람들이 이른 새벽 한자리에 모여 책에 대한 열정을 불태우고 있었다. 이후 나는 몸이 아프거나 별다른 스케줄이 없는 한 꼬박꼬박 독서 모임에 참여했다. 늘 책과 작가와 가까이하는 직업이지만 훨씬 더 다양한 직종의 사람들, 나보다 훨씬 어린 연령대의 청소년들까지 만날 수 있는 모임의 매력에 푹 빠졌기 때문이다.

6년 전에는 아예 독서 모임(우리 회사가 서울시 마포구에 있어 '마포나비소풍'이라고 이름을 붙였다)을 만들어 2주에 한 번씩 회사 사무실에서 모임을 진행하고 있다. 양재나비를 보면서 나도 언젠가 이렇게 선한 영향력을 끼치는 독서 모임을 만들고 싶다고 다짐했는데, 용기를 내어 실천하게 된 것이다.

우리 회사 앞쪽에 제법 넓은 빈 공간이 있는데, 그 공간에서 모임을 진행한다. 60인 기준으로 의자와 테이블도 별도로 제작해서 구비하였고, 매 모임마다 간단한 간식을 준비해 제공한다. 시작한 후 몇 년 동안 회비가 없었다가, 지금은 참여자들의 권유로 어쩔 수 없이 약간의 회비를 받고 있다.

처음엔 지인들 중심으로 다섯 명 정도 모였는데, 이제는 지역 주민들뿐 아니라 타 지역에서 찾아오시는 분들이 많아졌다. 참여 인원이 많아지면서 광명하늘소풍, 지우소풍, 강남행복소풍 등 세 개의 모임이 추가로 만들어졌다. 단톡방과 인터넷 카페를 통해 책을 공지해서 미리 읽도록 하고, 당일에는 사람들과 토론하고 작가 강연도 듣는다. 우리 회사가 기획한 책, 책 쓰기 강좌를 통해 탄생한 책이 주요 대상인데, 꼭 우리 회사와 관련이 없더라도 내용이 좋으면 선정해 함께 나눈다.

처음 독서 모임을 만들겠다고 결심했을 때, 회사 직원들의 반대가 컸다. 회사 수익이 발생하는 일도 아닌데 일정한 비용과 대표 이사의 시간을 쓰는 것이 괜찮은지에 대한 고민 그리고 회사 사무실 공간을 불특정 다수에게 오픈하는 데에 대한 부담이 컸다. 책 홍보를 하고 싶다면 이미 좋은 유대 관계를 유지 중인 독서 모임을 활용해도 충분하다는 의견도 있었다. 하지만 나는 독서 문화 확장이라는 사명감에 사로잡혀 있었기에 반대를 불사하고 모임을 만들었다. 직원들의 염려처럼 여러 가지 부담을 감수해야 하지만, 독서를 통해 성장하는 사람들이 많다는 사실을 확인했기 때문에 멈추고 싶지 않다.

다양한 직군의 사람들 그리고 다양한 연령대의 사람들이 한자리에 모여서 그야말로 계급장을 떼고 자유롭게 자신의 의사를 펼칠 수 있는 자리가 독서 모임 말고 어디에 있을까? 게다가 작가 직강을 통해 풍부한 지식 정보를 얻을 수 있다. 많은 이들이 다양한 경험을 쌓기를 바라는데, 독서 모임은 그야말로 최적의 장소다. 자신의 직업, 늘 만나는 사람들하고만 교류하던 일상에서 벗어나 새로운 경험, 새로운 인맥을 쌓고 싶다면 독서 모임에 참여할 것을 권한다.

시공간 제약이 없는 소통의 장, 인터넷 카페 · 유튜브 채널

이제는 인터넷을 빼놓고 소통을 말할 수 없다. 정통 소통 방식은 대면이지만, 비대면 온라인 소통도 중요한 시대가 되었다. 코로나19 팬데믹 시대에 비대면 소통은 더더욱 힘을 얻고 있다. 대면 소통의 중요성을 놓치지 않으면서 비대면 온라인 소통 역시 활용하면 좋을 것이다.

인터넷에 들어가면 정말 많은 카페들이 있다. 다양한 정보와 관심사를 나누는데, 자신의 관심 분야에 맞는 인터넷 카페에 가입해 소통하는 것도 연대의 좋은 방법이라고 생각한다. 난 출판계에 몸 담고 있는 사람으로서 2006년부터 서평 카페 '책과 콩나무'를 만들어 운영하고 있다. '책과 콩나무(책콩)'는 대한민국의 거의 모든 출판사가 이용하는 서평 카페이다. 출판사에 무언가 도움이 될 만한 게 없을까를 고민하다가 책을 홍보할 수 있는 온라인 카페를 만들게 된 것이다. 당시 서평 카페가 여러 곳이 있었는데, 책콩처럼 기업이 전담 직원을 두고 체계적으로 관리하는 곳은 드물었던 것 같다.

처음에 책콩은 후발 주자로서 꼴찌와 다를 바 없었다. 그런데 수차례 네이버 대표 카페에 선정되었을 만큼 이제는 대한민국 최고의 서평 카페로 자리매김하였다. 나는 10년 넘게 억대의 운영 비용을 투자하면서 카페를 유지하고 있다. 인기 있는 카페가 되자 광고를 하고 싶다며 문의가 많았으나, 나는 우리 카페가 상업적으로 보이면 안 된다는 생각에 거부했고 억대의 비용을 줄 테니 카페를 팔라는 제안 역시 거부했다. 막대한 운영비를 들여서 운영해도 누가 칭찬해 주지 않고, 내가 카페를 하지 않는다고 뭐라고 할 사람도 없다. 그러나 우리 회사와 함께 호흡하는 다수의 출판사에 도움이 된다는 뿌듯함으로 지금까지 책콩을 운영 중이다. 서로가 서로를 도와줄 때 진짜 오래가는 관계가 되는데, 이것만으로도 책콩의 존재 이유는 충분하다.

나는 책콩을 운영하면서 그리고 책 홍보 마케팅 활동을 하면서 인터넷의 위력을 뼈저리게 느끼고 있다. 인터넷은 시공간의 제약 없이 그리고 작은 창 하나에서도 엄청난 수의 사람들과 동시에 만날 수 있다는 장점이 있다. 인터넷 카페뿐 아니라 유튜브 채널도 마찬가지다. 같은 관심사를 가진 사람들이 온라인에서 활발히 소통하고 오프라인에서도 만난다. 온라인에서 친분을 쌓았기 때문에 오프라인에서 만나도 어색하지 않고 금세 어울릴 수 있다. 그래서 좋은 사람들과 만남과 연대를 원하는 사람이라면, 자기 관심사에 맞는 인터넷 카페와 유튜브 채널에 가입해 활동할 것을 권한다.

지금까지 수없이 많은 만남을 이어 왔다. 한때는 사람을 많이 만나는 것을 자랑처럼 여기던 시절도 있었다. 하지만 돌이켜 생각해 보면, 소비적·과시적·허세적인 인맥을 쌓을 필요는 없다. 어떤 만남의 장을 선택하든지 간에 중요한 것은 진정성 있는 관계를 맺는 것이다. 상대를 존중하고 진심으로 좋아해 주는 것이다. 상대에게 필요한 것을 먼저 읽어 주고 기꺼이 채워 주는 만남을 이어 나갈 때, 어느새 내 곁에는 선의지를 가진 이들이 가득하게 될 것이다.

선의지를 가진 사람들은 긍정적이다.

선의 그리고 강력한 실행력은 무엇이든 해낼 수 있다는 믿음과 만나서 눈부신 성

과를 만들어 낸다.

눈앞에서 숱하게 벌어지는 웬만한 '나쁜 일'도 훌쩍 뛰어넘게 해 준다.

그러니 아무리 엄혹한 추위가 불어닥쳐도 긍정을 포기해서는 안 된다.

추위가 지나면 결국은 찬란한 봄을 맞이하게 될 테니까….

Chapter 5

선의지 제5법칙_

어떤 순간이 와도 긍정하다

어떻게 그 상황에서 웃을 수 있을까?

"야, 4885. 너지?"

영화 〈추격자〉는 연쇄 살인마 유영철 사건을 모티브로 하여 더욱 화제가 되었다. 아무도 관심을 갖지 않는 이들의 실종에 홀로 관심을 두고 범인 추격에 나선 전직 형사 '중호'(김윤석 분)와 살인마 '영민'(하정우 분)의 추격 신은 정말 인상적이었다.

난 영화의 내용보다는 러닝타임 내내 끝없이 달리는 두 사람의 모습에서 이상한 동질감을 느꼈다. 넘어지고 자빠지더라도 끝없이 달리는 두 사람. 꼭 달려야만 하는, 멈추면 죽는다는 그 절박감이 내 입장과 비슷하다고 여겼기 때문이다.

서울에 올라와 온갖 고생을 할 때도, 오랫동안 일구었던 노력들을 포기한 채 손을 털고 나와야 했을 때도 나는 멈춰 선 적이 없었다.

멈춰 서면 쓰러지고 마는 외발자전거처럼, 나는 멈추면 죽을 거라는 생각이 강했다. 이제는 고단한 처지를 벗어나 어느 정도 살 만한 입장이 되었어도 그때처럼 달린다. 상황이 나아진 것은 맞지만, 여전히 나는 달려야 하고 내가 멈춰 서면 내 주변의 모든 이들까지 함께 쓰러진다고 생각해서다.

상황이 이렇지만, 나는 언제나 웃는 얼굴로 살고 있다. 하도 잘 웃어서 "고생한 적 없는 사람 같다.", "귀하게 컸나 보다."라는 말까지 듣는다. 눈칫밥을 먹고 자랐으면서도 고생한 티 없이 방글방글 웃고 다니는 이유는 내 처지를 원망한 적이 없어서 그런 것 같다. 나를 이렇게 고생하게 한 부모를 원망하지 않았고 어려움을 내 삶 자체라고 받아들였다. 그리고 반드시 이겨 내서 잘 살겠다고 마음을 다졌다. 어차피 난 이겨 낼 사람, 성공할 사람이라고 믿었기에 어려움을 바라볼 때도 '넘어갈 수 있는 산'이라고 여겼다. 본래부터 긍정적인 성향이 있었다고 할 수 있다.

긍정(肯定)의 사전적 의미는 '그러하다고 생각하여 옳다고 인정함'이다(출처:《표준국어대사전》). 어떤 상황이든지 이해하고 좋은 시선으로 바라보는 것이다. 안 좋은 일이 닥쳐도 선선하게 수용하여 다시 이겨 낼 힘을 얻을 수 있다. 하지만 고난이 이어지는데 긍정적인 마인드를 유지하는 것은 쉬운 일이 아니다. 오늘날 많은 사람들이 환경 때문에 좌절하고 있다. 코로나19 사태로 절망감이 더 깊어지고, 가슴속 선의지의 불도 꺼져 간다. 내가 살아남기도 힘든 세상이니, 어찌 보면 당연한 일이다.

너무나도 안타깝지만, 그래도 긍정적인 마인드를 가져야 한다. 살면서 역경이란 녀석을 만나지 않을 수는 없는 만큼, 역경을 대하는 기본자세가 매우 중요하다. 윈스턴 처칠(Winston Churchill)은 "낙관적인 사람은 고난에서 기회를 보고, 비관적인 사람은 기회에서 고난을 본다."라고 했다. 아무리 거친 풍파가 몰아닥쳐도 긍정적인 마음이 있다면 이겨 낼 수 있다. 거친 가시밭길 속이라도 내가 발을 디딜 틈을 찾을 수 있다.

'어떤 생각'에 나를 맡겨야 할까

관리부 직원이 사색이 되어 "큰일인데요. 아무래도 이번 달 직원들 월급 지급이 힘들 것 같아요."라고 말하는 것을 들으며, 내 얼굴도 일그러졌다. 2000년대 초 나는 창업 후 최대의 위기를 겪은 적이 있었다. 당시 우리나라에 벤처 투자 붐이 일었는데, 온라인 사업 아이템을 가진 기업들에 투자하는 이들이 많았다. 나 역시 그에 편승해서 투자를 받았고, 온라인 번역 교육 사이트를 만들었다. 투자를 받았다는 사실에 신이 난 데다 사업을 반드시 성공시킬 목적으로 광고를 마구 집행했다. 수익이 제대로 나지도 않은 상태에서 돈을 계속 써 대니 투자금은 바닥이 났다. 급기야 어음까지 발행했다. 그때 나는 어음의 무서움을 미처 몰랐다. 겁 없이 찍어 댄 어음이 돌아올 때마다 자금난을 겪었고, 열심히 일해도 밑 빠진 독에 물을 붓는 지경에 이르렀다. 급기야 관리부 직원에게 "직원들 월급을 지급하지 못할 것 같다."라는 말까지 듣게 된 것이다. 나는 마음을 굳게 다잡고 모든 직원들을 한자리에 불러 모았다. 그리고 회사의 자금 상태를 솔직하게 공개했다.

"제가 회사를 잘못 운영해서 어려운 상황에 빠지고 말았습니다. 정말 죄송합니다. 하지만 절대 여러분의 월급을 밀리는 일은 없을 겁니다. 저를 믿으시고 함께 열심히 일해서 이겨 낼 수 있었으면 좋겠습니다."

과거 학원에서 부원장으로 일할 때도 마찬가지였지만, 직원들에게 월급을 제때 지급하는 것은 CEO가 반드시 지켜야 하는 의무이다. 어떤 이유에서든 월급을 밀리는 것은 옳지 않다고 생각했기 때문에 빚을 내서 직원들의 월급을 지급하고 상여금까지 빠짐없이 챙겼다. 뿐만 아니라 그해 말에 전 직원이 함께 스키장으로 2박 3일 야유회를 갔다. 그때 스키장 직원들이 우리 직원들에게 "요즘 경기도 안 좋은데 회사에서 다 함께 놀러 왔다고요?"라며 놀라워했다고 한다.

회사 경영이 안 좋은 상태에서 배짱 좋게 돈을 썼다는 말을 하려는 게 아니다. 나는 직원들에게 잘될 거라는 희망과 긍정적인 마음을 전해 주고 싶었다. 자금난은 이미 엎질러진 물이다. CEO가 코 빠뜨리고 축 늘어져 있다고 달라지는 것은 없다. 그보다 잘될 거고, 이겨 낼 거라는 마음을 전해 주는 게 사태 수습에 훨씬 더 도움이 될 것이라고 믿었다. 그래서 난 긍정적인 마음을 가지고 언제나처럼 웃으면서, 평소보다 몇 배 더 뛰어다녔다.

내 사정을 알고 있던 지인이 의아해하면서 "아니, 어떻게 이 판국에 양 사장은 웃고 다녀요?"라고 물어볼 정도였다. 내 대답은 "웃지 않을 이유가 없는데요."였다.

내 머릿속에는 '회복할 거야, 반드시 회복할 것이다. 이 어려움을 이겨 낼 것이다!'라는 생각만 가득했다. 내가 최선을 다해서인지 직원들도 악착같이 일해 주었고, 1년 만에 우리 회사는 무사히 수렁에서 탈출할 수 있었다. 이후 난 다시는 어음을 발행하지 않는다.

사람이 살다 보면 얼마든지 어려운 일을 만난다. 나처럼 스스로 잘못해서 만나기도 하고, 아무 잘못이 없는데도 날벼락처럼 떨어지기도 한다. 누구나, 언제, 어디서든 역경을 만날 수 있으므로, 이를 대하는 태도가 중요하다. 특히 회사가 어려움을 만났을 때 CEO의 마음 자세는 회사의 존폐를 좌지우지할 정도로 무게가 있다. 역경을 만나서 부정적인 마음이 걷잡을 수 없이 커지는가? 내 마음을 어디에 두든 과거를 바꿀 수 없다. 하지만 미래는 바꿀 수 있다. 부정적일수록 수렁에 빠질 것이고, 긍정적일수록 수렁에서 빠져나올 가능성이 커진다. 당신은 어디에 마음을 둘 것인가?

좁고 거친 길을 만나도,
긍정적인 마음이 있다면

어린 시절 친구들이 학교 다닐 때 공장에 다녔던 소녀가 있었다. 정규 교육은 중학교가 전부였고 가난한 집 안 형편을 위해 일을 해야 하는 처지였다. 소녀는 잠깐 짬이 나는 시간에 늘 도서관으로 향했고 '지금은 어렵지만 언젠가는 내 인생에 밝은 해가 뜰 거야.'라는 믿음을 잃지 않았다.

장성해서 결혼을 했지만, 빚보증을 잘못 선 남편의 부도로 거액의 빚을 졌고 가족이 생활할 수 있는 최소한의 돈도 남아 있지 않았다. 그는 백화점 판매 아르바이트 자리를 구한다는 공고를 보고 그 길로 면접을 보러 갔다.

백화점에서는 젊은이들을 상대로 한 브랜드 판매 사원을 구했기에 변변찮은 경력의 주부인 그는 입사 대상이 아니었다. 하지만 그는 결사적으로 매달려서 일자리를 구했다. 한 달짜리 단기 아르바이트였으나 한 달이 지나도 잘리지 않았고 열정을 인정받아 계약직 주부 사원으로, 그리고 정직원과 동등한 대우를 받는 데까지 이르렀다.

그의 전략은 늘 최선을 다하는 것이었다. 남들보다 일찍 출근해서 매장 구석구석을 청소하고, 일이 끝난 후에는 모든 뒷정리를 도맡아 하고 가장 늦게 퇴근했다. 상품을 살펴보는 고객에게 머리부터 발끝까지 상품을 착장해 보게 하고, 셔츠를 걸쳐 입는 고객에게 단추 하나하나를 끼워 주며, 무릎을 꿇고 밑단 높이를 맞추는 등 정성을 다했다. 환불을 안 해 준다며 칼을 휘두르고 분노하는 고객을 상대하는 일도 마다하지 않았다.

매 순간 정성을 다하는 그가 높은 판매고를 올리게 되자 경쟁사에까지 소문이 나서 경쟁업체 직원이 스카웃 제의를 했다. 매니저 자리를 주겠다는 것이다. 그는 백화점에 발을 디딘 지 8개월 만에 매니저 최고 호봉을 받으며 일하게 되었다. 판매계의 신화, 억대 연봉의 주인공으로의 삶이 열린 것이다. 이 이야기의 주인공은 바로 《나에게 불황은 없다》(태인문화사)를 쓴 전현미 작가이다.

아무것도 몰랐던 무경력의 아르바이트 사원이 업계 최고 대우의 매니저가 된 것은 절실함 덕분이었다. 눈앞에 몰아닥친 경제적 궁핍함, 오늘의 밥 한 끼를 걱정해야 하는 고단한 현실이 그의 팔을 잡아 일으켜 세웠다. 방 한 칸짜리 반지하에, 화장실이 밖에 있는 집에서 어린 두 아이를 끌어안고 절실하게 극복을 꿈꿨다. 절망뿐인 삶에 반란을 외쳤다. 어린 시절 공장에 다니는 틈틈이 도서관을 다닐 때처럼 한 번도 희망을 놓지 않았다. 희망으로 똘똘 뭉쳐져 있어서인지 그의 얼굴은 언제 봐도 밝고 곱다.

전현미 작가의 책을 보면서 난 역경의 순기능과 긍정적인 마인드의 중요성을 뼈저리게 깨달았다. 도무지 내 잘못은 하나도 없는데 역경을 만날 때가 있다. 왜 하필 나에게 이런 어려움이 닥치는지, 왜 이렇게 사는 게 어려운지 이해할 수 없다. 그러나 적어도 분명한 것은 긍정적인 마인드로 역경을 상대하면 내가 성장한다는 사실이다.

나도 다시 기억하고 싶지 않을 정도로 궁핍한 어린 시절을 보냈고 그 결핍 때문에 오랫동안 괴로웠지만, 한편으로는 그 덕분에 성장했음을 부정할 수 없다. 지금 어려움을 겪는 분들에게 "당신은 반드시 잘될 것입니다. 꼭 이겨 낼 것입니다."라는 말을 꼭 전해 드리고 싶다. 긍정적인 믿음이 있다면, 역경은 나를 매만지고 성장시켜 주는 도구로 변화한다.

　삶에는 두 가지 길이 있다. 그중 하나는 넓고 평탄한 길이다.
　대부분의 사람들이 선택하는 이 길을 걸어가면 어디에도 도달하지 못한다.
　넓고 평탄한 길은 사람들에게 이렇게 약속한다.
　"이 길은 무난해! 걷는 데 별문제가 없을 거야."
　하지만 이는 뻔뻔스러운 거짓말이다. 문제가 없으면 사람들은 약해지기 때문이다.

－ 보도 섀퍼,
《멘탈의 연금술: 어떻게 한계를 넘어 기적을 만드는가》

약점에 집중하면 약해지고 강점에 집중하면 강해진다

긍정적인 마인드를 가진 사람들은 도전을 두려워하지 않는다. 자기가 속한 환경을 이해하고 인정하므로 역경을 이겨 낼 수 있다고 믿고 힘든 도전도 마다하지 않는다. 마다하지 않는 정도가 아니라 즐길 줄 안다. 그리고 반드시 승리하기 위해 적극적으로 전략을 세운다. 그들이 이기는 전략은 바로 '강점에 집중하는 것'이다.

《위대한 나의 발견 강점혁명》(톰 래스&도널드 클리프턴 지음, 청림출판)에는 강점에 집중하는 것이 얼마나 중요한지를 알려 주는 일화가 있다. 엑토르라는 구두 장인이 있었다. 그런데 그는 수년 동안 구두 사업 때문에 좌절감에 빠져 있었다. 일주일에 구두를 수백 켤레 만들 수 있는데도 30켤레밖에 만들지 못했다. 구두 제작 능력이 뛰어나지만 영업 능력이나 수금에는 재능이 없었고, 이를 극복하느라 상당 시간을 쓰고 있었던 것이다. 그의 친구는 모든 사정을 들은 후 영업과 수금 능력이 뛰어난 세르히오라는 사람을 소개해 주었다. 한 사람은 뛰어난 제작 능력이 있고, 다른 사람은 영업/수금 능력이 뛰어나니 그야말로 최강의 드림팀이었다. 1년 후 이 팀의 판매 성과는 과거에 비해 세 배 넘게 늘었다.

이 책의 작가들은 "대부분의 사람들은 자신의 강점에 집중하지 못하고 약점을 고치기 위해 모든 에너지를 쏟아 내느라 지쳐 있습니다. 사람들은 자신은 물론이고 다른 사람들의 약점에 지나치게 집착하고 있었습니다."라고 말한다. 약점을 극복하고자 노력하는 게 나쁘다는 것은 아니다. 하지만 약점을 이겨 내는 데는 상당한 시간과 노력이 필요하기 때문에 여기에 집중하면 사람들이 쉽게 지치고 결국에는 목표를 포기하게 될 수도 있다.

또한 약점에 집중하면 긍정적인 마인드가 희미해질 수 있다. 내 약점을 바라보는데 어떻게 긍정적인 에너지가 생길 수 있겠는가? 그래서 약점보다는 강점에 집중하는 것이 긍정 마인드를 지키는 데 도움이 된다. 강점에 집중하면 더 빨리 성장할 수 있고 그 덕분에 긍정 마인드가 더욱 강화될 것이다. 그러면 오직 강점에 집중하고 약점은 쳐다보지 않아도 되는 것일까? 그렇진 않다. 강점을 집중해서 키우라는 것이지, 약점을 외면하자는 것은 아니다. 내 강점과 약점 모두 정확하게 알아서 적절하게 사용할 줄 알아야, 어떤 상황에도 대처할 수 있고 최후의 승리를 거둘 수 있다.

내 강점으로
상대의 약점을 공략하다

세상에서 가장 강한 창과 가장 강한 방패가 붙으면 누가 이길까? 강 대 강이니 승부가 나지 않을 것이고 결국 무기를 집어던지고 마구잡이 주먹 다툼을 벌일지도 모르겠다. 강점과 강점이 맞붙으면 좀처럼 승부를 내기 어려우므로 이기고 싶다면 다른 전략이 필요하다. 강 대 강이 아니라 강으로 약을 공략하는 것은 어떨까?

성경에 나오는 다윗과 골리앗 이야기는 내 강점과 상대의 약점을 파악하는 것이 싸움에서 얼마나 중요한지를 잘 알려 주는 사례다. 소년 다윗은 거인 골리앗과 대결을 앞두고 굳이 자기 약점을 보완할 무기를 찾지 않았다. 주변의 어른들이 권하는 창이나 큰 칼, 갑옷은 다윗의 관심 밖이었다. 다만 그는 물맷돌(가축 떼를 공격하는 맹수를 쫓고자 목동이 가지고 다니는 작고 단단한 돌. 이 돌을 손에 쥐고 팔 힘을 이용해 멀리 던져서 맹수를 쫓아냈다)을 챙겼다. 골리앗이 거인이라 움직임이 둔하고 눈이 나쁘다는 점을 이용해 공격을 펼치면 승산이 있다고 생각했다.

반면에 블레셋의 거인 골리앗은 어땠을까? 그는 나라의 운명을 걸고 싸우는 치열한 전쟁터에 이스라엘이 왜 어린 소년을 내보냈는지 그 이유를 생각하지 않았다. 자신의 강점을 잘 알았지만 약점은 미처 몰랐고, 상대의 강점이 무엇인지는 아예 생각조차 하지 않았다. 사자나 곰이 양 새끼를 물고 가면 쫓아가서 쳐 죽이고 양을 구해 올 정도로 용맹함과 싸움 전략이 있는 상대라는 것을 까맣게 몰랐다. 그저 눈앞의 소년을 보고 코웃음 쳤고 비웃기 바빴다.

반드시 이기겠다는 결심으로 상대의 약점을 분석해 이를 공략할 무기를 들고 나온 소년, 언제나처럼 무시무시한 무기로 무장한 거인. 우리가 잘 알고 있는 것처럼 이 대결은 다윗의 승리로 끝났다. 다윗은 골리앗이 걸어올 때 빠르게 달리면서 물맷돌을 힘껏 던졌고, 이마에 돌을 맞은 골리앗이 쓰러지자 재빠르게 밟고 올라서서 골리앗이 차고 있던 칼을 빼내서 찌른 다음 머리를 베었다. 재빠른 움직임, 정확한 공격, 최후의 일격까지, 자신의 강점을 모두 살린 훌륭한 공격이었다.

나는 다윗의 이야기에 감정 이입이 잘되는 편이다. 일을 하면서 경쟁자에 비해 불리한 처지에 놓일 때가 많았기 때문이다. 그중하나가 책 쓰기 강좌 프로그램이었다. 우리 회사가 강좌를 만들기훨씬 전부터 이미 시장에는 책 쓰기 강좌들이 많이 있었다. 기업형으로 체계가 갖추어진 곳, 개인이 오랫동안 진행해 온 강좌 등 각양각색이었다. 경력 10년이 훨씬 넘은 선두 주자들이 치열하게 업계1위를 다투고 있는 전쟁터에, 우리 회사가 첫발을 디딘 것이다.

후발 주자는 대개 불리하다. 시장의 크기는 한정적인데 선두주자들은 굳건하게 자리를 지키고 있고, 우리 회사를 포함해 후발주자들이 끊임없이 시장으로 들어온다. 소비자들은 업계의 선두 주자들을 알아도 후발 주자들은 존재조차 모르므로, 우리 회사는 불리한 입장이었다. 책 쓰기 강좌를 하겠다고 결심했지만, 어떻게 해야 잘 살아남고 더 나아가 선두 자리까지 어떻게 진출할 것인지 고민이 깊었다.

이때 주목한 것은 우리 회사가 가진 강점이었다. 다른 강좌들은 대개 작가나 출판사 대표가 가르쳤지만, 우리 회사 강좌는 출판 편집자·출판 전문 구성 작가가 가르친다는 차이가 있었다. 작가는 아무리 여러 권의 책을 써도 남의 책을 도와줄 수 있는 전문가라고 볼 수 없고, 출판사 대표 역시 디테일한 실무 경험과는 동떨어져 있다. 이분들보다는 늘 작가들과 호흡하며 책을 만드는 출판 편집자와 전문 구성 작가가 강사로 더 적합할 수 있는 것이다. 또한 우리는 신인 작가들이 골치 아파하는 출간 계약을 대신해 준다는 점, 그리고 출간 이후 판매/인세 관리까지(출판사-작가-우리 회사가 3자 계약을 할 경우에 해당) 해 준다는 차별점도 있다.

난 이러한 강점들을 내세우면 소비자들이 우리 회사를 바라봐 줄 것이라는 확신이 들었고, 지금까지 사업을 이끌어 오면서 내 예상이 맞았다는 것을 확인할 수 있었다. 우리 강좌의 강점에 대한 입소문이 나면서 4년 넘게 수강 신청 조기 마감이라는 기염을 토했다.

우리 회사가 출판 기획 편집자가 수업을 진행하는 강사라는 사실을 포인트로 홍보를 펼치자, 다른 강좌들에서도 편집자를 책 쓰기 수업을 돕는 역할로 참여시키기 시작했다. 우리의 강점을 정확히 파악해 경쟁사들의 약점을 공략한 것이 성공을 거둔 것이다. '지피지기 백전불태(知彼知己 百戰不殆)'란 말처럼, 나와 상대를 정확하게 알면 백 번 싸워도 위태롭지 않을 뿐 아니라 전세를 역전시켜 드라마틱한 승리의 주인공이 될 수 있다.

당신의 강점에 대해 얼마나 알고 있나요?

책을 기획할 때 많은 예비 작가들이 "무슨 주제로 책을 써야 할지 모르겠어요."라고 고민한다. "내가 무슨 주제로 책을 쓰면 좋겠어요?"라고 되레 나에게 묻는 경우도 많다. 그런 질문을 들으면 적잖이 당황스럽다. 책의 주제는 작가의 강점에서 나와야 하고, 자신이 무슨 강점이 있는지는 자신이 가장 잘 알고 있어야 하기 때문이다. 출판 전문가로서 내가 작가를 도와야 하는 것은 맞지만, 작가가 무슨 책을 쓰면 좋을지는 스스로 찾을 수 있어야 한다.

책을 쓰고 싶다는 간절한 마음을 안고 나를 찾아왔고, 열심히 여러 차례 상담을 했는데도 끝끝내 책 쓰기를 시작하지 못하고 포기하는 분들이 있다. 포기하는 가장 큰 이유는 "난 (책을 쓸 만큼) 잘하는 게 없는 것 같아서요."이다. 이런 말을 들으면 너무너무 안타깝다.

책을 쓰고 말고를 떠나서, 내가 내 강점을 모른다는 것은 얼마나 슬픈 일인가?

나는 조물주께서 각 사람마다 이 세상을 살아갈 수 있을 만큼의 강점을 주셨다고 믿는다. 누구나 충분할 만큼 넉넉하게 강점을 가지고 있다. 그런데 강점이 없다고 생각하다니! 감히 단언컨대 강점이 없는 것이 아니라 발견하지 못한 것이다. 아직도 자신의 강점을 모르는 분들이 있다면, 열 일 제쳐 놓고 그것부터 찾기를 강력하게 권한다. 이것이 당신의 삶을 바꾸어 줄 것이다.

신기하게도 자신의 강점을 잘 모르는 분들은 부정적이거나 소극적인 마인드를 가진 경우가 많았다. 강점을 모르니 사는 게 행복할 리가 없고, 주도적인 인생을 살기도 어렵다. 반면에 자신의 강점을 아는 분들은 어디서든 당당하다. 강인하면서 긍정적인 마인드로 자신의 삶을 주도하고, 타인에게 선의지로 기꺼이 도움의 손을 내민다. 그런 분들을 만나면 함께 자리하는 것만으로도 행복한 에너지, 선한 에너지를 듬뿍 느낄 수 있다.

"난 내 강점을 알고 있다!"라고 자신 있게 말할 수 있는 분들에게, 자신의 강점을 종이에 적어 볼 것을 권한다. 사소한 것부터 제법 굵직한 것까지 무엇이든 좋다. 다 적었다면 각각의 개발 정도를 곰곰이 살펴보자. 강점을 더욱 키우는 법, 이를 활용해서 내가 무엇을 할 수 있을지를 고민해 보자. 경영학의 대가 피터 드러커는 《자기경영노트(The Effective Executive)》(한국경제신문사)에서 "약점에 기반해서는 무언가 만들어질 수 없다. 무언가를 만들어 내는 것은 강점에 기반해서만 가능하다. 약점에 기반하는 건 무책임하고 바보 같은 일이다. 약점이란 그저 아무것도 아닌 것에 불과하다."라고 말했다.

내 강점을 정확히 안다면 삶을 살아가는 데 가장 필요한 무기를 손에 쥔 것이고, 이런 무기가 있다면 성취하지 못할 일이 있을까? 설혹 1등이 되지 않아도 잘 살아남고, 지속적으로 성장하는 데에 아무런 무리가 없을 것이다.

강점이 사라지지 않고
지속되기 위해서 해야 할 일

나는 꽃에 대해 잘 알지 못한다. 그런데 첫 책 《책쓰기가 이렇게 쉬울 줄이야》를 내고 나서 사람들에게 꽃 선물을 많이 받았다. 꽃을 받으면 회사의 내 사무실에 두었는데, 많이 받을 때는 마치 꽃밭처럼 방 전체가 화사해졌다.

그런데 그중에 유난히 오래가는 꽃이 있어서 눈여겨보았다. 회사 직원들에게 꽃 이름을 물어봤는데 '소국'이라고 했다. 스트레스와 피로를 푸는 데 도움을 준다고 한다. 꽃은 그 자태가 아름다워도 금세 지고 말아 서운했는데, 이 꽃은 아름다운데 오래 살고 건강에도 도움을 준다니 너무 좋았다. 소국을 바라보면서 우리 회사도 이 꽃처럼 오래오래 잘 살아가면 좋겠다는 생각이 들었다.

나에게 아무리 뛰어난 강점이 있다고 해도 오래 지속되지 않으면 소용이 없다. 강점을 발견하고 강화시킬 뿐 아니라 오래오래 유지할 수 있는 방법을 찾는 것이 중요하다. 나는 CEO로서 늘 우리 회사의 강점을 지속하는 방법에 대해 고민하고 있다. 자금이 풍족하지 않고 후발 주자로 일할 때가 많기에 당연한 고민이다.

내가 처음 번역 회사를 만들었을 때 선발 주자인 번역 회사들이 있었다. 후발 주자로서 선발 주자들과 경쟁해야 하고, 출판사들이 직접 번역가를 섭외해 일을 맡기는 업무 방식과도 경쟁해야 했다. 앞서도 잠깐 이야기한 것처럼 처음엔 상당히 고전했다. 당시 번역 회사들은 책 한 권을 여러 번역자에게 나눠서 번역하도록 했다. 여러 명이 번역하니까 하나의 원고에서 서로 다른 결의 글들이 공존했고, 어느 부분은 잘 번역되었어도 초보 번역자가 맡은 부분이 상당히 거칠게 번역된 바람에 문제가 되기도 했다. 이 때문에 출판사들은 번역 회사를 이용하고 싶어 하지 않았다. 우리 회사도 멋모르고 기존의 방식대로 했다가 출판사들의 항의를 받았다.

우리 회사가 취한 대응 방식은 철저하게 고객의 입장을 수용하는 것이다. 고객의 마음에 들 때까지 수정해 드리는 것이다. 어떤 원고는 일곱 번 만에 오케이를 받기도 했다. 고객도, 우리도 참 힘든 일이었다. 적잖은 어려움을 겪으면서 이 문제를 보완할 방안을 찾아야겠다고 결심했다. 출판사들이 원하는 번역 스타일을 찾는 문제, 실력 있는 번역자를 확보하는 문제를 함께 해결하는 방안 말이다.

출판사가 번역 회사에 기대하는 강점이 무엇일까? 당연히 번역을 잘하는 것이다. 우리 회사가 1998년에 번역한 《이솝우화》 책이 잘 팔린 이유는 당시 여러 출판사에서 발행되었던 《이솝우화》 책들 중에서 가장 번역이 잘되었기 때문이다. 《이솝우화》가 잘 팔리면서 우리 회사에 번역을 의뢰하는 출판사들이 많아졌다. 가장 기본적으로 갖춰야 할 강점이 있으면 시장에서 살아남을 수 있다.

번역 작업을 잘하고 싶다면 반드시 신경 써야 할 점이 있다. 출판사가 작품에 원하는 번역 문체가 있는데, 이를 잘 소화할 수 있는 번역자를 찾는 것이다. 단지 외국어를 할 줄 안다고 덜컥 번역을 맡겼다가 나중에 출판사에서 "우리가 원하는 건 이게 아니다."라고 하면 모두가 다 낭패를 본다.

그래서 우리는 고민 끝에 업무 방식을 바꾸었다. 출판사의 번역 의뢰가 들어오면 번역자 세 사람을 선정해 번역 샘플을 맡기고, 번역 샘플 세 개가 접수되면 이를 출판사 편집자에게 보내서 검토하여 원하는 스타일의 번역자를 선택하는 방식으로 말이다. 편집자 입장에서는 샘플을 통해 미리 번역자의 문체를 살펴보았기 때문에, 자기가 원치 않는 문체를 구사하는 번역자에게 일을 맡겨야 하는 위험 부담이 사라져서 만족감이 크게 높아졌다.

좋은 번역자들과 오래오래 함께할 수 있는 방법도 찾았다. 번역자들이 일하면서 두려워하는 것 중 하나가 일을 하고 원고료를 떼이는 것이다. 번역이 마음에 안 든다거나 출간 계획이 취소되었다거나 출판사가 문을 닫는 등의 이유로 번역자들이 원고료를 떼이는 일이 심심찮게 발생한다. 영세한 번역 회사들이 번역자들에게 일을 맡기고 원고료를 주지 않는 경우도 있었다.

우리는 어떤 경우에도 번역자들이 원고료를 지급받을 수 있도록 시스템을 바꾸었다. '번역자-출판사'가 계약하지 않고, '출판사-우리 회사/우리 회사-번역자'의 관계로 계약해서 번역자가 번역 작업을 마쳐서 우리 회사에 원고를 보내면 우리가 번역료를 지불한다. 그리고 원고를 교정 교열 부서에 넘겨 수정 보완 작업을 진행한 다음 출판사로 보내고, 번역료를 청구한다. 이런 시스템 구축을 통해 어떤 경우에도 번역료를 떼이지 않으니 우리 회사를 신뢰하면서 오래도록 일하고 싶어 하는 번역자들이 늘어 갔고, 베스트셀러의 탄생에 기여한 실력 있는 번역자들도 많다. 번역자들 사이에서 입소문이 나면서 우리 회사로 이력서를 보내는 신규 번역자들도 꾸준히 증가하고 있다.

현재 우리 회사의 번역부 시스템은 우리 회사를 지탱하고 있는 최대의 강점이다. 시스템의 변화이기에 쉬이 사라지지 않고 오래오래 유지되고 있다. 하지만 번역자, 출판사 모두 만족하면서 오래갈 수 있는 시스템을 유지해 나가는 것은 생각보다 쉽지 않다. 번역자들이 미래에 입을지도 모를 손해를 떠안는 것, 번역 원고의 질을 높이기 위해 교정 교열 부서를 운영하는 것 모두 내 입장에서는 적잖은 경제적 부담을 감수해야 하는 일이다.

이렇게 좋은 시스템을 갖추어서 원고의 질을 높인다고 번역료가 올라가는 것도 아니다. 우리나라는 출판 시장의 규모가 너무 작아서 출판업에 종사하는 이들의 수입이 넉넉할 수가 없다. 출판사가 욕심이 많아서 이익을 독식하는 것이 아니라, 시장 파이 자체가 너무 작은 것이다. 가까운 일본만 해도 출판 시장의 규모가 우리와 비교할 수 없이 거대하다. 번역가는 훌륭한 대접을 받고, 번역 작업만으로 생계를 이어 가는 사람들이 많다. 그러나 우리나라는 대다수 번역자들이 투잡을 뛴다. 책값이 과거 7,000~8,000원 할 때보다 두 배로 오른 지금, 번역료의 단가는 겨우 500원 정도 올랐을 뿐이다. 출판 전문 구성 작가들도 원고료 단가가 10년 전에 비해 전혀 차이가 없다며 푸념하고, 출판 편집자들의 평균 연봉은 다른 업계와 비교하기가 민망할 정도이다. 이것이 우리 출판계의 솔직한 현실이다.

그러나 이런 현실을 부정적으로 바라보면서 한탄만 한다면 어떻게 될까? 아무것도 변하는 것 없이 이 현실은 계속 굳어져 갈 것이고, 재능 있고 선의지로 열정을 불태우는 사람들은 모두 출판계를 떠날 것이다. 부정적인 시선이 가득한 곳에 좋은 사람들이 오래 머물리가 있겠는가?

그래서 누군가는 바꿔야 한다. 나부터 나서야 한다. 비록 혼자서는 미약하지만, 그 핑계로 가만히 있지 말고 내가 할 수 있는 일을 찾아서 해야 한다. 그래서 경제적 위험 부담을 감수하면서 출판사, 번역자, 우리 회사 모두가 윈윈하는 시스템을 만들어 가고 있다. 우리 회사의 번역 시스템은 번역자와 출판사를 만족시켰을 뿐 아니라 결과적으로 우리 회사에 가장 좋은 성과를 돌려주었다. 다 함께 잘 살아남는, 공존의 생태계 말이다.

나는 선의지가 사람의 본능이라고 믿어서, 이 세상에 선의지를 가진 이들이 생각보다 많다고 생각한다. 선의지를 가진 이들이 부디 고단한 현실에 무너지지 말고 긍정적인 마음으로 자신의 강점에 집중하면서 성장해 나갔으면 좋겠다. 이들의 활약이 이 세상을 더 멋지게, 다 함께 공존하는 환경으로 만들 수 있기에 그렇다. 존 F. 케네디(John F. Kennedy)의 "우리에게는 존재하지 않는 것들을 꿈꿀 수 있는 사람들이 필요하다."라는 말을 빌려 내 안의 선의지, 다른 이들의 가슴속에 숨은 선의지를 응원한다.

무대가 없다면
만들면 되지! ──────

　　인터넷 동영상으로 2020년 MBC 방송 연예 대상을 받은 유재석 씨의 수상 소감을 본 적이 있다. 주변 지인들이 하도 많이 이야기해서 찾아본 것인데, 코로나19 때문에 텅 빈 관객석에 소수의 연예인들만 참석한 자리를 보며 씁쓸했다. 그런데 수상 소감을 보니 그런 마음이 더 강해졌다. 대한민국 최고의 MC로 어떤 프로에서든 탁월한 진행 능력을 보여 준 그의 입에서 미처 예상하지 못한 말을 들었기 때문이다.

　　"MBC에서 코미디 프로그램이 없어진 지가 대략 8년 정도가 된 것 같아요. (중략) 프로그램이 없어지는 건 한편으로는 당연히 방송하는 우리는 받아들여야 하는 일이긴 합니다만, 그래도 조금이나마 후배들이 꿈을 꿀 수 있는, 조그만 무대가 하나 생겼으면 하는 간절한 바람입니다. 지금 어디선가에서 각자의 삶을 치열하게 살고 있을 후배들에게, 2021년에는 사장님 그리고 제작진 분들께서 조그마한 무대, 잠시라도 그들이 꿈을 꿀 수 있는 무대, 단 하나만 만들어 줄 수 있었으면 하는, 그런 간절한 바람입니다."

TV를 잘 보지 않아 코미디 프로그램이 없어진 사실을 몰랐다. 영상을 보고 나서 지인에게 물어보니 MBC뿐 아니라 다른 방송사도 마찬가지라 했다. 중견 개그맨들은 다른 프로그램에서 패널이나 MC로 활약할 수 있지만, 경험이 많지 않은 신인들은 활동 무대를 잃고 낙심하는 상황이란다. 다행히 유튜브를 시작해 성공적으로 자리 잡은 이들도 있지만, 대다수는 그토록 서고 싶던 무대를 떠나서 다른 직업으로 생계를 이어 간다고 했다.

쓸쓸했다. 시청률은 광고와 직결되고 이것이 성과인 방송계에서 시청률 낮은 프로그램을 유지하기 어렵겠지만, 무대가 아예 없어질 만큼 방송사와 그들이 함께 공존하면서 살아 나가는 방법을 찾기가 그렇게 어려운 일인 것일까?

나는 국내 출판 기획부와 책 쓰기 강좌를 운영하면서 신인 작가들과 함께할 기회가 좀 더 많아졌다. 중견 작가들과 일할 때보다 다른 차원의 보람과 자긍심을 느끼고 있어서 신인에게 무대를 열어 주지 않는 세태가 퍽 안타깝다.

신인을 기꺼이 무대에 오르게 해 줄
용기가 있는가?

　　　　　　　신인의 무대가 없어지는 것은 무대를 만드
는 이들의 마음 문제라는 생각이 든다. 갈수록 경쟁이 치열하고 팍
팍해지니 실력이 검증되지 않은 신인들과 함께하는 것에 대한 두려
움, 부정적인 마음이 커지는 것이다. 무엇인가 잘 안 풀린다고 생각
할수록 경력자를 찾아 안정적인 현상 유지를 시도한다. 새롭고 참
신한 시도, 신인의 발굴은 언감생심이다.

　　이는 다른 분야도 마찬가지일 것이다. 출판계도 작가를 섭외할
때 이왕이면 책을 여러 번 내 본 적이 있는 사람, 잘 알려진 사람(유명
인)을 선호한다. 이들은 비교적 평범한(?) 콘셉트라도 책을 내기가 상
대적으로 쉽다. 무명작가가 들고 간다면 여지없이 퇴짜 맞을 콘셉트
인데 중견 작가나 유명인이 들고 가면 합격점을 맞을 수 있다. 소위
이름값으로 팔릴 수 있다는 기대 심리가 있는 것이다. 반면에 무명
작가들은 엄청나게 차별화된 콘셉트를 가진 게 아니라면 책을 출간
하기가 쉽지 않다.

　　이런 현실 속에서 분야를 막론하고 신인들은 설 자리를 잃어 간
다. 무대를 만드는 이들의 두려움과 부정적인 생각이 그들 자신을
괴롭혀서 그렇겠지만, 최대의 피해자는 신인들이다. 제대로 꿈을 펼
쳐 볼 기회도 없이 낯선 환경으로 밀려나 무대를 그리워하면서 기약
없는 희망에 시달린다.

"먹고살기가 힘들어서 그런 건데 왜 나를 탓해? 내가 살자면 어쩔 수 없지."

무대를 만드는 이들 중 누군가는 이렇게 말할지도 모른다. 하지만 현실이 온통 회색빛이라고 그에 타협하는 것이 과연 최선일까? 어쩌면 우리는 현실에 맞서 싸워 가면서 모두가 공존할 수 있는 세상을 만들 자신이 없어서 비교적 쉬운 선택을 하는 것인지도 모른다. 사회에서 더 나은 위치를 점하고 있는 이들이 신인들을 향한 선의지를 발휘하지 못한다는 것은, 조금 강하게 표현하면 부끄럽고 비겁한 행동이다.

프로보다 신인 발굴에 열을 올려야 하는 이유

앞서 이야기한 것처럼 나는 여러 모임에 참여하고 있다. 다른 이들이 주관하는 모임도 있고, 내가 주도하거나 지원하는 모임도 있다. 내가 주도하는 모임의 구성원은 신인 작가 혹은 예비 작가다. 나는 이분들과 함께할 때가 참 좋다. 다른 자리에서는 결코 만날 수 없는, 곱고 신선한 초심(初心)을 만날 수 있어서다. 초심을 가진 신인이 얼마나 아름다운지는 경험한 사람만이 알수 있다.

우리 회사는 많은 번역가들과 일한다. 그중에는 베테랑도 있고 신인도 있다. 우리 회사를 만나 생애 첫 번역을 해 보고 두 번, 세 번 일을 거듭하면서 실력자로 변모해 가는 모습을 보면 정말 뿌듯하다.

　　함께 일했던 역자들 중 특히 기억에 남는 두 사람이 있다. 정말 번역 일을 하고 싶어 했으나 환경이 여의치 않아 어려움을 겪었던 상황이었다. 나는 우리 회사 사무실에 컴퓨터와 자리를 마련해서 번역 작업을 할 수 있도록 배려하였다. 또 생활을 꾸려 가는 데 지장이 없도록 번역이 끝나면 출판사에서 번역료를 지급하기 전에 우리 회사 경비로 먼저 번역료를 지급해 주었다. 두 사람은 내 호의에 고마워했고 열심히 일하면서 경력을 쌓아 갔다. 이분들은 현재 출판사들이 선호하는 중견 번역가로 성장하였다.

　　두 사람은 더 이상 우리 회사를 통해 활동하진 않는다. 하지만 상관없다. 난 이분들이 실력 있는 역자가 되어 출판계에서 활약하는 것으로서 내 역할을 다했다고 생각한다. 나도, 두 사람도 함께 성장했기에 그것만으로도 충분하다. 게다가 난 이분들 덕분에 신인의 초심이 얼마나 아름다운지 직접 목격할 수 있었다.

　　신인의 초심에는 누구보다 최선을 다하겠다는 열정, 나를 통해 타인이 행복하길 바라는 선의지가 들어 있다. 이들은 현실을 비관하기보다 어떻게 해서든 이겨 내겠다고, 이겨 낼 수 있다는 긍정적인 희망에 가득 차 있다. 그렇기에 자신이 뛰놀 수 있는 무대를 만나면 초심은 그야말로 물 만난 고기처럼 생동감을 얻는다. 아낌없이 자신을 던져서 최선을 다한다. 이들의 빛나는 최선으로 많은 이들이 유익함을 얻는다. 긍정적인 에너지를 전달받아 행복해지는 것이다. 이런데도 눈앞의 회색빛 현실을 핑계 삼아 신인들을 외면할 것인가? 장기적인 관점에서 보면 나와 당신, 바로 우리 모두의 손해이다.

기업들도 경영이 어려워지면 신입보다 경력자를 더 선호한다고 한다. 반대로 신입을 뽑아 경력자가 할 수 있을 법한 업무를 맡기는 기업도 있다. 솔직히 나도 중소기업을 운영하는 입장에서 직원을 뽑을 때 경력자를 선호할 때가 많고, 신입을 뽑아 놓고 경력자에 준하는 역할을 기대하기도 한다. 성과를 내야 살아남을 수 있는 회사가 성과를 강조하는 것은 당연하지 않은가, 하는 마음이 들기도 한다.

그런데 신입을 뽑아 성공한 경우도 많다. 지금은 퇴사하였지만, 우리 회사에 연령 대비 경력이 짧은 직원이 있었다. 기업은 연령대와 경력이 어느 정도 맞는 직원을 뽑으려고 하는데 그는 그렇지 않았다. 게다가 입사 후 한동안 실적을 제대로 내지 못했다. 하지만 5년쯤 되자 실력 발휘를 하기 시작했고 엄청난 실적을 내서 모두를 놀라게 하였다. 오랫동안 나와 부서장을 상당히 갈등하게 한 친구였지만, 우리의 기다림에 좋은 성과로 보답해 주어서 당시에 정말 뿌듯했다.

기업이 처한 환경이 만만치 않은 것이 사실이지만, 그래도 단

10%라도 여유를 만들어 신인에게 무대를 열어 주었으면 좋겠다. 신인을 신인답게 대우해 주며 마음껏 초심을 발휘할 수 있게 해 주면 좋겠다. 나도 그렇게 할 생각이니 이 책을 읽는 독자님들도 그런 용기를 내 주시길 간곡히 부탁드린다. 신인이 뛰어놀 무대가 생기면, 최대의 수혜자는 바로 우리가 된다.

무대가 없다면
만들어서 놀자!

지금까지 무대를 만드는 이들을 대상으로 이야기하였으므로, 이제는 신인들을 향해 몇 말씀 드리고자 한다. 무대가 없다고 절망하지 말고 직접 만들어 보자. 천만다행하게도 요즘에는 마음만 먹으면 얼마든지 내 독무대를 만들 수 있다.

방송인 송은이 씨는 '크리에이티브 디렉터'라는 멋진 이름으로 불린다. 유재석 씨를 비롯한 동기들이 잘나갈 때 그는 여성이라는 이유만으로 서서히 뒷전으로 밀려났다. 하지만 그는 개그우먼이 설 자리가 사라지는 헌실에 절망하여 주저앉지 않고, 방송 밖에서 새로운 무대를 만들었다. 팟캐스트에서 '송은이 김숙의 비밀보장'이라는 고민 상담 방송을 시작한 것이다. 이 방송이 인기를 끌었고 여기에서 '김생민의 영수증'을 최초 제작했다가 공중파 방송인 KBS의 정식 프로그램으로 방영되면서 송은이 씨의 뛰어난 기획력이 널리 알려지게 되었다(김생민 씨가 성 추문 사건으로 방송계에서 퇴출되면서 '김생민의 영수증'도 문을 닫게 되었다). 이외에도 '셀럽파이브' 등 여성 예능인들이 활약할 무대를 만들었고 '미디어랩시소'라는 기획사를 설립해 예능 콘텐츠 제작자로 입지를 굳히고 있다.

송은이 씨에 대한 글을 쓰면서 가슴이 두근거린다. 얼마나 멋진 활동인가? 송은이 씨처럼 무대가 없어진다고 절망하지 않고, 기회가 없다면 만들면 된다는 마음으로 뛰면 좋겠다.

나 역시 맨주먹으로 시작해서 아무도 불러 주지 않아도 끊임없이 무대를 만들어 가면서 지금까지 살아왔다. 국내 기획 부서를 만들고 나서 국내 작가들과 함께 출판 아이템을 만들어 출판사에 소개할 때 처음엔 대형 출판사를 선호했다. 나와 작가 입장에서 대형 출판사가 매력적인 무대였다.

하지만 차츰 방향을 바꾸었다. 방향을 바꾼 것이 아니라 자연스럽게 바뀌었다고 하는 것이 정확한 표현일 것 같다. 대형 출판사들은 베스트셀러 작가나 유명인을 선호하였다(이는 모든 출판사 공통의 문제이긴 하다). 즉, 우리는 대형 출판사라는 무대를 원했으나 정작 그 무대는 우리를 원하지 않았던 것이다. 우리 회사가 신인 작가를 소개해도 별다른 관심을 보이지 않을 때가 많았다. 난 우리 회사 작가들이 좀 더 환영받을 수 있는 무대를 찾고 싶었다.

출판사와 작가(국내 기획부), 출판사와 번역자(번역부), 출판사와 출판사(저작권부)를 매칭 하는 일이 우리 회사의 정체성이라 내가 직접 출판사를 만들 순 없으니, 신인 작가들에게 열과 성의를 다해 줄 출판사가 필요했다. 작가 한 사람 한 사람을 소중히 여길 수 있는 출판사라면 믿고 함께할 수 있을 것 같았다. 그렇게 고민하다가 중소형 출판사들과 인연을 맺어 가게 되었다.

우리 회사가 규모가 크지 않아도 실력이 뛰어난, 즉 강소 기업들과 동행하게 된 것은 서로가 윈윈하는 전략이라고 생각한다. 대형 출판사들에는 스타 작가들이 넘치지만, 작은 출판사들은 그렇지 못하다. 출판 등록을 낸 지 얼마 안 된 신생 출판사일 때는 좋은 작가를 섭외하기가 더욱 힘들다. 사장님이 오랫동안 출판계에서 일한 편집자나 영업자 출신이라 책을 멋지게 만들어서 팔 수 있는 능력이 있어도 작가들이 선뜻 출판하려 하지 않는 것이다.

반면에 신인 작가는 자기 책을 정성껏 출판해 줄 출판사에 목이 마르다. 어디에서 그런 출판사를 만나야 할지 몰라 헤매다가 꿈을 포기하기도 한다. 한쪽에는 좋은 작가를 찾는 출판사들이 있고, 다른 한쪽에는 좋은 출판사를 찾는 작가들이 있다. 이들을 잘 매칭 한다면 시너지가 나지 않겠는가? 그래서 난 실력 있는 중소형 출판사와 우리 작가의 출간 계약을 성사시키고 있으며, 기대 이상의 성과를 올릴 때가 많다.

어떤 출판사는 사장님과 편집장, 영업자 등 세 명이 전부인데, 각자 일당백 수준으로 동에 번쩍 서에 번쩍 활약한다. 잘 모르는 이들은 이 출판사가 대형 출판사인 줄 알고 소개해 달라고 나에게 부탁해 올 정도다. 회사 규모와 상관없이 출판사가 작품에 열정이 있다면 얼마든지 홍보 마케팅에서 두각을 나타낼 수 있다. 신생 출판사와 신인 작가가 만나서 베스트셀러를 만들기도 한다. 자신이 뛰놀 무대를 만나서 초심을 불태우는 작가, 겸손한 마음으로 무대를 만들어 가는 강소 기업이 만나니 시너지가 나지 않을 수 없다. 우리 회사를 만난 출판사가 성장해 가고, 우리 회사를 만난 작가가 자기 분야에서 더욱 굳건하게 입지를 다져 나간다. 이들 덕에 우리 회사 역시 성장했음은 물론이다.

이런 성과가 알려지면서 대형 출판사를 선호하던 중견 작가들이 나에게 "○○ 출판사와 계약하고 싶다."라는 의사를 밝히기도 한다. 나는 더 이상 "엔터스코리아는 왜 대형 출판사보다 중소형 출판사와 거래가 많아요?"라거나 "신인 작가보다 유명한 작가를 잡아 보지 그래요?"라는 말에 신경을 쓰지 않는다. 간절하게 무대를 원하는 사람들끼리 연대해서 시너지를 내는데, 이 매력에 빠지지 않을 수 있겠는가?

그리고 나는 우리 회사 작가들을 위해 특강 무대를 만들었던 적이 있다. 홍보 마케팅 차원에서 기업이나 도서관 강연 등에 우리 작가들을 매칭 해 왔으나, 직접 무대를 기획해서 우리 작가들만의 독무대를 만들었으면 좋겠다는 욕심이 있었다. 그래서 《성과를 지배하는 바인더의 힘》(스타리치북스)의 강규형 작가, 《오래가는 것들의 비밀》(지와인)의 이랑주 작가, 《여자를 위한 사장수업》(다른상상)의 김영휴 작가를 모셔서 2020년 1월 초에 '제1회 엔터스코리아 저자강연회-책 속에서 새로운 나를 찾다'를 개최했다(이때는 코로나19가 국내 상륙 전이라 강연회 개최가 가능했다). 작가들의 연합 형태의 강연회를 주최하는 것은 처음이었지만, 500석 규모의 강연장을 빌려서 야심 차게 준비했다.

이 강연으로 우리 회사의 수익은 마이너스에 가까웠다. 그러나 그날 객석을 가득 메운 이들의 환호성, 강단에 선 작가들의 멋진 강연만으로 내 가슴이 벅차올랐다. 강연회에 참석한 예비 작가들의 "나도 책을 써서 저분들처럼 선한 영향력을 미치고 싶어요."라는 소감을 전해 들으며 내 역할을 다시 한번 실감했다. 작가들이 무대에서 선한 영향력을 발휘한다면 나는 그 무대를 만들어 드리는 역할이라는 것을…. 비록 올해는 코로나 때문에 대규모 강연을 개최할 수 없었지만 언젠가 다시 무대를 만들려고 기다리고 있다.

코로나19로 작가들이 오프라인 무대를 찾지 못해 온라인 무대로 옮겨 가고 있다. 무대가 없다고 절망하지 않고 유튜브, 줌(Zoom)에서 무대를 펼치는 것이다. 많은 인원이 자신의 영상을 보지 않더라도 꿋꿋하게 촬영을 이어 간다. 꿈을 꾸는 이들은 장애를 만날 순 있어도 그것 때문에 꺾이지 않는다는 것을 눈으로 확인하고 있다.

그래서 난 무대를 찾는 신인들에게 말씀드리고 싶다. 무대가 사라진다고 비관만 해서는 현실이 변하진 않는다. 절망하기보다 내가 활약할 수 있는 무대를 만들면 된다. 나와 같은 입장인 이들을 만나 함께 손잡고 연대해서 무대를 만들어 보자. 살면서 누구나 한 번 이상의 기회를 맞이하고, 그 기회는 준비된 사람만이 잡을 수 있다. "이렇게 살아서 뭐 하겠어."라는 신세타령만 한다면 기회를 잡을 수 없다. 닥치는 대로 다양한 경험을 쌓고 무엇이든 시도해 보자. 나 역시 일본어 강사만 했다면, 회사를 설립하고 산업 번역만 했다면, 우리 회사가 이렇게 성장하지 못했을 것이다. 번역부, 저작권부, 국내 기획부와 책 쓰기 강좌, 홍보 마케팅 등 끊임없이 새로운 무대를 만들며 도전했기 때문에 발전할 수 있었다.

무엇이든 시도해 봐야 발전할 수 있고, 기회는 누군가가 준다기보다 내가 만들어 가는 것이다. 그래서 오늘 하루 최선을 다하고 충실하게 사는 것이 중요하다. 일회성의 노력이 아닌, 꾸준히 노력해 나가고 있는지 자문해 보자. 성실함이 지속될 때, 꾸준할 때 뜻하지 않는 행운이 올 수 있다.

스트레스를 풀고 긍정 에너지를 배가시키는 방법

3년 전 봄, 몸 상태가 급격하게 나빠져서 고생한 적이 있었다. 아침에 눈을 뜨기가 힘들었고 꼬박꼬박 출근했지만 사무실에 앉아 있는 것도 고생스러웠다. 심상치 않다는 생각에 평소 다니던 병원을 찾았는데 위암 전 단계라는 장상피화생(腸上皮化生) 진단을 받았다. 꾸준히 운동하고 몸에 좋은 음식을 찾아 먹는 등 건강 관리를 잘하고 있다고 자신했는데, 적잖은 충격이었다. 내 나름대로 고민해 보니 잘못 먹은 약이 있는 것 같고 식단 문제도 있는 것 같아 의사 선생님에게 줄줄 설명을 늘어놓았다. 그런데 그분은 내 말을 다 듣고는 이렇게 답했다.

"물론 그런 것도 문제겠지만… 그보다 스트레스가 많으셨던 것 같습니다."

항상 긍정적으로 일하는 나에게 스트레스라니? 물론 사람인 이상 스트레스가 없을 순 없지만 안 좋은 일이 생겨도 좋게 생각하려고 노력하려는 나인데, 스트레스 때문에 건강이 상할 정도였단 말인가?

"마음이 못 느껴도 몸은 느낄 수 있어요. 피로가 많이 쌓였는데 긍정적인 마인드로 물리쳐도, 몸에는 그대로 남거든요. 몸과 마음은 서로 연결되는 거니까 어느 한쪽이 나빠지면 다른 한쪽도 무너집니다. 이제부터라도 과도한 업무량을 줄이고 좀 더 여유를 가져 보세요."

의사 선생님이 나에게 해 준 말이 머릿속에 깊게 새겨졌다. 곰곰이 생각해 보니 그 말이 맞았다. 긍정적인 마인드로 부정적인 생각이나 스트레스를 물리쳐 왔지만, 몸에 쌓인 피로감과 에너지 소모마저 지울 수는 없었다. 욕심껏 회사 일을 하면서 잘될 때도 있지만 안될 때도 있었고, 일이 안 풀리면 해결하기 위해서 악착같이 뛰어다녔다. 결과에 연연하지 않으려고 노력해도 성과가 변변찮으면 작가와 출판사를 볼 면목이 없었다. 그런 감정과 피로감, 스트레스가 나도 모르는 사이에 몸에 쌓여 갔다. 긍정적인 마음만 있다면 아무 문제없다고 생각했는데 그게 아니었다.

나는 의사 선생님의 조언에 따라서 몸에 쌓인 독소를 풀기 위해 노력했다. 나의 긍정적인 에너지와 선의지를 지키기 위해서라도 꼭 필요한 일이라 여기고, 기꺼이 시간을 들여 노력하고 있다.

건강하고 맛있는 음식을
찾아다니기

과거에 나는 기름진 음식을 좋아했다. 불판에 고기를 굽는 소리만 들어도 그날 쌓인 피로가 풀릴 정도였으니까…. 하지만 10년 전 갑상선암에 걸린 후 모든 것이 바뀌었다. 그때부터 나는 건강하고 신선한 먹거리를 찾아다니기 시작했고, 장상피화생 치료를 하면서 위 건강에 더 신경을 쓰게 되었다.

매일 아침 마를 잘라서 먹고, 식사 약속이 있을 때를 대비해 신선한 야채를 준비해 갖고 다닌다. 밥은 먹지만 밀가루를 최대한 피해서 탄수화물 섭취를 줄인다. 아침, 점심, 저녁의 정한 때에 내 몸에 맞는 건강 보조 식품을 먹어서 부족한 영양분을 보충한다. 또한 위장의 기능을 보호하기 위해 식사할 때와 식사 전후 2시간 안에 물을 마시지 않는다. 《밥따로 물따로 음양식사법》(이상문 지음, 정신세계사)에 소개된 올바른 식사법을 지키고 있다.

식습관을 바로잡자 몸이 한결 가벼워지고 위장이 한결 편해짐을 느끼고 있다. 몸이 좋아지니 기분이 더욱 상쾌해졌다. 열심히 건강 관리를 하는데도 늘 몸이 무겁고 찌뿌둥하고 기분이 가라앉는다면 나처럼 식습관을 관리할 것을 권한다.

나를 행복하게 해 주는
취미 생활

나는 내가 좋아하는 일에 집중력과 끈기가 높은 편이다. 돈을 벌지 못해도 내가 좋아한다면 기꺼이 돈을 투자하면서까지 몰입한다. 이런 내 습관을 보고 지인이 "비이성적 몰입에 뛰어나다."라고 평가해 주었다. 나는 무엇인가를 배우고 실력을 갈고닦는 것을 좋아한다. 무엇이든지 시작하면 꾸준히, 지속적으로 한다. 좋아하는 취미 생활을 꾸준히 하면 오래 버틸 수 있는 근육을 키우는 데 도움이 되고, 몰입할 때 고난도의 희열을 느껴서 스트레스 해소 효과도 뛰어나다.

내가 몰입하는 취미 생활이 몇 가지 있는데, 그중에서 마술은 1년 동안 집중적으로 배워서 웬만한 아마추어 마술사 정도로 마술을 구사할 수 있게 되었다. 나는 마술을 통해 불우 이웃을 돕는 활동을 했는데, 여러 명의 마술사가 참여하는 제법 큰 규모의 공연을 주최하기도 했다. 공연 기획 전문가가 아니어서 스텝을 모집하고 재료를 준비하는 등의 모든 과정이 낯설고 힘들었다. 하지만 최선을 다했고, 당시 티켓의 40%를 내가 팔았을 정도로 열정적으로 뛰었다. 공연 수익금을 모두 기부하면서 이루 말할 수 없는 희열을 느꼈다.

마술은 배우는 과정에서 즐거움을 느끼고, 이를 통해 다른 이들을 행복하게 해 줄 수 있어 정말 보람 있는 취미였다. 마술을 할 때면 내가 어린아이가 된 것처럼 한없이 행복했다. 비록 지금은 일이 바빠서 중단하였지만, 언젠가 다시 무대에 설 날을 기대하고 있다.

이외에 앞서 언급한 것처럼 독서 역시 마음을 정화하는 데 도움이 된다. 책을 읽으면서 마음이 가라앉고 엉킨 실타래가 풀렸다. "이게 말이 돼?"라고 부들부들 떨다가도 독서를 하면 "아… 말이 되는구나."라며 깨달음을 얻을 때가 많다.

기분이 가라앉을 때 도움이 되는 취미는 음악 듣기이다. 나는 1970~80년대에 나온 팝송을 좋아한다. 우리나라 영화 〈쉬리〉의 삽입곡 'When I dream'를 들으면서 마음을 차분하게 가다듬고, 미국 록그룹 이글스의 'Hotel California'의 멜로디를 따라가면서 복잡한 생각들을 지우며, 기분이 좋을 땐 레이디 가가의 신나는 멜로디의 곡을 듣는다. 모두가 잘 알다시피 음악은 마음을 정화하는 능력이 있다.

이 생각 저 생각으로 복잡해진 머릿속을 비우는 데는 게임이 좋다. 나는 10년 넘게 스타크래프트 게임을 했다. 게임 속 세상에 몰입하다 보면 현실 세계의 문제들이 사라져서 좋았다. 게임은 중독성이 있다고 하는데, 조절만 잘하면 스트레스 해소에 도움이 된다.

규칙적인 운동으로
몸 건강 강화하기

매일 규칙적인 운동은 현대인에게 필수다.

몇 시간씩 전화를 붙들고 있거나 책상 앞에서 미팅하다 보면 뒷목이 뻐근한데, 운동을 하면 뭉친 근육을 푸는 데 도움이 된다.

나는 매일 헬스장에 다니며 꾸준히 운동해 왔다. "건강한 몸에 건강한 정신이 깃든다."라는 말처럼 몸이 건강해지면 마음도 좋아지고 긍정적으로 바뀔 수 있다. 코로나19 때문에 헬스장에 못 갈 때가 많아지면서 주말 등산을 즐긴다. 등산은 본래 좋아했는데 푸르른 녹음을 보면 안구가 정화되고 마음도 시원해진다.

너무 바빠서 이것도, 저것도 못 할 때는 집에서 '스쿼트 자세'를 한다. 허벅지가 무릎과 수평을 이룰 때까지 앉았다가 서는 동작으로 허벅지 근육을 강화하는 데 도움이 된다. 허벅지 근육은 몸을 지탱하는 기본 근육으로 이 근육이 건강해야 몸도 좋아진다.

선의지를 가진 이들일수록 의욕이 넘쳐 많은 일을 하는데, 그러다 보면 스트레스가 쌓일 수 있다. 잘 살아남고자, 꿈을 이루고자 하는 노력 때문에 스트레스가 생기는 것이니 무조건 나쁘다고도 할 수 없고, 무작정 피할 수도 없다.

그렇다고 해서 쌓여 가는 스트레스를 방치해서는 안 된다. 스트레스가 커지면 몸과 마음의 선순환이 망가지면서 선의지가 훼손되고 의욕이 꺾이게 된다. 내가 고달픈데 타인을 바라보고 도와줄 힘이 생길 리 만무하다. 의욕이 꺾이니 부정적인 생각이 고개를 쳐들고 긍정적인 에너지를 갉아먹는다. 종국에는 꿈까지 시들어 버릴 수 있다. 그래서 스트레스를 건강하게 해소하는 노력이 필요하다.

가정 의학과 전문의 이동환 원장의 말을 빌리자면 나는 "스트레스를 푸는 게 아니라 잊는 것"이었다. 그래서 이제는 단순한 '정신 승리'가 아니라 진정으로 몸과 마음의 건강을 추구하려고 노력하고 있다.

나를 지키면서 선의지를 가진 이들과 오래오래 연대하기 위해서 스트레스를 제대로 푸는 방법이 필요하다. 꿈을 이루며 행복하게 살기를 바라는 이들에게 건강한 몸과 정신은 필수다. 여기에 공유한 내 나름의 방법들이 선의지를 가진 이들에게 조금이나마 도움이 되었으면 하는 바람이다.

선의지를 가진 이들에게 추천하는 습관 ❶
– 나를 성장시키는 '글쓰기'

나는 선의지를 가진 사람들이 성공하길 바란다. 선의지를 가진 사람들은 보통 성공에 갈급하기보다 자신이 하고 싶은 일을 하는 것 자체에 만족하고, 그것을 통해 다른 이를 도울 수 있으면 행복해한다. 그러나 지켜보는 내 마음속에는 '저런 사람들이 성공해야 이 사회가 더욱 좋아지지 않겠어? 내가 할 수 있는 한 힘껏 도와야지!'라는 생각이 든다.

이들의 성공은 자신에게만 국한되지 않고 다른 이들도 함께 성과를 거두게 한다. 성공을 혼자 독식하지 않고 선한 영향력을 확대하는 데 사용하는 것이다. 내가 책을 쓰고 있을 때, 배달의 민족 창업자이자 우아한형제들의 김봉진 대표가 재산의 절반인 5,500억 원을 기부하겠다고 발표했다. 이것이 성공을 혼자 독식하지 않고 함께 나누는 행위이다. 혼자만 잘 먹고 잘살겠다고 생각했다면 절대 할 수 없는 결단이다. 다 함께 잘 사는 세상을 위해, 그는 자신의 잔에 넘쳐 흐르는 샴페인을 과감하게 다른 잔으로 나누기로 결정했다. 그의 기부로 이루어질 선한 일들, 그리고 그의 기부 사실에 자극을 받은 다른 부자들의 릴레이 기부를 생각하면 벌써부터 기대감에 가슴이 부풀어 오른다.

부끄럽지만 나도 오래전부터 꾸준히 기부를 해 오고 있다. 몇몇 NGO에 후원 회원으로서 정기적으로 후원금을 납부하고 있으며, 등록금이 없어서 대학교에 진학하기 어려운 상황의 학생들에게 등록금 일부를 지원하거나, 기독교인으로서 몇 군데의 개척 교회를 후원한다. 이외에도 책을 다량으로 기부하거나 지인들에게 사연을 전해 듣고 어려운 분들을 돕기도 한다. 길거리에 버려진 이름 모를 아기 새 세 마리를 거둬 와서 키울 정도로 마음이 약한 나로서는 고통을 받는 이들의 사연을 외면할 방법이 없다. 내 주변에도 누군가를 돕기 위해 기꺼이 자신의 지식과 경험, 시간, 물질까지 내주는 분들이 있다. '나 하나'만 생각지 않고 '우리'를 생각하는 사람들이 더 많아지고 이들의 선한 영향력이 더더욱 확대되었으면 좋겠다.

선한 이들이 성공하려면 그들이 더욱 강해지고 특별해져야 한다. 이를 위해 나는 선의지의 소유자들에게 습관 두 가지를 추천하고자 한다. 첫 번째 습관은 바로 글쓰기다.

글쓰기, 내가 가진 모든 것을
종이 위에 풀어내는 작업

글을 쓴다는 것은 무엇일까? 글쓰기는 내 머릿속에 들어 있는 지식, 생각, 경험 등 모든 것을 글로 표현하는 것이다. 글쓰기가 중요한 이유는 나를 표현하는 작업이기 때문이다. 아무리 아는 것이 많고 경험이 풍부하고 성찰이 깊어도, 글로 표현해 내지 않는 한 다른 사람들에게 알릴 방법이 없다. 심지어 나조차도 '내가 그걸 진짜 알고 있는 것일까?' 헷갈리기도 한다. 머릿속에 있는 것을 꺼내 종이 위로 펼쳐 놓아야, 내가 가진 모든 것을 비로소 확인할 수 있다.

글쓰기가 무엇인지, 왜 중요한지도 알지만 막상 시작하려고 하면 막막하다. 여기에서는 글쓰기를 쉽게 해 볼 수 있는 방법을 알려 드리고자 한다. 먼저 자신이 어떤 영역의 글을 쓰고 싶은지를 정한다. 내가 관심 있는 영역 중에서 하나를 골라서 관련된 글들을 꾸준히 써 내려가는 것이다. 예를 들어, 스릴러 영화에 관심이 있다면 이것으로 정하고, 봉준호 감독의 〈마더〉, 박찬욱 감독의 〈아가씨〉, 강우석 감독의 〈이끼〉 등등 자신이 본 영화에 대한 감상문을 각각 한 편씩 쓴다. 컴퓨터 파일이나 노트에 기록해도 좋고, 인터넷 블로그나 페이스북 등 SNS를 활용해도 좋다. SNS에 올리면 많은 이들이 내 글에 관심을 갖고 볼 수 있으므로 규칙적인 글쓰기를 하는 데에도 도움이 된다.

글쓰기를 하는 분들 중에 매일 있었던 일을 기록하는 분들이 있다. 마치 일기와 같은 글인데, 이런 글을 쓰는 것만으로도 자기 생각을 표현하는 데 도움이 된다. 글쓰기가 너무 어렵게 느껴지면 매일 소소한 일상을 기록하는 일기부터 시작할 것을 추천한다.

그런데 이왕 쓰는 거 좀 더 욕심을 내서 주제를 정하고 그에 맞게 글을 써 보자. 위의 예처럼 영화도 좋고, 자신의 직업에 대한 것도 좋다. 한 가지 주제로 꾸준히 글을 써 내려가고 그 글이 쌓이면 어느새 나는 그 분야에 식견이 깊은 전문가가 된다. 카이스트(KAIST)를 졸업하고 화학자·공학 박사이자 다수의 책을 집필한 곽재식 작가가 《한국 괴물 백과》(워크룸프레스), 《괴물, 조선의 또 다른 풍경》(위즈덤하우스)이라는 책을 쓴 것처럼 말이다. 그는 역사 전공자가 아니지만, 우리나라 역사 기록에 존재하는 괴물들에 흥미를 갖고 끊임없이 탐구한 끝에 괴물 전문가로서도 이름을 알리게 되었다.

내가 글쓰기의 중요성을 강조하니까 어떤 분이 "책 쓰기 강좌를 운영하시면서 왜 글부터 먼저 쓰라고 하는 거예요?"라는 질문을 한 적이 있다. 글쓰기는 책 쓰기와 다르다. 책 쓰기 강좌를 운영하는 회사 대표로서 책 쓰기보다 먼저 글쓰기를 말하는 이유는 글쓰기가 더 기본이기 때문이다. 글쓰기를 잘하면 기본 표현력이 갖추어진 것이므로 책을 쓸 때도 훨씬 유리하다.

그래서 2016년에 책 쓰기 강좌를 만들고 나서 2017년에 글쓰기 강좌도 만들었다. 글쓰기를 배운 후 책 쓰기를 배우는 게 맞는 수

순이어서 사람들에게 추천했는데, 생각보다 호응도가 적어서 몇 기수 운영하지 못한 채 문을 닫아야 했다. 기본적인 문장 표현력이 약한 분들조차 글쓰기보다 책 쓰기에 훨씬 더 관심이 많다는 점은 아쉬움으로 남는다. 앞으로는 자신의 이야기를 담아내는 글쓰기의 저변이 더 확대되었으면 좋겠다. 만약 지금까지 글을 써 본 적이 없거나 해 보고 싶은데 망설였다면 오늘부터 시작해 보았으면 한다. 글쓰기는 나 자신을 위해 그리고 나와 함께 호흡하고 있는 모든 이들을 위해 반드시 필요한 습관이다.

두뇌와 마음의 양식이 되어 주는 독서

글쓰기와 마찬가지로 독서의 중요성도 두말할 나위가 없다. 글쓰기와 버금가게 중요하지만, 두 가지는 짝꿍처럼 함께하는 것이 좋다.

본래 나는 독서를 하지 않았던 사람이었다. 그러다 독서에 입문해서 그 맛을 안 이후로 8년 동안 매일 아침 6시에 일어나 1시간 30분 동안 모닝 독서를 해 왔다. 그동안 읽은 책은 어림잡아 700권이 넘고 분야는 자기 계발서, 경제 경영서, 인문 철학서, 소설 등 다양하다. 본인의 취향이 있겠지만, 요즘은 여러 학문의 융합이 대세

이기 때문에 이왕이면 여러 분야를 두루두루 읽을 것을 권한다.

독서는 사람의 창의력, 사고력 등을 키워 주고 바른 인성을 갖추는 데에 도움이 된다. 독서만으로도 좋은데 타인과 토론하는 독서 모임까지 참여하면, 글쓰기와 마찬가지로 자기 생각을 표현하는 능력까지 생겨서 금상첨화다. 독서를 많이 하는 사람을 보면 우리는 그 사람이 '상식이 풍부하겠구나.', '자기 계발에 힘쓰는 모범적인 사람이겠구나.', '사고의 폭이 넓겠구나.' 라고 생각한다. 독서는 사람의 내면을 성장시켜 줄 뿐 아니라 남들의 시선까지 좋게 바꿔 주는 부수적인 효과까지 누릴 수 있으니, 정말 훌륭한 습관이라 할 만하다.

나를 오랫동안 지켜봐 온 지인들은 내가 정말 많이 달라졌다고 입을 모은다. 나처럼 무지한 사람도 꾸준히 독서를 하면 책을 쓸 수 있는 것은 물론이고 대중 앞에서 강의도 할 수 있다. 물론 여기에 조건이 하나 있다. 무조건 책만 많이 읽는다고 되는 것이 아니라 '사색' 해야 한다는 것이다. 단지 3,000권 혹은 5,000권 읽었다고 해서 생각의 크기가 커지는 것이 아니다. 책을 많이 읽는 것도 중요하지만, 어떻게 읽느냐가 더 중요하다는 사실을 간과해서는 안 된다. 자신이 감당할 수 있을 만큼 책의 권수를 정해 읽은 다음, 충분한 사색을 통해 내 것으로 소화해야 한다. 먹은 음식이 소화되어야 에너지가 만들어지듯이, 독서를 통해 사색해야만 진정한 성장이 이루어질 수 있다. 그래서 소크라테스(Socrates)는 "남의 책을 읽는 데 시간을 보내라! 남이 고생한 것으로 자기를 쉽게 개선할 수 있다."라고 말했다.

"저 사람은 절대 안 변해!"라는 말을 듣는 사람이더라도 꾸준한 독서를 통해 바뀔 수 있다. 갑자기 확 변하지는 않아도, 시간이 지날수록 자신도 모르게 조금씩 변화하는 모습을 느낄 수 있을 것이다.

나 역시 독서를 하기 전에는 독불장군처럼 나만 옳다고 생각했다. 지독한 가난을 극복했다는 자부심이 있어서인지 고집이 셀 뿐 아니라 직원들에게 반말을 하고 강압적으로 업무를 지시하기도 했다. 나와 생각이 다른 이를 만나면 어떻게 해서든 설득하여 그 사람의 생각을 바꾸어 보려고 기를 썼다.

그런데 책을 읽기 시작한 지 두 달쯤 지났을 때였다. 모닝 독서를 하다가 갑자기 가슴 깊은 곳에서 먹먹함이 올라와 견딜 수가 없었다. 그때는 왜 그랬는지, 왜 그렇게 무모하고 무지했는지, 물밀듯이 밀려오는 후회와 감사함이 오버랩 되어 나도 모르게 울컥했다. 무엇을 모르는지조차도 모르는 나의 무지함이 그동안 직원들의 마음에 얼마나 많은 상처를 주었을까? 그 생각만 하면 지금도 마음이 아프다.

그날 나는 비장한 결심을 하고 출근하여 전 직원들을 소집했다. 그리고 고개를 숙여 "저의 지난 과오를 진심으로 사과드립니다."라고 사과를 했다. 느닷없는 대표 이사의 정중한 사과에 직원들은 어리둥절해했다. 하지만 나는 그날부터 달라졌다. 직원들에게 단 한 번도 높임말을 해 본 적이 없던 내가 회사에 출근하면, 부서마다 돌아다니면서 가장 먼저 "안녕하세요?" 하고 인사를 하기 시작한 것이다. 짐작건대 직원들은 '대표님이 갑자기 왜 저러지? 저러다 말겠지…' 하고 생각했을 것 같다. 하지만 나는 아랑곳하지 않고 계속해서 인사를 하면서 돌아다녔다. 사람은 절대로 바뀌지 않는다고들 하지만, 분명 바뀔 수 있다. 책 한 권을 읽고 바뀔 수도 있고, 행간의 숨은 뜻을 읽고 바뀔 수도 있다. 절대 안 바뀐다고 하는 사람도 어쩌면 스스로 바뀔 수 없다는 생각에 자기 합리화를 하는 것일지도 모른다. "책은 사람이 만들고 사람은 책이 만든다."라는 말이 있듯이, 지금의 나는 책으로 만들어진 사람이다. 잠들어 있는 이성을 깨우려면 책을 읽어야 한다.

이제 나는 다른 사람의 말에 귀를 기울일 수 있게 되었다. 나보다 어리다고, 경험이 짧다고 무시하지 않고 내가 모르는 것을 저 사람이 알 수 있다는 생각으로 경청한다. 지금도 그때 직원들 앞에서 머리를 숙였던 장면이 생생하게 눈앞에 떠오른다. 난 독서의 중요성을 설명할 기회가 있을 때마다 이 사건을 이야기한다.

책을 읽는다고 성공하는 것은 아니지만, 감히 단언컨대 성공한 이들 중에 책을 읽지 않는 이는 없을 것이다. 선한 영향력을 꿈꾸는 이들이라면 반드시 독서 습관을 기를 것을 권한다.

나의 존재를 온 천하에 드러내는
책 쓰기

나의 전문성을 다지고 많은 이들에게 선한 영향력을 미치고 싶다는 포부가 있는 사람이라면 책 쓰기가 필수라고 생각한다. 이제 책은 특별한 사람만 쓰는 것이 아니라, 자기 이야기가 있다면 누구나 쓸 수 있는 시대가 되었다. 드라마틱한 인생을 살았거나 유명하거나 직업적으로 전문성이 뛰어난 사람뿐 아니라, 꾸준히 본인의 콘텐츠를 쌓아 온 사람이라면 능히 책을 쓸 수 있다. 대중은 뛰어난 이들의 '뛰어난 이야기'도 좋아하지만, 자신과 똑같이 평범한 이들의 '노력하는 이야기'도 필요로 하기 때문이다.

나는 책을 쓰고 나서 훨씬 더 큰 영향력을 가지게 된 이들을 많이 목격하고 있다. 2015년에 출간된《학력파괴자들》(프롬북스)의 정선주 작가는 책이 나온 지 올해로 6년째 접어드는데도 강연 요청이 끊이지 않는다. 그는 학교를 뛰쳐나간 인재들이 어떻게 사회에서 두각을 나타내고 있는지를 알리면서, 학벌 위주의 사회가 변화하는 데 힘을 보태고 있다.

2015년에 출간된《슈퍼 미네랄 요오드》(이진호 · 황성혁 지음, 느낌이있는책)는 '요오드'의 의학적 효능과 건강에의 유용함을 증명한 의미 있는 책이다. 아쉽게도 책이 대박 나진 않았지만 입소문이 나면서 병원 예약 환자가 줄을 섰다. 최근에도 안부를 묻느라 이진호 원장과 연락했는데 1년 예약이 꽉 찬 상태라고 한다. 작가들은 지금도 요오드 섭취를 통해 건강을 관리하고 질환을 치유할 수 있는 방법을 열심히 연구하고 있다.

책을 내서 좋은 변화를 맞이한 분들은 이후에도 또 책을 쓴다. 한 권 쓰기가 어렵지, 한 권을 쓰고 나면 두 권, 세 권, 계속해서 쓸 수 있다. 못해도 2~3년 단위로 책을 한 권씩 내면 활동하는 데에 여러모로 도움이 된다. 새 책이 나오면 이미 출간했던 책도 더 팔릴 수 있다. 책을 낸다는 것은 내 존재감을 온 세상에 드러내는 것이고, 내 존재를 매력적으로 봐 준 사람들은 내 책을 찾아보고 구입하기 때문이다.

모든 사람들이 다 책을 쓸 필요는 없지만, 대중 속에서 선한 영향력을 미치고픈 꿈이 있는 분들에게는 책이 필요하다. 아무리 바쁘더라도 시간을 내어 책을 썼으면 좋겠다.

불가능할 것 같아도,
악착같이 쓰고 또 쓰기

글쓰기 습관을 권하면 많은 이들이 "바빠 죽겠는데 쓸 시간이 어딨어요!"라고 한탄한다. 맞는 말이다. 솔직히 한국인들처럼 바쁘게 사는 민족이 어디 또 있을까? 태생적으로 그리고 환경적으로도 부지런하게 일하는 민족이라는 사실은 저작권 협의를 할 때도 잘 나타난다. 해외 에이전시 및 출판사들과 연락할 때 우리나라 에이전시는 발 빠르게 움직이는 반면, 해외는 상대적으로 일 처리가 느리다. 특히 일본어권은 꼼꼼하게 확인하고 또 확인하면서 일하는 편이라 그런지 연락 속도가 더디다. 그렇기에 우리 측 담당자들이 빨리 회신해 달라고 두세 번 채근하는 상황이 종종 발생한다. 이렇게 바쁘고 부지런한 한국인들에게 자기 계발이란 어찌 보면 "그림의 떡"과 다르지 않다.

그렇다면 글쓰기를 포기해야 할까? 천만의 말씀이다. 무조건 써야 한다. 포기하지 말고 악착같이 덤벼야 한다. 여기까지 읽고 나서 '난 그렇게 독한 사람이 아닌데…'라며 부담스러워할 사람들이 있을 것 같아, 비교적 쉬운 방법을 권하자면 하루에 딱 1시간만 시간을 내 보자. 새벽 1시간 혹은 밤 1시간만 잠을 줄여서 시간을 만들어 보자. 그것도 무리라면 토요일, 일요일 이틀간 딱 네 시간을 내 보는 건 어떤가? 잠을 자거나 휴식을 취하는 시간, 친구를 만나는 시간을 약간만 덜어 내도 충분히 가능하다.

우리의 일상이 빼곡하게 채워져 있는 것 같지만, 하나하나 따져 보면 부서져 사라지는 시간이 의외로 많다. 스케줄을 점검하면 이런 시간이 마법처럼 당신의 눈앞에 나타날 것이다. 이 시간을 사용하는 것이다. 혼자 쓰기가 어렵다면 《나를 찾는 하루 10분 글쓰기》(조이 캔워드 지음, 그린페이퍼)와 같은 길잡이 책을 골라서 참고해 보는 것도 좋겠다.

불가능할 것 같아도 악착같이 쓰고 또 쓰는 사람들이 결국 무엇인가를 만들어 낸다. 우리 회사 작가들도 바쁘기로 따지면 둘째가라면 서러운 사람들이다. 아침부터 저녁까지 자기 본업으로 바쁘게 뛰어다니고 주말에도 예외가 없다. 그런데 누구보다 바쁜 그들이 책을 더 잘 쓴다. 나 역시 앞서 소개한 것처럼 월화수목금금금으로 미팅이 가득한데도 《책쓰기가 이렇게 쉬울 줄이야》를 썼고 지금도 이 책을 쓰고 있지 않은가? 시간이 많아서 글을 쓰는 게 아니라 비전이 있어서 끈기 있게, 악착같이 덤비는 것이다.

어쩌다 하루 시간을 내는 것보다, 매일 혹은 이틀에 한 번이라도 꾸준하고 규칙적으로 해야 글쓰기 실력을 키울 수 있고 콘텐츠도 쌓아 갈 수 있다. 소설가 베르나르 베르베르(Bernard Werber)는 매일 오전 4시간씩 글을 쓴다고 한다. 무라카미 하루키(Murakami Haruki)는 새벽 4시에 일어나서 5~6시간 글을 쓴다고 한다. 세계적인 거장들은 어떤 환경에 있든지 간에 매일 반복해서 글을 쓰는 것이 중요하다고 강조한다. 《샬롯의 거미줄》을 쓴 엘윈 브룩스 화이트(Elwyn Brooks White)는 평범한 일상 공간인 거실에서 글을 썼다고 한다. 그가 글을 쓰느라 집중하고 있을 때도 가족들은 딱히 조심하지 않고 생활했다고 한다. 그는 "이상적인 환경을 기다린다면 한 글자도 쓰지 못하고 죽을 것이다."라고 말했다.

그의 말처럼 환경 탓은 이제 그만해야 한다. 보다 많은 사람들에게 선한 영향력을 미치고 싶은 꿈이 있다면 더 이상 미루지 말고 글쓰기를 시작하자. 매일 반복적인 글쓰기 습관이 당신을 더욱 강하고 빛나게 만들어 줄 것이다.

– 내 안의 요괴를 물리치는 '철학' 한 스푼

왜 사는지를 묻는 질문에 "태어난 김에 산다."라는 답변이 유행인가 보다. 곱씹을수록 맞는 말 같다. 누구나 '태어날 결심'을 하고 엄마 뱃속에서 나온 건 아니니까….

그런데 삶의 시작은 '태어났으니까 산다.'라더라도, 살아가면서 '태어난 목적'을 찾아야 하지 않을까? 나의 경우 삶의 첫 목표는 '잘 살아남아서 성공하는 것'이었다. 가난을 혹독하게 겪은 탓에 나는 반드시 잘살겠다고 이를 악물었고 미친 듯이 일했다. 차츰 경제적 형편이 나아지고 목표를 어느 정도 이루었다는 생각이 들면서 마음의 고독에서도 조금은 벗어나게 된 것 같다.

그러고 나니 '다음 목표'가 자연스럽게 머릿속에서 떠올랐다. 이렇게 '성공만을 오매불망 좇으며 사는 게 맞는 것일까, 좀 더 의미

있는 일을 할 수는 없는 것일까?' 하는 의문이 들었다. 이것이 내가 독서에 빠져들고 철학을 공부하게 된 계기이다. 오랫동안 책 한 권 읽지 않던 내가 2013년에 독서를 시작하고 2년쯤 되었을 때 철학책에 손을 댔다. 이지성 작가의 《리딩으로 리드하라》(차이정원)를 읽고 철학적 사고와 생각의 힘이 얼마나 중요한지를 알게 되었다. 나는 이 책을 통해 철학을 공부하겠다고 결심했다.

철학 공부를 시작한 지 6년이 되는 지금, 내 존재의 이유를 찾아가고 있다. 선의지를 가지고 일한다고 해서, 선의지의 사람들과 연대한다고 해서 만사가 다 잘 풀리는 것은 아니다. 생각지 못한 어려움과 벼락같은 사건을 만나기도 한다. 선의로 시작했는데 일이 꼬이고 실패하면 다시 잘해 보고 싶다는 의지가 생기지 않을 때도 있었다. 오직 성공만을 목표로 했을 때 역경을 이기기가 더 어려웠던 것 같다. 그러나 철학을 통해 내 삶의 목적과 존재 이유를 생각하게 되면서, 역경을 바라보는 시선이 달라졌다. 역경을 통해 내가 더 성숙하고 단단해져야 한다는 생각이 들기 시작했다.

만약 철학 공부를 하지 않았다면 여전히 성공을 제1목표로 두고 나날이 강퍅해졌을지도 모른다. 그래서 나는 철학 공부가 글쓰기와 더불어 선의지를 가진 이들에게 꼭 필요한 습관이라고 감히 단언한다. 철학을 통해 삶의 이유와 목적을 알게 되면, 정신이 더욱 건강해지고 어려움을 이겨 낼 힘을 얻는다. 결코 꺾여서는 안 되는 선의지의 사람들이 철학을 통해 더욱 단단한 마음을 갖게 되길 바란다.

철학,
어떻게 시작할까?

철학(Philosophy)은 Philos(필로스, 사랑)와 Sophos(소포스, 지혜)가 합해진 단어로 '지혜를 사랑한다.'라는 의미를 갖고 있다. 고대 그리스 철학자이자 수학자인 피타고라스가 처음 만든 단어로 알려져 있다. 지혜를 탐구하고 사랑하는 학문이 철학이다. 철학 문외한에서 신봉자가 된 다음에는 사람들에게 철학 공부를 권한다. 아마추어 실력이지만 철학을 알기 쉽게 풀어서 설명하는 강연도 가끔 진행한다. 내가 철학을 권하면 대다수 사람들은 머리로는 공감하면서도 본능적으로 뒷걸음질을 친다. 철학이 어려워서 자신에게 잘 맞지 않는다는 것이다. 나도 처음에 철학 공부를 시작했을 때, 너무 어려워서 저 멀리 도망치고 싶었으니 충분히 공감한다.

지인의 소개로 난생처음 철학 강의를 들었다. 칸트가 1781년에 쓴 《순수이성비판》에 대해서 40강 동안 진행되는 강의였다. 1시간 동안 수업을 듣는데 한국말인데도 이해할 수 있는 내용이 5%가 되지 않았다. 너무 당황스러워 쉬는 시간에 빨리 도망가야겠다고 마음먹었다. 이미 수강료 전액을 결제했으나 그게 문제가 아니었다. 그런데 쉬는 시간에 작은 반전이 일어났다. 도망갈 채비를 하는 나에게 옆자리의 여성 분이 말을 걸어 온 것이다.

"어렵죠? 우리도 그래요. 나도 두 번째로 듣는 거예요."

수업 시간에 열심히 질문을 하던 분이었는데 그분에게도 어려운 내용이었다는 사실을 알게 되니 갑자기 오기가 생겼다. '좋아, 다들 하는데 나만 못 할 게 무엇인가?' 다시 짐을 풀면서 끝까지 완수해야겠다고 결심했다. 꾸준함과 끈기로 따지면 둘째가라면 서러워할 내가 아닌가?

나는 칸트의《순수이성비판》,《판단력 비판》뿐 아니라 미셸 푸코(Michel Foucault)의《광기의 역사》,《성의 역사》,《감시와 처벌》, 스피노자(Baruch de Spinoza)의《에티카》, 노자의《도덕경》등 다른 철학자들의 책까지 총 120강의 수업을 들었다. 총 3년 정도의 기간이었다. 강의를 다 들으니, 철학자들이 말하고자 하는 바를 어렴풋이 이해할 수 있었다.

난 철학책을 구입해서 계속 읽어 나갔는데, 정통 철학서 위주로 읽었기 때문에 많이 어려웠다. 그래서 철학 입문자들에게는 너무 어려운 책보다는 대중적인 철학 입문서를 먼저 읽을 것을 추천하고 싶다. 이지성 작가의《리딩으로 리드하라》(차이정원/이 책은 인문 고전 독서를 말하고 있다), 야마구치 슈의《철학은 어떻게 삶의 무기가 되는가》(다산초당), 심강현 작가의《욕망하는 힘, 스피노자 인문학》(을유문화사), 장샤오헝의《철학 읽는 밤》(리오북스) 등을 추천한다. 자신에게 잘 맞는 책을 고르는 게 철학을 좋아할 수 있는 첫걸음이다.

철학을 공부하고 싶은데 철학의 다양한 학파 중 무엇을 공부해야 할지 모르겠다는 사람들이 있다. 부족하나마 내 경험을 바탕으로 조언하자면, 서양 철학과 동양 철학의 차이가 있으니 적절하게 조화를 이루는 게 좋겠다는 것이다. 서양 철학은 논리적·분석적인 사고를 필요로 한다. '모든 것을 다 의심하라.'가 기본 정신이고, 엄청 쪼개고 쪼개서 더 이상 의심할 수 없을 때까지 쪼갠다. 서양 철학자들은 본인의 이론을 세우기 위해 이전 이론을 깨야 하므로 비판적인 성향을 취한다. 그래서 신중하고 분석적인 성향을 가진 사람은 서양 철학에 더 호감을 느낄 수도 있을 것 같고, 나처럼 반대 성향의 사람이라면 부족한 면을 보충하는 데 도움을 받을 수 있을 것이다. 나는 서양 철학을 공부하면서부터 사람들과 대화를 나눌 때 그 말의 이면을 생각하게 되었다. '저 사람이 저 말을 한 이유가 뭘까?'라고 좀 더 깊이 있게 따져 보는 것이다. 본래 사람의 말을 액면 그대로 받아들이는 스타일이어서 탈이 많았는데, 서양 철학을 공부한 후부터는 백 프로 믿기보다 속내를 짐작하고 이성적으로 다가가려고 노력하게 되었다.

반면에 동양 철학은 분석적이기보다 두루두루 포용하는 느낌이었다(동양 철학을 별도로 공부했다기보다 공자, 묵자, 맹자, 한비자, 《도덕경》 등에 대한 책을 읽은 정도라 깊이가 얕은 점은 양해 부탁드린다). 새로운 이론 수립을 위해 이전 이론을 비판하는 성향의 서양 철학과 달리, 동양 철학은 이전 이론을 이어받는 방식이며, 경험에 의거해 인간과 세상에 대해 성찰한다. 그래서인지 동양 철학책을 읽으면 왠지 모르게 마음이 부드러워진다. 베풀어야겠단 생각이 들고 '뭐든지 내 탓이오~'라는 마음을 먹게 된다. 이와 같은 특징을 참고해서 함께 공부한다면,

균형 잡힌 사고를 하는 데 큰 도움을 받을 수 있을 것이다.

나는 동서양 철학이 다 좋아서 양쪽 책을 꾸준히 읽고 있다. 책이 쌓여 가면서 변화가 나타났다. 처음엔 나와 동떨어진 세상의 사람들처럼 보였던 철학자들이 나와 같은 세상의 사람들로 보이게 되었고, 그들이 했던 고민이 나를 비롯한 보통 사람들과 전혀 다르지 않음을 알게 되었다. 나보다 앞서 학문적 깊이를 쌓은 철학자들의 성찰을 통해 현재 내가 사는 세상의 고민에 대한 실마리를 찾을 수 있었다. 그래서 선의지를 가진 이들에게 꼭 철학을 공부할 것을 추천하고 싶다. 철학 공부를 하면 선의지를 더욱 견고하게 다질 수 있고, 시련이나 역경에 대처하는 자세도 달라질 수 있다. 철학을 알기 전과 후의 세상, 그리고 나의 모습은 놀랄 만큼 달라져 가고 있다.

철학으로 내가 깨달은 것 ①
나 자신을 알아 가기

내가 철학을 공부하기 시작하면서 가장 가슴에 꽂혔던 말이 소크라테스의 "너 자신을 알라."이다. 정말 너무 마음에 들었다. 철학을 공부하는 이들에게는 잘 알려진 사실이지만, 사실 소크라테스는 저 말을 한 적이 없다. "너 자신을 알라."라는 말은 고대 그리스의 격언으로 델포이의 아폴론 신전 앞마당에 새겨 있었다고 한다. 이 말이 소크라테스의 명언으로 알려진 이유를 잘 모르겠지만, 소크라테스의 철학을 공부하는 학자들에 따르면 그의 사상을 잘 표현해 주는 말로 인정할 수 있다고 한다.

소크라테스는 자신이 지혜로운 사람이 아니라고 생각했다고 한다. 그는 "내가 아는 유일한 사실은 내가 아무것도 모른다는 사실이다[無知의 知]."라는 말을 남겼다. 당대의 유명한 현자(賢者)로 꼽히는 그가 자신이 현명하지 않다고 말했다니, 그에 비하면 우리는 얼마나 교만하게 사는 것인가? 자신이 무엇을 모르는지조차 모르고 살아가는 것만큼 무서운 일이 있을까? 내가 모르는 것이 많은 불완전한 존재라는 것을 깨달을 때, 수많은 갈등이 사라지고 상대의 말을 경청하며 공존하는 방법을 찾아갈 수 있다. "내가 아는 유일한 사실은 내가 아무것도 모른다는 사실이다."는 목청껏 자기 소리만 내려고 애쓰는 이 세상에 반드시 되살아나야 하는 말이다.

나는 "너 자신을 알라."라는 말을 다른 방법으로 해석하기도 한다. 나는 '아무것도 모르는 나'의 모습도 알아야 하지만, 내가 '누구보다 소중한 존재'라는 사실도 알아야 한다. 사람은 누구나 세상에서 가장 소중한 존재이다. 존재만으로도 귀하다. 한 사람, 한 사람이 곧 우주이다. 그러므로 무엇보다 나를 아껴야 하고, 나처럼 귀한 존재인 타인을 존중하고 사랑해야 한다. 이런 생각을 하면서 과거의 아픔으로 무너졌던 자존감을 회복하는 데에도 도움을 받았다.

또 다른 변화는 일을 대할 때의 태도가 바뀌었다는 것이다. 일

위주가 아니라 일을 하는 사람도 보게 되었다. 오늘날 많은 기업이 일 중심, 성과 중심으로 일하고 있으며, 이 때문에 과도하거나 위험한 업무에 시달리다 목숨을 잃는 사례까지 발생하고 있다. 이런 풍토 속에서 사람들은 선의지를 잃어 가고 이기주의가 만연하고 있다. 나는 사람들이 철학을 공부해서 인간의 존엄한 가치를 되찾을 수 있기를 바란다.

철학으로 내가 깨달은 것 ②
평생 배워 나가기

동서양의 많은 철학자들이 배움의 중요성을 강조했다. 공자는 "배우고 때로 익히면 또한 기쁘지 아니한가[學而時習之 不亦說乎]? 라고 말했고, 칸트는 "인간은 교육을 통하지 않고서 인간이 될 수 없는 유일한 존재다."라고 말했다. 이분들의 말처럼 난 배움을 통해 순수한 기쁨을 맛보고 있고, 매일 조금씩 성장하고 있다. 인간은 본능적으로 배움에의 욕구가 있다. 다른 욕구와 마찬가지로 이 욕구를 채워야 사람답게 살아간다는 만족감을 느낄 수 있다.

내 주변의 작가들 중에도 끊임없이 공부하면서 콘텐츠를 개발하는 분들이 많다. 《리더십, 난중일기에 묻다》(성안당)를 쓴 김윤태 작가는 리더십과 인문학 전문가로서 끊임없이 공부하는 분이다. 강연과 코칭 일정으로 바쁘지만 새로운 공부를 계속해서 이를 콘텐츠 개발과 연결하고 있다. 《화난 것도 억울한데 병까지 걸린다고?》(느낌이 있는책)를 쓴 한의사 박우희 작가도 다방면으로 배움과 연구를 거듭하는 전문가다. 그의 병원 진료실에는 책이 가득하다. 끊임없이 새로운 약재와 치료법을 연구하는데, 이런 연구의 최대의 수혜자는 환자들이다.

자동차 왕 헨리 포드(Henry Ford)는 "배우기를 멈추는 사람은 스무 살이든 여든 살이든 늙은이다. 계속 배우는 사람은 언제나 젊다. 인생에서 가장 멋진 일은 마음을 계속 젊게 유지하는 것이다."라고 말했다. 언제나 성장하면서 푸른 젊음을 유지하고 싶다면 배우자. 자신의 필요나 관심사를 고려해서 어떤 것이든 꾸준히 배우려고 노력하자.

철학으로 내가 깨달은 것 ③
옳고 그름의 이분법에서 벗어나기

마이클 샌델은 《정의란 무엇인가》(김영사)에서 도덕적 딜레마에 관련된 다양한 사례를 다루었는데, 그중 한 사례를 잠깐 소개한다. 2005년 6월 미국의 해군 특수 부대 요원들이 아프가니스탄에서 오사마 빈 라덴(Osama bin Laden)의 측근인 탈레반 지도자를 찾다가 염소 떼를 몰던 농부 일행과 마주쳤다. 모두 무장하지 않았고 아이까지 있었다. 미군은 이들을 붙잡은 다음 어떻게 해야 할지 고민했다. 이들을 놓아주었다가 탈레반에게 미군이 여기 있다고 알려 줄 위험이 있었기 때문이다. 군인들은 논쟁을 벌였으나 차마 무장하지 않은 민간인을 죽일 수 없어 그들을 놓아주었다.

이후 그들은 무장한 탈레반 군인들에게 포위돼 총격전을 벌였고, 이들을 구하려던 미군 헬리콥터 탑승자까지 포함해 모두 열아홉 명이 목숨을 잃었다. 살아남은 미군 중 한 명은 평생 농부 일행을 놓아주었던 결정을 후회할 거라고 괴로워했다. 무장하지 않은 민간인을 죽이지 않는 게 옳은 일이라 여겼지만, 결과적으로 동료들이 떼죽음을 당한 결과로 돌아왔던 것이다.

이 사례를 포함해 책에 소개된 사례들을 하나하나 검토하다 보면, 옳고 그름의 가치 판단에 대한 혼란을 느끼게 된다. 물론 우리가 위 사례처럼 극단적인 선택을 맞이할 일이 흔하지 않지만, 무엇이 옳고 그른지 혼란스러울 때가 많다. 직원의 업무 수행 능력 문제로 정리 해고 통보를 해야 할지 좀 더 기회를 주는 게 옳을지의 문제, 업무상 계약을 맺은 회사의 약속 불이행으로 계약 해지를 해야 하는데 상대 회사가 경영상 어려움을 호소하며 계약 유지를 호소할 때 어떻게 해야 좋을지의 문제 등등 말이다.

나는 철학을 공부하면서 옳고 그름이 상대적일 수 있다는 사실을 깨달았고, 나와 다른 생각을 하는 이를 비난하거나 대립하지 않으려고 노력하는 중이다. 고민스러울 땐 여러 사람의 의견을 경청해서 최대한 지혜롭게 결정하려고 노력한다.

철학으로 내가 깨달은 것 ④
소유욕에 정복당하지 않기

일을 하다 보면 '이건 내 것이다!'라는 생각에 빠지기 쉽다. 사업적 성과가 커지고, 출간된 책이 베스트셀러가 되었을 때 마음속으로 '저건 다 내 공이야.'라고 생각한다.

이런 소유욕은 사람을 발전하게도 하지만, 지나치면 사람을 지배한다. 더 많은 돈을 차지하려고 모든 시간과 능력을 소모하게 된다. 내면의 풍요로움이나 정신적인 행복, 고귀한 이상과 같은 것은 완전히 무시되어 끝내 내면적으로 매우 빈곤한 인간으로 전락해 버린다. 그래서 소유욕에 지배당하지 않도록 항상 주의해야 한다. 그래서 프리드리히 니체(Friedrich Wilhelm Nietzsche)는 "소유욕에 정복당하지 마라."라는 말을 남겼다(참고: 《니체의 말》, 삼호미디어).

소유욕에 빠지면 나와 함께 노력해서 성과를 이룩한 이들이 보이지 않는다. 다른 이의 활약은 하찮아 보이고 오직 나만 보인다. 이래서는 우리가 함께 선의지를 발휘할 수 없고 연대도 불가능해진다.

최선을 다하되 결과가 내 것이라는 소유욕과 집착을 버릴 수 있도록 노력해야 한다.

철학을 공부하면 나와 타인 그리고 우리가 공존하는 세상에 대해 깊이 있게 사고할 수 있게 된다. 어떻게 사는 것이 진짜 행복한 삶인지 생각하게 된다. 우리 주변에 큰 성취를 이루고도 불행한 이가 얼마나 많은가? 어쩌면 성공을 위해 주변 사람들을 외면하거나, 심지어 희생시켰을 수도 있다. 그러니 정점에 서도 함께 축하하며 마음을 나눌 사람이 없는 것이다. 철학은 성취해 나가면서 행복하게 살아가는 방법을 고민하게 해 준다. 그렇기에 선의지를 가진 이들에게는 반드시 필요한 공부이다.

선의지를 통해 우리 모두 꿈꾸는 행복을
이룰 수 있기를

드디어 끝났구나!

원고를 탈고하고 나서도 두 번, 세 번 반복해서 보았다. 내가 하고 싶은 얘기를 다 한 것인지, 독자들에게 정말 필요한 내용을 잘 담은 것인지 의심과 불안감에, 자려고 누웠다가도 벌떡 일어나 원고 파일을 뒤적거린 적이 많았다. 출판사가 본문 편집에 들어간다는 소식에 비로소 두 다리를 뻗고 잠을 청했다. 에필로그를 쓰는 지금도 이 책 작업이 끝났다는 사실이 믿어지지 않을 정도다.

첫 책《책쓰기가 이렇게 쉬울 줄이야》를 쓰고 두 번째 책을 써야겠다고 결심하면서부터 주제에 대한 고민이 많았다. 처음엔 첫 책의 심화 버전을 쓰려고 했다. 책을 쓰고 싶은 이들에게 좀 더 깊이 있는 정보를 담은 책이 필요하지 않을까 싶었다. 그러나 책쓰기 책보다는 진짜 내 색깔을 드러낸 책을 쓰는 게 어떻겠냐는 조언을 받고 고민 끝에 방향을 돌렸다. 지금까지 내 삶, 내가 지나온 시간들을 담아내면서도 독자들에게 필요할 만한 이야깃거리를 찾기로 결심했다. 내가 늘 예비 작가들에게 잔소리처럼 말했던 대로, 나도 나 스스로를 들여다보고 정리하느라 기를 썼다.

'선의지'라는 이 책의 주제는 '딱히 대가를 바라지 않고 자꾸 퍼주는 내 행동'에서 찾게 되었다. 손익 계산을 잘해야 잘살 수 있다는 상식에 맞지 않는데도, 회사를 20년 넘게 운영하면서 그럭저럭 잘 살아가고 있는 내 경험담을 통해 많은 이들에게 희망을 전해 주고 싶었다. 우리가 그토록 갖고 싶은 부(富)는 아등바등 살지 않아도, 인간 본연의 품격을 지키면서, 선의지를 발휘하면서 얼마든지 달성할 수 있다는 말을 하고 싶었다. 머나먼 어딘가가 아니라 사실 우리 가슴속에 희망이 숨겨져 있다는 사실을 알리고 싶었다.

사는 게 갈수록 각박해진다고 해도 하루하루 성실하게 살아가는 것, 나보다 남을 생각해 주고 서로 협력하는 것은 여전히 힘이 있다. 나만 생각해서 움켜쥐었던 건 아닌지, 내 입장만 앞세우다가 상대방을 놓쳐 버린 건 아닌지, 그래서 모두가 불행했던 건 아닌지 자문해 볼 수 있었으면 좋겠다.

이제 이 원고는 내 손을 떠났다. 이제는 독자들의 손에 이 책이 머물러야 하는 시간이다. 다만 한 사람이라도 이 책을 통해 선의지를 되살리고 더 잘 살아 나갈 힘을 얻게 되길 바랄 뿐이다.

부족한 나에게 언제나 아낌없는 가르침을 주신 출판사 사장님들, 편집자들, 나와 함께 같은 목표를 바라보며 달리고 있는 우리 회사 직원들에게 감사드린다. 또한 작년부터 올해까지 길게 이어진 책 기획 작업에 이모저모 도움을 준 출판기획부 직원들에게 특별히 더 고마운 마음을 전한다.

2021년 5월 늦은 밤 망원동에서

양원근

'문명의 시작이 무엇이라고 생각하느냐?'란 질문에 미국의 문화 인류학자 마거릿 미드(Margaret Mead)는 이렇게 대답했다. "부러졌다 붙은 흔적이 있는 다리뼈."

고고학 발굴 현장에서 넓적다리의 뼈가 부러졌다 붙은 상태로 발견되었다.

약 1만5천 년 전으로 추정되는 이 다리뼈가 시사하는 바는 크고 깊다. 다리가 부러지게 되면 공격하는 날짐승을 피하기는커녕 열매를 따러 움직일 수도 없다. 다리뼈가 붙으려면 걸리는 시간은 보통 6주 정도, 그때까지 누군가가 다친 사람을 보살폈다는 의미이다. 자신이 먹을 음식을 나눠 주고 부축해 주면서 말이다. 마거릿 미드는 이처럼 다친 사람을 간호하며 회복할 때까지 기다린 것을 인류 문명의 시작이라고 보았다.

문명이 고도로 발달했다고 일컬어지는 요즘도 살아가는 일의 핵심 가치는 달라지지 않았다. 특히나 사업은 더욱 그렇다. 어려움에 부닥친 누군가에게 기꺼이 손을 내미는 것, 내민 손을 용기 있게 붙잡는 것, 서로를 부축하며 앞으로 나아가는 것, 그렇게 서로를 믿어 보려 애쓰면서 위험이 우글거리는 정글을 헤쳐 나가는 것이 사업이다. 사업에서는 사람이란, 또 연대가 전부라고 해도 과언이 아니다.

이 책은 20년 넘게 출판 에이전시를 운영하며 왕성하게 활동하고 있는 저자가 현장에서 맞닥뜨렸던 숱한 고민과 그 해답을 충실히 담은 것이다. 그리고 그 중심에는 '사람'이 있다. 반드시 좋은 결과를 거두겠다는 '의지'와 개미와 같은 '실행력'을 지닌 사람, 당장의 이익보다 신용을 우선순위에 두고 아낌없이 나를 내어 주는 사람, 밝은 눈으로 트렌드를 읽고 모험을 마다하지 않는 사람, 사람을 옆에 두고 함께 걷는 것을 두려워하지 않는 사람, 바로 '선의지'를 지닌 사람이 있다.

오랜 시간 저자와 일하며 많은 일을 함께 겪었다. 그리고 내가 본 저자는 시대라는 파도를 능동적으로 타는, 기민한 경영인이자 믿을 만한 파트너이다. 그에게라면 마음을 털어놓고 도움을 청할 수도, 선뜻 도움을 줄 수도 있다. 그가 진심으로 정직하게 일하는, 그러면서도 유능한, 또 반드시 함께 성장할 방법을 찾을 사람임을 알기 때문이다.

이 책에는 회사와 삶을 경영하는 데 필요한 많은 것이 담겨 있다. 불황의 늪에서도 승승장구하는 경영인의 깊은 내공과 철학은 삶의 자극과 기준이 필요한 이들에게 든든한 마음의 힘이 될 것이다. 또 출판 기획부터 출간, 수출과 수입, 마케팅에 이르기까지 출판 산업 전반을 철저히 분석하고 브랜딩 방법과 비즈니스 모델까지 제시하고 있어 출판에 몸담은 많은 이들에게 실질적이고 구체적인 도움이 될 것이라 확신한다.

치열한 고민으로 전략을 구상하고, 혁신을 두려워하지 않으며, 변화를 예측하는 눈을 가진 저자의 《부의 품격》은 중요한 원칙을 일깨운다. '사람을 중요하게 여길 것', '선함을 기본으로 삼을 것', '책임지는 사람이 될 것'. 이것은 사업을 하는 사람을 넘어, 인생의 변곡점을 만들어 가는 이들에게 꼭 필요한 지침이자 근본이다.

– 강창용(느낌이있는책 대표)

선의지(善意志)와 기업 경영이 조화를 이룰 수 있을까? 기업의 목표는 선의지가 아니라 더 많은 이익을 내는 것 아닌가? 이런 일반적 의문에 저자는 '선의지 마케팅'의 좋은 사례를 제시한다. 좋은 사례는 바로 저자 자신의 삶이다. 이 책에는 20년 넘게 출판 에이전시와 출판 홍보마케팅 전문업체를 운영해 오고 있는 저자의 '성공 노하우'가 매우 구체적으로 제시되고 있다. 미래의 출판사 대표나 작가를 꿈꾸는 이라면 이 책을 읽어 보라고 권하고 싶다. 물론 다른 종류의 창업이나 경영에도 많은 참고가 될 것이다.

이 책의 미덕은 성공적인 경영 정보 제공을 넘어서는 데 있다. '지독한 가난'을 딛고 일어나 기업인으로 성공하기까지 저자의 일생이 진솔하게 펼쳐져 있다. 책을 보면서 여러 번 놀랐다. "나는 전형적인 무(無)수저였다."라고 훌훌 털어놓는 장면에서부터 놀라기 시작했다. 출판 에이전시를 하다 보면 베스트셀러가 예상되는 원서를 만났을 때 자신이 직접 출간하고 싶은 유혹도 받았을 터인데, 아예 처음부터 그런 생각 자체를 하지 않았다는 점에서 놀라지 않을 수 없었다.

저자의 체험이 녹아 있는 독서와 철학, 건강한 삶, 경영과 만남의 의미 등을 두루 생각해 보게 하는 책이다. 선의지 마케팅과 자전적 에세이가 잘 어울린 이 책은 무엇보다 새롭게 인생을 시작해 보고 싶어 하는 젊은이들에게 도움이 될 것이다.

– 배영대(중앙일보 학술 전문 기자)

"코로나19로 모두가 어려운 시기에 아름다운 세상을 만들어 가고자 발현한 선(善)의 실천, 존중과 배려를 위한 선의지(善意志)는 사람과 사람 사이에 디딤돌 역할을 하리라 확신하며 일독을 권합니다."

– 최진규(중장, 지작사 참모장)

내게 맞는 것이 무엇인지, 무엇을 해야 행복할 수 있는지, 간절하고도 간절한 그 문제의 해답은 바로 선의지뿐이며 이제 선한 사람이 성공하는 시대가 왔다.

이 책은 가진 게 없어서 성공할 수 없다고 가야 할 길을 몰라 헤매고 있는 우리들에게 희망적인 조언을 줄 것이며, 가장 손쉽게 그리고 올바르게 훌륭한 성과를 내는 방법을 제시하고 있다.

– 김을호(사단법인 국민독서문화진흥회 회장)

도와주는 사람, 양원근

이 책의 저자는 책 쓰기 전도사다. 2년 전《책쓰기가 이렇게 쉬울 줄이야》라는 책을 내기도 했다. 책 제목에서 드러나듯 누구나 책을 쓸 수 있다는 내용의 책이다. 이렇게 저자는 많은 사람들이 쉽게 책을 쓸 수 있도록 도와주고 있다. 책을 쓴다는 것은 자신의 인생을 돌아보고 풀어내는 것이기 때문에 책 쓰기를 통해 사람들의 삶을 도와주는 셈이기도 하다. 실제로 저자의 책 쓰기 도움을 통해 인생의 전환점을 맞이한 사람들도 많다.

2년 만에 책을 내겠다고 하더니, 이번에는 출판사들을 도와주는 내용을 담았다. 국내 대표적인 출판 기획사로 성장해 오면서 체득한, 어떻게 책을 만들고 어떻게 마케팅을 해야 하는지 그 노하우를 공유하는 것이다. 실제로 자신이 관여했던 다양한 성공 사례들을 제시하고 있다. 그런 사례들을 가만히 들여다보면, 자신의 몫보다는 의뢰인이나 파트너의 이익에 우선순위를 둬 왔다는 점에서 지금의 성공이 더 두드러져 보인다.

이러한 도와주는 삶의 토대를 저자는 '선의지'라고 표현하고 있다. 철학적인 내용 같지만 쉽게 말하면 착하게 살라는 것일 게다.

물론 저자가 자선 사업가는 아니다. 사람들이 책을 쓰도록 도와주는 것으로, 또 출판사들이 책을 잘 만들어서 많이 팔 수 있도록 도와주는 것으로 사업을 하고 있다. 사업 자체가 선의지를 구현하는 것이다. 비교적 성공적이었던 사업 운영의 비결을 저자는 자신의 선의지에서 찾고 있다.

물론 선의지를 갖고 있다고 해서 모든 사람이 사업에 성공할 수 있는 것은 아닐 게다. 또 각박해지기만 하는 현대 사회에서 많은 사람에게 선의지를 기대할 수도 없을 것이다. 그렇지만 세상 어딘가에서 누군가는 선의지를 구현하려고 애쓰고 있어서 그나마 세상이 아직은 살 만하다는 것을 이 책을 통해 확인할 수 있다. 따뜻한 인간미를 느끼며 마지막 장을 덮을 수 있을 것이다.

– 이주상(SBS 기자)

Foreign Copyright:
Joonwon Lee
Address: 3F, 127, Yanghwa-ro, Mapo-gu, Seoul, Republic of Korea
          3rd Floor
Telephone: 82-2-3142-4151
E-mail: jwlee@cyber.co.kr

부의 품격

2021. 7. 2. 초 판 1쇄 발행
2021. 8. 18. 초 판 6쇄 발행

지은이 │ 양원근
펴낸이 │ 이종춘
펴낸곳 │ **[BM]** ㈜도서출판 **성안당**

주소 │ 04032 서울시 마포구 양화로 127 첨단빌딩 3층(출판기획 R&D 센터)
       │ 10881 경기도 파주시 문발로 112 파주 출판 문화도시(제작 및 물류)
전화 │ 02) 3142-0036
      │ 031) 950-6300
팩스 │ 031) 955-0510
등록 │ 1973. 2. 1. 제406-2005-000046호
출판사 홈페이지 │ **www.cyber.co.kr**
ISBN │ 978-89-315-5752-7 (03320)
정가 │ 15,800원

이 책을 만든 사람들
기획 │ 최옥현
진행 │ 오영미
교정 · 교열 │ 김태희
본문 · 표지 디자인 │ 강희연
홍보 │ 김계향, 유미나, 서세원
국제부 │ 이선민, 조혜란, 권수경
마케팅 │ 구본철, 차정욱, 나진호, 이동후, 강호묵
마케팅 지원 │ 장상범, 박지연
제작 │ 김유석

■ **도서 A/S 안내**

성안당에서 발행하는 모든 도서는 저자와 출판사, 그리고 독자가 함께 만들어 나갑니다.
좋은 책을 펴내기 위해 많은 노력을 기울이고 있습니다. 혹시라도 내용상의 오류나 오탈자 등이
발견되면 "**좋은 책은 나라의 보배**"로서 우리 모두가 함께 만들어 간다는 마음으로 연락주시기
바랍니다. 수정 보완하여 더 나은 책이 되도록 최선을 다하겠습니다.
성안당은 늘 독자 여러분들의 소중한 의견을 기다리고 있습니다. 좋은 의견을 보내주시는 분께는
성안당 쇼핑몰의 포인트(3,000포인트)를 적립해 드립니다.
잘못 만들어진 책이나 부록 등이 파손된 경우에는 교환해 드립니다.